U0896718

# 绿色经济与绿色发展丛书

## 编 委 会



广西大学马克思主义生态经济发展研究院、商学院特别委托项目

“十二五”国家重点图书出版规划项目
绿色经济与绿色发展丛书 / 刘思华 · 主编

# 生态文化新论

NEW THEORY OF ECOLOGICAL CULTURE

刘亚萍　李银昌　著

中国环境出版社 · 北京

图书在版编目（CIP）数据

生态文化新论/刘亚萍，李银昌著. —北京：中国环境出版社，2016.12
（绿色经济与绿色发展丛书/刘思华主编）
ISBN 978-7-5111-3049-5

Ⅰ. ①生…　Ⅱ. ①刘…②李…　Ⅲ. ①文化生态学—研究—中国　Ⅳ. ①G12

中国版本图书馆 CIP 数据核字（2016）第 322903 号

出 版 人　王新程
策　　划　沈　建　陈金华
责任编辑　陈金华　宾银平
责任校对　尹　芳
封面设计　耀午设计　彭　杉

出版发行　中国环境出版社
（100062　北京市东城区广渠门内大街 16 号）
网　　址：http://www.cesp.com.cn
电子邮箱：bjgl@cesp.com.cn
联系电话：010-67112765（编辑管理部）
010-67113412（教材图书出版中心）
发行热线：010-67125803，010-67113405（传真）
印　　刷　北京中科印刷有限公司
经　　销　各地新华书店
版　　次　2016 年 12 月第 1 版
印　　次　2016 年 12 月第 1 次印刷
开　　本　787×960　1/16
印　　张　15
字　　数　245 千字
定　　价　45.00 元

# 总　序

## 迈向生态文明绿色经济发展新时代

在党的十七大提出的“建设生态文明”的基础上，党的十八大进一步确立了社会主义生态文明的创新理论，构建了建设社会主义生态文明的宏伟蓝图，制定了社会主义生态文明建设的基本任务、战略目标、总体要求、着力点和行动方案；并向全党全国人民发出了“努力走向社会主义生态文明新时代”的伟大号召。按照生态马克思主义经济学观点，走向社会主义生态文明新时代，就是迈向生态文明与绿色经济发展新时代。这既是中华文明演进和中国特色社会主义经济社会发展规律与演化逻辑的必然走向和内在要求，又是人类文明演进和世界经济社会发展规律与演化逻辑的必然走向和内在要求。因此，绿色经济与绿色发展是21世纪人类文明演进与世界经济社会发展的大趋势、大方向，集中表达了当今人类努力超越工业文明黑色经济发展的旧时代而迈进生态文明绿色经济发展新时代的意愿和价值期盼，已成为人类文明演进和世界经济社会发展的必然选择和时代潮流。据此，建设绿色文明、发展绿色经济、实现绿色发展，是全人类的共同道路、共同战略、共同目标，是生态文明绿色经济及新时代赋予我们的神圣使命与历史任务。毫无疑问，当今世界和当代中国一个生态文明绿色经济发展时代正在到来。为了响应党的十八大提出的“努力走向社会主义生态文明新时代”的伟大号召，迎接生态文明绿色经济发展新时代的来临，中国环境出版社特意推出“十二五”国家重点图书出版规划项目“绿色经济与绿色发展丛书”（以下简称“丛书”）。笔者作为“丛书”主编，并鉴于目前“半绿色经济论”“伪绿色经济发展论”日渐盛行，故就“中国智慧”创立的绿色经济理论与绿色发展学说的几个重大问题添列数语，是为序。

## 一、关于绿色经济的理论本质问题

绿色经济的本质属性即理论本质：不是环境经济学的范畴，而是生态经济学与可持续发展经济学的范畴。西方绿色思想史表明，“绿色经济”这个词汇最早见于英国环境经济学家大卫·皮尔斯 1989 年出版的第一本小册子《绿色经济的蓝图》（后称“蓝图 1”）的书名中。其后“蓝图 2”的第二章的第一节两次使用了“绿色经济”这个名词，直到 1995 年出版“蓝图 4”，也没有对绿色经济作出界定，这就是说 4 本小册子都没有明确定义绿色经济及诠释其本质内涵。对此，方时姣教授从世界绿色经济思想发展史的视角进行了全面评述：[①]“蓝图 1”主要介绍英国的环境问题和环境政策制定，正如作者指出的“我们的整个讨论都是环境政策的问题，尤其是英国的环境政策”。“蓝图 2”1991 年出版，是把“蓝图 1”的环境政策思想拓展到世界及全球性环境问题和环境政策。“蓝图 3”1993 年出版，又回到“蓝图 1”的主题，即英国的环境经济与可持续发展问题的综合。“蓝图 4”则又回到“蓝图 2”讨论的主题，正如作者在前言中所指出的“绿色经济的蓝图从环境的角度，阐述了环境保护及改善问题”。因此，从“蓝图 1”到“蓝图 4”，对绿色经济的新概念、新思想、新理论，没有作任何诠释的论述，仅仅只是借用了绿色经济这个名词，来表达过去的 25 年环境经济学流派发展的新综合，确实是“有关环境问题的严肃书籍”。

皮尔斯等人在当今世界率先使用“绿色经济”这一词汇并得到了广泛传播，但基本上只是提及了这个概念，没有深入研究，尤其是理论研究。因此，在西方世界的整个 20 世纪 90 年代至 2008 年爆发国际金融危机的这一时期，仍然主要是环境经济学界的学者使用绿色经济概念，从环境经济学的视角阐述环境保护、治理与改善等绿色议题，其核心问题是讨论经济与环境相互作用、相互影响的环境经济政策问题，而关注点集中于环境污染治理的经济手段。在我国首先使用皮尔斯等人的绿色经济概念的是环境污染与保护工作者，并对其进行界定。例如，原国家环境保护局首任局长曲格平先生在 1992 年出版的《中国的环境与发展》一书中指出：“绿色经济是指以环境保护为基础的经济，主要表现在：一是以治理污染和改善生态为特征的环保产业的兴起；二是因环境保护而引起的工业和农业生产方式的变

① 方时姣：《绿色经济思想的历史与现实纵深论》，载《马克思主义研究》2010 年第 6 期，第 55～62 页。

革，从而带动了绿色产业的勃发。”[①]在这里，十分清楚地表明了曲格平先生同皮尔斯等人一样，是借用绿色经济的概念来诠释环境保护、治理和改善的问题。其后，我国学界有一些学者把绿色经济当作环境经济的代名词，借用绿色经济之名，表达环境经济之实。总之，长期以来，国内外不少学者按照皮尔斯等人的学术路径，对绿色经济作了狭隘的理解而被看作是环境经济学的新概括，把它纳入环境经济学的理论框架之中，成为环境经济学的理论范畴。这就必然遮盖了绿色经济的本来面目，极大地扭曲了它的本质内容与基本特征，不仅产生了一些不良的学术影响，而且会误导人们的生态与经济实践。正如方时姣教授指出的："把绿色经济纳入环境经济学的理论框架来指导实践，最多只能缓解生态环境危机，是不可能从根本上解决生态环境问题的，也不可能克服生态环境危机，也就谈不上实现生态经济可持续发展。"[②]

20 世纪 90 年代，我国生态经济学界就有学者用绿色经济这一术语概括生态环境建设绿色议题和生态经济协调发展研究的新进展，论述重点是“一切都将围绕改善生态环境而发展，核心问题是要实现人和自然的和谐、经济与生态环境的协调发展。”[③]为此，笔者针对皮尔斯等国内外学者以环境经济学理论范式来回应绿色经济议题，在 1994 年出版了《当代中国的绿色道路》一书，以生态经济学新范式来回应绿色经济议题，以生态经济协调发展理论平台在深层次上阐述“发展经济必须与发展生态同时并举，经济建设必须与生态建设同步进行，国民经济现代化必须与国民经济生态化协调发展”的绿色发展道路。这就在国内外首次拉开了从学科属性上把绿色经济从环境经济学理论框架中解放出来的序幕。在此基础上，笔者于 2000 年 1 月出版的《绿色经济论——经济发展理论变革与中国经济再造》一书，深刻地论述了一系列重大的绿色经济理论前沿和现实前沿问题，科学地揭示了生态经济与知识经济同可持续发展经济之间的本质联系及其发展规律，破解了三者之间相互渗透、融合发展的绿色经济与绿色发展的内在奥秘，成为中国绿色经济理论与绿色发展学说形成的重要标志。尤其是该书把绿色经济看作是生态经济与可持续经济的新概括与代名词，并从这个新高度的最高层次对绿色经济提出了新命题：“绿色经济

① 转引自刘学谦、杨多贵、周志强等：《可持续发展前沿问题研究》，北京：科学出版社，2010 年版，第 126 页。

② 方时姣：《绿色经济思想的历史与现实纵深论》，载《马克思主义研究》2010 年第 6 期，第 55～62 页。

③ 郑明焕：《把握机遇，在大转变中求发展》，1992 年 3 月 28 日《中国环境报》。

是可持续经济的实现形态和形象概括。它的本质是以生态经济协调发展为核心的可持续发展经济。"[①]这个界定肯定了绿色经济的生态经济属性，揭示了它的可持续经济的本质特征，从学科属性上把它从环境经济学理论框架中彻底解放出来，真正纳入生态经济学与可持续发展经济学的理论体系，成为生态经济学与可持续发展经济学的理论范畴，恢复了绿色经济的本来面目。虽然这个绿色经济的定义十分抽象，却反映了它的本质属性与科学内涵，得到了多数绿色经济研究者的认同和广泛使用。然而时至今日，在我国仍有少数学者尤其在实际工作中也有不少人还在用环境经济学范畴中的绿色经济理念来指导经济实践，这种现象不能继续下去了。

## 二、关于绿色经济的文明属性问题

绿色经济的文明属性不是工业文明的经济范畴，而是生态文明的经济范畴。世界绿色经济思想史告诉我们，在学科属性上把绿色经济当作环境经济学的新观念与代名词，纳入环境经济学的理论框架，就必然在文明属性上把它纳入工业文明的基本框架，成为工业文明的经济范畴，即发展工业文明的经济模式。这是因为，环境经济学是调整、修补、缓解人与自然的尖锐对立、环境与经济的互损关系的工业文明时代的产物，是工业文明"先污染后治理"经济发展道路的理论概括与学理表现。自皮尔斯等人指出环境经济学范畴的绿色经济概念以来，国内外一个主流绿色经济观点就是对绿色经济的狭隘的认识与把握，只是把它看成是解决工业文明经济发展过程中出现的生态环境问题的新经济观念，是能够克服工业文明的褐色经济或黑色经济弊端的经济模式。在我国这种观点比较流行。例如，有的学者认为："绿色经济是以市场为导向、以传统产业经济为基础、以经济与环境的和谐为目标而发展起来的一种新型的经济形式即发展模式"，"是现代工业化过程中针对经济发展对环境造成负面影响而产生的新经济概念"。时至今日，这种工业文明经济范畴的绿色经济概念仍被人引用来论证自己的绿色经济观念。因此，在此我要再次强调：工业文明经济范畴的绿色经济观念，在本质上仍是人与自然对立的文明观，并没有从根本上消除工业文明及黑色经济反生态和反人性的黑色基因，丢弃了绿色经济是生态经济协调发展的核心内容和超越工业文明黑色经济、铸造生态文明生态经济的本质属性，从而否定了绿色经济是生态文明生态经济形态的理论内涵与实践价值。因此，

① 刘思华：《绿色经济论》，北京：中国财政经济出版社，2001 年版，第 3 页。

以工业文明经济范式或理论平台来回应绿色经济议题，是不可能从根本上触动工业文明黑色经济形态的，是难以走出工业文明黑色经济发展道路的；最多是缓解局部自然环境恶化，是不可能解决当今人类面对的生态经济社会全面危机的。因此，决定了我们必须也应当以生态文明新范式或理论平台在深层次回应绿色经济与发展绿色经济议题，才能顺应21世纪生态文明与绿色经济时代的历史潮流。

生态马克思主义经济学哲学告诉我们：彻底的生态唯物主义者，不仅要在学科属性上把绿色经济从环境经济学的理论框架中解放出来，成为生态经济与可持续发展经济的理论范畴，而且在文明属性上，要把它从工业文明的基本框架中解放出来，作为生态文明的经济范畴。前面提到的笔者所著的《当代中国的绿色道路》《绿色经济论》这两部著作，是实现绿色经济这两个生态解放的成功探索。早在1998年笔者在《发展绿色经济，推进三重转变》一文中就明确提出了发展绿色经济的新的经济文明观，明确指出："人类正在进入生态时代，人类文明形态正在由工业文明向生态文明转变，这是人类发展绿色经济、建设生态文明的一个伟大实践。"[①]邹进泰、熊维明的《绿色经济》一书中指出：绿色经济发展"是从单一的物质文明目标向物质文明、精神文明和生态文明多元目标的转变。发展绿色经济，尤其要避免'石油工业''石油农业'造成的高消耗、高消费、高生态影响的物质文明，而要造就高效率、低消耗、高活力的生态文明"。[②] 可见"中国智慧"在世界上最早实现绿色经济的两个生态解放、纳入生态文明的基本框架，是人与自然和谐统一、生态与经济协调发展的建设生态文明的必然产物。下面还要作几点说明：

(1) 按照人类文明形态演进和经济社会形态演进一致性的历史唯物主义社会历史观的理论思路，生态文明是继原始文明、农业文明、工业文明（包括后工业文明）之后的全新的人类社会文明形态，它不仅延续了它们的历史血脉，而且创新发展了它们尤其是工业文明的经济社会形态，使工业文明从人与自然相互对立、生态与经济相分裂的工业经济社会形态，朝着生态文明以人与自然和谐统一、生态与经济协调发展的生态经济社会形态演进。这是人类文明经济社会的全方位、最深刻的生态变革与绿色经济转型，可以说是人类文明历史发展以来最伟大的生态经济社会变革运动。

---

① 刘思华：《刘思华文集》，武汉：湖北人民出版社，2003年版，第403页。

② 邹进泰、熊维明等：《绿色经济》，太原：山西经济出版社，2003年版，第12页。

（2）我们要深刻认识和正确把握绿色经济的概念属性与本质内涵，正是这个属性和内涵决定了它是生态文明生态经济形态的实现形式与形象概括。世界工业文明发展的历史表明，无论是资本主义工业化，还是社会主义工业化；无论是发达国家工业化，还是发展中国家工业化，都走了一条工业经济黑色化的黑色发展道路，形成了工业文明黑色经济形态。据此，工业文明主导经济形态的工业经济形态的实现形态与形象概括就是黑色经济形态。而生态文明开辟了经济社会发展绿色化即生态化的绿色发展道路，最终形成生态文明绿色经济形态。它是对工业文明及其黑色经济形态的批判、否定和扬弃，是在此基础上的生态变革和绿色创新。这就是说，绿色经济的根本属性与本质内涵是生态经济与可持续发展经济，使它必然在本质上取代工业经济并融合知识经济的一种全新的经济形态，是生态文明新时代的主导经济形态的现实形态。所以，笔者反复指出："绿色经济作为生态文明时代的经济形态，是生态经济形态的现实象征与生动概括。"[①]这不仅肯定了绿色经济是生态经济学与可持续发展经济学的理论范畴，而且界定了绿色经济是生态文明的经济范畴，恢复了绿色经济的本来面目。

（3）绿色经济实现"两个生态解放"之后，就应当对它重新定位。现在我们可以将绿色经济的科学内涵和外延表述为：以生态文明为价值取向，以自然生态健康和人体生态健康为终极目的，以提高经济社会福祉和自然生态福祉为本质特征，以绿色创新为主要驱动力，促进人与自然和谐发展和生态与经济协调发展为根本宗旨，实现生态经济社会发展相统一并取得生态经济社会效益相统一的可持续经济。因此，发展绿色经济是广义的，不仅是指广义的生态产业即绿色产业，而且包括低碳经济、循环经济、清洁能源和可再生能源、碳汇经济以及其他节约能源资源与保护环境、建设生态的经济等。[②]这个新界定正确地揭示了绿色经济的本质属性、科学内涵、概念特征与实践主旨，准确地体现了绿色经济历史趋势与时代潮流；绿色经济观念、理论是人与自然和谐统一、生态与经济协调发展的生态文明新时代的理论概括与学理表现。只有这样认识和把握绿色经济，才能真正符合生态文明与绿色经济发展的客观进程与内在逻辑。

（4）生态文明经济范畴的绿色经济包含两层经济含义：一是它作为理论形态是

① 中国社会科学院马克思主义学部：《36位著名学者纵论中国共产党建党90周年》，北京：中国社会科学出版社，2011年版，第409页。

② 刘思华：《生态文明与绿色低碳经济发展总论》，北京：中国财政经济出版社，2001年版，第1页。

生态文明的经济社会形态范畴，是生态文明时代崭新的主导经济，我们称之为绿色经济形态。二是它作为实践形态是生态文明的经济发展模式，是生态文明崭新时代的经济发展模式，我们称之为绿色经济发展模式。这就决定了建设生态文明、发展绿色经济的双重战略任务，既要形成生态和谐、经济和谐、社会和谐一体化的绿色经济形态，又要形成生态效益、经济效益、社会效益最佳统一的绿色经济发展模式。据此，建设生态文明、发展绿色经济应当是经济社会形态和经济社会发展模式的双重绿色创新转型发展过程，这是革工业文明的黑色经济形态和经济发展模式之故、鼎生态文明的绿色经济形态和经济发展模式之新的过程。因此，每个战略任务都是双重绿色使命：一方面背负着克服、消除工业文明的黑色经济形态与发展模式的黑色弊端，对它们进行生态变革、绿色重构与转型，改造成为绿色经济形态与绿色经济发展模式；另一方面担负着创造人类文明发展的新形态，即超越资本主义工业文明（包括高度发达的后工业文明）的社会主义生态文明，构建与生态文明相适应的绿色经济形态和绿色经济发展模式。这是生态文明建设的中心环节，是绿色经济发展的实践指向，因此双重绿色经济就是我们迈向生态文明与绿色经济发展新时代，也是推动人类文明形态和经济社会形态与发展模式同步演进的双重时代使命与实践目标。实现双重时代使命所推动的变革不仅仅是工业文明形态及其黑色经济形态与发展模式本身的变革，而且是超越工业文明的生态文明及其他的经济形态与发展模式的生态变迁与绿色构建。这才符合生态文明与绿色经济的本质属性与实践主旨。

## 三、关于绿色发展理论与道路的探索问题

自 2002 年以来的 10 多年间，一直流传着联合国开发计划署在《2002 年中国人类发展报告：让绿色发展成为一种选择》中首先提出绿色发展，中国应当选择绿色发展之路。这个“首先”之说不知是何人的说法，是根本不符合绿色发展思想理论发展的历史事实的，是一种学术误传。

### 1. 我们很有必要对中国绿色发展思想理论发展的历史作简要回顾

如前所述，1994 年笔者在《当代中国的绿色道路》一书中，以生态经济学新范式及生态经济协调发展的新理论平台来回应绿色发展道路议题，阐述了绿色发展的一系列主要理论与实践问题，明确提出中国绿色发展道路的核心问题是“经济发展生态化之路”，“一切都应当围绕着改善生态环境而发展，使市场经济发展建立在

生态环境资源的承载力所允许的牢固基础之上，达到有益于生态环境的经济社会发展。”[①]1995年著名学者戴星翼在《走向绿色的发展》一书中首次从“经济学理解绿色发展”的角度，明确使用“绿色发展”这一词汇，诠释可持续发展的一系列主要理论与实践问题，并认为“通往绿色发展之路”的根本途径在于“可持续性的不断增加”。[②]在这里，绿色发展成为可持续发展的新概括。2012年著名学者胡鞍钢出版的《中国：创新绿色发展》一书，创新性地提出了绿色发展理念，开创性地系统阐述了绿色发展理论体系，总结了中国绿色发展实践，设计了中国绿色现代化蓝图。所以，笔者认为该书虽有不足之处，但从总体上说，丰富、创新、发展了中国绿色发展学说的理论内涵和实际价值，提出了一条符合生态文明时代特征的新发展道路——绿色发展之路。总之，中国学者探索绿色发展的理念、理论与道路的历史轨迹表明，在此领域“中国智慧”要比“西方智慧”高明，这就在于绿色发展在发展理念、理论、道路上突破了可持续发展的局限性，“将成为可持续发展之后人类发展理论的又一次创新，并将成为21世纪促进人类社会发生翻天覆地变革的又一次大创造。”[③]

### 2. 21世纪的绿色经济与绿色发展观

进入21世纪以后，绿色经济与绿色发展观念逐步从学界视野走进政界视野，尤其是面对2008年国际金融危机催化下世界绿色浪潮的新形势，以胡锦涛为总书记的中央领导集体正确把握当今世界发展绿色低碳转型的新态势、未来世界绿色发展的大趋势，站在与世界各国共建和谐世界与绿色世界的发展前沿上，直面中国特色社会主义的基本国情，提出了绿色经济与绿色发展的一系列新思想、新观点、新理论，揭示了发展绿色经济、推进绿色发展是当今世界发展的时代潮流。正如习近平同志所指出的：“绿色发展和可持续发展是当今世界的时代潮流”，其“根本目的是改善人民生活环境和生活水平，推动人的全面发展。”[④]李克强还指出：“培育壮大绿色经济，着力推动绿色发展”，“要加快形成有利于绿色发展的体制机制，通过政策激励和制度约束，增强推动绿色发展的自觉性、主动性，抑制不顾资源环境承

① 刘思华：《当代中国的绿色道路》，武汉：湖北人民出版社，1994年版，第86页、第101页。

② 戴星翼：《走向绿色的发展》，上海：复旦大学出版社，1998年版，第1～23页。

③ 胡鞍钢：《中国：创新绿色发展》，北京：中国人民大学出版社，2012年版，第20页。

④ 习近平：《携手推进亚洲绿色发展和可持续发展》，2010年4月11日《光明日报》。

载能力盲目追求增长的短期行为。"[①]笔者曾发文把以胡锦涛为总书记的中央领导集体的绿色发展理念概括为"四论"，即绿色和谐发展论、国策战略绿色论、绿色文明发展道路论、国际绿色合作发展论。[②]在此我们还要重视的是胡锦涛同志在2003年中央经济工作会议上明确指出："经济增长不能以浪费资源、破坏环境和牺牲子孙后代利益为代价。"其后，他进一步指出："我国是社会主义国家，我们的发展不能以牺牲精神文明为代价，不能以牺牲生态环境为代价，更不能以牺牲人的生命为代价。""我们一定要痛定思痛，深刻吸取血的教训。"[③]胡锦涛提出的不能以"四个牺牲为代价"换取经济发展的绿色原则，反映了改革开放以来，我国经济发展的基本经验和严重教训，这实质上是实现科学发展的四项重要原则，是推进绿色发展的四项重要原则。凡是以"四个牺牲为代价"换取的经济发展就是不和谐的、不可持续的非科学发展，这种发展可以称为黑色发展；凡是没有以"四个牺牲为代价"的经济发展就是和谐的、可持续的科学发展，这种发展可以称为绿色发展。正是在这个意义上说，不能以"四个牺牲为代价"是区分黑色发展和绿色发展的四项绿色原则。

### 3．依法治国新政理念：发展绿色经济、推进绿色发展

当下中国执政者对绿色经济与绿色发展的认识与把握，已不只是学界那样把发展绿色经济、推进绿色发展视为全新的思想理论，而是一种崭新的全面依法治国的执政理念、发展道路与发展战略。党的十八大首次把绿色发展（包括循环发展、低碳发展）写入党代会报告，是绿色发展成为具有普遍合法性的中国特色社会主义生态文明发展道路的绿色政治表达，标志着实现中华民族伟大复兴的中国梦所开辟的中国特色社会主义生态文明建设道路是绿色发展与绿色崛起的科学发展道路。这条道路的理论体系就是"中国智慧"创立的绿色经济理论与绿色发展学说。它既是适应世界文明发展进步，更是适应中国特色社会主义文明发展进步需要而产生的科学发展学说，甚至可以说，是一种划时代的全新科学发展学说。对此，近几年来，我多次强调指出：绿色经济理论与绿色发展学说不是引进的西方经济发展思想，而是中国学界和政界马克思主义学人自主创立的科学发展新学说。它是立足中国、面向世界、通向未来的马克思主义发展学说，必将指引着中国特色社会主义沿着绿色发展与绿色崛起的科学发展道路不断前进。

---

① 李克强：《推动绿色发展　促进世界经济健康复苏和可持续发展》，2010年5月9日《光明日报》。

② 刘思华：《科学发展观视域中的绿色发展》，载《当代经济研究》2011年第5期，第65～70页。

③ 中共中央文献研究室：《科学发展观重要论述摘编》，北京：中央文献出版社，2008年版，第34页、第29页。

"中国智慧"不仅从绿色经济的根本属性与本质内涵论证了绿色经济是生态文明的经济范畴，而且从绿色发展的根本属性与本质内涵界定了绿色发展是生态文明的发展范畴。故笔者把绿色发展表述为："以生态和谐为价值取向，以生态承载力为基础，以有益于自然生态健康和人体生态健康为终极目的，以追求人与自然、人与人、人与社会、人与自身和谐发展为根本宗旨，以绿色创新为主要驱动力，以经济社会各个领域和全过程的全面生态化为实践路径，实现代价最小、成效最大的生态经济社会有机整体全面和谐协调可持续发展，因此，绿色发展必将使人类文明进步和经济社会发展更加符合自然生态规律、社会经济规律和人自身的规律，即支配人本身的肉体存在和精神存在的规律（恩格斯语）"[①]或者说"更加符合三大规律内在统一的"自然、人、社会有机整体和谐协调发展的客观规律。现在我要进一步指出的是，从学理层面上说，绿色发展的理论本质是"生态经济社会有机整体全面和谐协调可持续发展"；从实践层面上看，绿色发展的实践主旨是实现"生态经济社会有机整体全面和谐协调可持续发展"。现在我们完全可以作出一个理论结论：绿色发展是生态经济社会有机整体全面和谐协调可持续发展的形象概括与现实形态。正是在这个意义上说，绿色发展是永恒的经济社会发展。这是客观真理。

**4．绿色发展学说中若干基本理论观点和现实问题**

(1) 绿色发展的经济学诠释，就是绿色经济与绿色发展内在统一的绿色经济发展。笔者在 2002 年《发展绿色经济的理论与实践探索》的学术报告中，首次提出了绿色经济发展新观念和构建了绿色经济发展理论的基本框架，明确指出："发展绿色经济是建设生态文明的客观基础和根本问题"，"绿色经济发展是人类文明时代的工业文明时代进入生态文明时代的必然进程"，"是推进现代经济的'绿色转变'走出一条中国特色的绿色经济建设之路"，"必将引起 21 世纪中国现代经济发展的全方位的深刻变革，是中国经济再造的伟大革命"，还强调指出："只有建立生态市场经济制度才能真正走出一条中国特色的绿色经济发展道路。"[②]因此，21 世纪中国绿色发展道路在经济领域内，就是绿色经济发展道路，这是中国特色社会主义经济发展道路走向未来的必由之路。

(2) 20 世纪人类文明发展事实表明工业文明发展黑色化是常态，故工业文明确实是黑色文明，其发展是黑色发展，它的一切光辉成就的取得，说到底是以牺牲

① 刘思华：《生态马克思主义经济学原理》（修订版），北京：人民出版社，2014 年版，第 578～579 页。

② 刘思华：《刘思华文集》，武汉：湖北人民出版社，2003 年版，第 607～612 页。

自然生态、社会生态和人体生态为代价，创造着黑色的文明史。因此，生态马克思主义经济学哲学得出一个人类文明时代发展特征的结论："工业文明是黑色发展时代，生态文明是绿色发展时代……'中国智慧'对从工业文明黑色发展向生态文明绿色发展巨大变革的认识，是21世纪中华文明发展头等重要的发现，是科学的最大贡献。"[①]从工业文明黑色发展走向生态文明绿色发展是生态经济社会有机整体的全方位生态变革与全面绿色创新转变，是人类文明发展史上最伟大的最深刻的生态经济社会革命。它的中心环节是要实现工业文明黑色发展道路向生态文明绿色发展道路的彻底转轨，其关键所在是要实现工业文明黑色发展模式向生态文明绿色发展模式的全面转型。[②]只有实现这两个"根本转变"，人类文明形态演进和经济社会形态演进才能真正迈向生态文明与绿色经济发展新时代。

(3) 和谐发展和绿色发展是生态文明的根本属性与本质特征的两种体现，是生态文明时代生态经济社会有机整体全面和谐协调可持续发展的两个方面。这是因为：① 生态马克思主义经济学哲学告诉我们，人类文明进步和经济社会发展的实质就是自然、人、社会有机整体价值的协调与和谐统一，是实现人与自然、人与人、人与社会、人与自身的全面和谐协调，成为人类文明进步与经济社会发展的历史趋势和终极价值追求。因此，笔者在《生态马克思主义经济学原理》一书中就指出了狭义与广义生态和谐论，指出"狭义生态和谐"就是人与自然的和谐发展即自然生态和谐，这是狭义生态文明的核心理念。而和谐发展不仅是人与自然的和谐发展，还包括人与人、人与社会及个人的身心和谐发展，于是我把这"四大生态和谐"称之为"广义的生态和谐"的全面和谐发展。这是广义生态文明的根本属性与本质特征，就必然成为生态文明的绿色经济形态与绿色发展模式的根本属性与本质特征。② 生态马克思主义经济学哲学还认为，从自然、人、社会有机整体的四大生态和谐协调发展意义上说，生态和谐协调发展已成为当今中国和谐协调发展的根基。这是绿色发展的核心与灵魂。因此，建设生态文明、发展绿色经济、推进绿色发展，必须贯穿于中国生态经济社会有机整体发展的全过程和各个领域，不断追求和递进实现"四大生态关系"的全面和谐发展，这是绿色发展的真谛。

---

① 刘思华：《生态马克思主义经济学原理》（修订版），北京：人民出版社，2014年版，第579页。

② 胡鞍钢教授在《中国：创新绿色发展》一书中认为："以高消耗、高污染、高排放为基本特征的发展，即黑色发展模式。"我认为应当以高投入、高消耗、高排放、高污染、高代价为基本特征的发展就是工业文明黑色发展模式，而以"五高"黑色发展模式为基本内容与发展思路就是工业文明黑色发展道路。

(4) 全面生态化或绿色化是绿色发展的主要内容与基本路径。2011 年夏，中国绿色发展战略研究组课题组撰写的《关于全面实施绿色发展战略向十八大报告的几点建议》一书指出：按照马克思主义生态文明世界观和方法论，生态化应当写入党代会报告，使中国特色社会主义旗帜上彰显着社会主义现代文明的生态化发展理念，这是建设社会主义生态文明的必然逻辑，是发展绿色经济、实现绿色发展的客观要求，是构建社会主义和谐社会的必然选择。这里所说的生态化发展理念，就是绿色发展理念。后者是前者的现实形态与形象概括，在此我们很有必要作进一步论述：

☞ 生态化是一个综合科学的概念，是前苏联学者首创的现代生态学的新观念：早在 1973 年苏联哲学家 B. A. 罗西在《哲学问题》杂志上发表的《论现代科学的"生态学化"》一文中，就将生态化称为"生态学化"，其本质含义是"人类实践活动及经济社会运行与发展反映现代生态学真理"。以此观之，生态化主要是指运用现代生态学的世界观和方法论，尤其依据"自然、人、社会"复合生态系统整体性观点考察和理解现实世界，用人与自然和谐协调发展的观点去思考和认识人类社会的全部实践活动，最优地处理人与自然的自然生态关系、人与人的经济生态关系、人与社会的社会生态关系和人与自身的人体生态关系，最终实现生态经济社会有机整体全面和谐协调可持续的绿色发展"。①生态化这个术语是国内外学者，尤其在中国新兴、交叉学科的学者广泛使用的新概念，其论著中使用的频率最高，当代中国已经出现新兴、交叉经济学生态化趋势。因此，这个界定从学理上说，我们可以作出一个合乎逻辑的结论：生态化应当是生态文明与绿色发展的重要范畴，甚至是基本范畴。

☞ 当今人类生存与发展需要进行一场深刻的生态经济社会革命，走绿色发展新道路，推进人类生存与发展的生产方式和生活方式的生态化转型，实现人类生存方式的全面生态化。它就内在要求人类社会的经济、科技、文教、政治、社会活动等经济社会运行与发展的全面生态化。在当代中国就是使中国特色社会主义生态经济社会体系运行朝着生态

① 刘思华：《论新型工业化、城镇化道路的生态化转型发展》，载《毛泽东邓小平理论研究》2013 年第 7 期，第 8～13 页。

化转型的方向发展。这种生态化转型发展就成为生态经济社会运行与发展的内在机制、主要内容、基本路径与绿色结果。这样的当代中国走生态化转型发展之路，是走绿色发展的必由之路与基本走向。可以说，"顺应生态化转型者昌，违背生态化转型者亡。"[①]这不仅是当今人类文明进步和世界经济社会发展，而且是中国特色社会主义文明进步和当代中国经济社会发展的势不可当的生态化即绿色化发展大趋势。

☞ 生态马克思主义经济学哲学强调生态文明是广义和狭义生态文明的内在统一，[②]并把广义生态文明称为绿色文明，既然生态化是生态文明的一个重要范畴，那么它就同生态文明，也是广义与狭义生态化的内在统一；这样说，可以把广义生态化称之为绿色化。两者的本质内涵是完全一致的。2015 年 3 月 24 日，中共中央政治局审议通过的《关于加快推进生态文明建设的意见》首次使用了绿色化这一术语，要求在当前和今后一个时期内，协同推进新型工业化、城镇化、信息化、农业现代化和绿色化。如果说绿色发展（包括循环发展和低碳发展）是生态文明建设的基本途径，那么可以说生态化发展是生态文明建设的内在机制和基本内容与途径。这是因为生态文明建设的理论本质是以生态为本，即主要是以增强提高自然生态系统适应现代经济社会发展的生态供给能力（包括资源环境供给能力）为出发点和落脚点，既要构建优化自然生态系统，又要推进社会经济运行与发展的全面生态化，建立起具有生态合理性的绿色创新经济社会发展模式。所以"生态文明建设的实践指向，是谋求生态建设、经济建设、政治建设、文化建设与社会建设相互关联、相互促进，相得益彰、不可分割的统一整体文明建设，用生态理性绿化整个社会文明建设结构，实现物质文明建设、政治文明建设、精神文明建设、和谐社会建设的生态化发展。这是中国特色社会主义生态文明建设的真谛。"[③]

☞ 笔者借写"丛书"总序之机，代表中国绿色发展战略研究组课题组和"丛书"的作者们向党中央建议：两年后把"绿色化"或"生态化"

① 刘本炬：《论实践生态主义》，北京：中国社会科学出版社，2007 年版，第 136 页。

② 刘思华：《生态马克思主义经济学原理》（修订版），北京：人民出版社，2014 年版，第 540～542 页。

③ 刘思华：《生态马克思主义经济学原理》（修订版），北京：人民出版社，2014 年版，第 549 页。

写入党的十九大报告，使它成为中国特色社会主义道路从工业文明黑色发展道路向生态文明绿色发展道路全面转轨的一个象征，成为当今中国社会主义经济社会发展模式从工业文明黑色发展模式向生态文明绿色发展模式全面转型的一个标志，成为中国特色社会主义文明迈向社会主义生态文明与绿色经济发展新时代的一个时代标识。

## 四、关于迈向生态文明绿色发展的使命与任务问题

自2008年国际金融危机以来，绿色经济与绿色发展迅速兴起，是有着深刻的生态、经济和社会历史背景的。应当说，首先是发源于回应工业文明黑色发展道路与模式的负外部效应所积累的全球范围“黑色危机”越来越严重，已经走到历史的巅峰。“物极必反”，工业文明黑色发展道路与模式的历史命运也逃避不了这个历史的辩证法。它在其黑色发展过程中自我否定因素不断生成，形成向绿色经济与绿色发展转型的因素日渐清晰彰显，使我们看到了绿色经济与绿色发展的时代晨光，人类正在迎来生态文明绿色发展的绿色黎明。这是人类实现生态经济社会全面和谐协调可持续发展的历史起点。

**1. 我们必须深刻认识和正确把握生态文明的绿色发展道路与模式的时代特征**

迈向生态文明绿色经济发展新时代的时代特色应是反正两层含义：一是当今世界仍然处于黑色文明达到了全面异化的巨大危机之中，使当今人类面临着前所未有的工业文明黑色危机的巨大挑战；二是巨大危机是巨大变革的历史起点，开启了绿色文明绿色发展的新格局、新征途，使人类面临着前所未有的绿色发展历史机遇，并给予全面生态变革与绿色转型的强大动力。因此，当今人类正处于工业文明黑色发展衰落向生态文明绿色发展兴起的更替时期。这是危机创新时代，黑色发展危机逼进绿色创新发展，绿色创新发展走出黑色发展危机。毫无疑问，当今世界和当代中国的一个生态文明绿色创新发展时代正在到来。对此，我们必须从工业文明黑色发展危机来认识与把握生态文明绿色发展道路与模式的历史必然性和现实必要性与可能性。

(1) 历史和现实已经表明，自18世纪资本主义工业革命以来，在工业文明（包括其最高阶段的后工业文明）时代资本主义文明及工业文明成功地按照自身发展的工业文明发展模式塑造全世界，将世界各国都引入工业文明黑色经济与黑色发展道路与模式，形成了全球黑色经济与黑色发展体系。当今中外多学科学者在对工业文

明黑色发展的反思与批判中，有一个共识：黑色文明发展一方面使物质世界日益发展，物质财富不断增加；另一方面使精神世界正在坍塌，自然世界濒临崩溃，人的世界正在衰败。它不仅是自然异化，而且是人的物化、异化和社会的物化、异化。当今世界的南北两极分化加剧，以美国为首的国际垄断资本主义势力为掠夺自然资源不断发动地区战争，没有硝烟的经济战和经济意识形态战频发；恐怖主义嚣张，物质主义、拜金主义、消费主义盛行，道德堕落和精神与理智崩溃，无论是发达国家还是发展中国家内部的贫富悬殊、两极分化正在加剧，各种社会不公正与不平等的社会生态关系恶化加深，已成为当今世界的社会生态黑色发展现实。因此，当今工业文明黑色发展的黑色效应已经全面地、极大地显露出来了，使工业文明黑色发展成为当今世界以及大多数国家和民族发展的现状特征。正是在这个意义上，我们完全可以说，当今人类已经陷入工业文明发展全面异化危机及黑色深渊，使今日之工业文明黑色发展达到了可以自我毁灭的地步，同时也包含着克服、超越工业文明黑色发展险境的绿色发展机遇和种种因素条件，也就预示着黑色发展道路与模式的生态变革与绿色转型是历史的必然。这就是说，如果人类不想自我毁灭的话，就必须自觉地走超越工业文明的生态文明绿色发展的新道路，及构建绿色发展的新模式。这是历史发展的必然道路，是化解当今工业文明黑色发展危机的人类自觉的选择，也是唯一正确的选择。

(2) 深刻认识和真正承认开创生态文明绿色发展道路与模式的现实必要性和紧迫性。这首先在于当今世界系统运行是依靠“环境透支”“生态赤字”来维持，使自然生态系统的生态赤字仍在扩大，将世界各国都绑在工业文明黑色发展之舟上航行。工业文明发展的一切辉煌成就的取得，都是以自然、人、社会的巨大损害为代价，尤其是以毁灭自然生态环境为代价的，这是西方各学科的进步学者的共识，也是中国有社会良知的学者的共识。在 1961 年人类一年只消耗大约 2/3 的地球年度可再生资源，世界大多数国家还有生态盈余。大约从 1970 年起，人类经济社会活动对自然生态的需求就逐步接近自然生态供给能力的极限值，自 1980 年首次突破极限形成“过冲”以来，人类生活中的大自然的生态赤字不断扩大，到 2012 年已经需要 1.5 个地球才能满足人类正常的生存与发展需要。因此，《增长的极限》一书的第 2 版即 1992 年版译者序就明确指出：“人类在许多方面已经超出了地球的承载能力之外，已经超越了极限，世界经济的发展已经处于不可持续的状况。”足见工业文明黑色发展确实是一种征服自然、掠夺自然、不惜以牺牲自然生态来换取经济发展的黑色发展道路，使“今天世界上的每一个自然系统都在走向衰落”。[①]进入21世纪的15年间，生态赤字继续扩大、自然生态危机及黑色发展危机日益加深。对此，《自然》杂志发文说：“地球生态系统将很快进入不可逆转的崩溃状态。”[②]联合国环境规划署2012年6月6日在北京发布全球环境展望报告中指出，当今世界仍沿着一条不可持续之路加速前行，用中国学者的话说，就是人类仍在继续沿着工业文明黑色发展道路加速前行。因此，从全球范围来看，“目前还没有一个国家真正迈入了‘绿色国家的门槛’”[③]，这是不可否认的客观事实。据报道，今年春季欧洲大面积雾霾污染重返欧洲蓝天，使巴黎咳嗽、伦敦窒息、布鲁塞尔得眼疾……这是今春西欧地区空气污染现状大致勾勒出的一幅形象的画面。这就意味着这些欧洲各城市又重新回到大气危机的黑色轨道上来了，因此，人们发出了西欧“霾害根除”还只是个传说之声。这的确是事实，欧洲遭遇空气污染已经不是新鲜事。2011年9月7日英国《卫报》网站曾报道，欧洲空气质量研究报告称空气污染导致欧洲每年有50万人提前死亡，全欧用于处理空气污染的费用高达每年7 900亿欧元。2014年11月19日西班牙《阿贝赛报》报道，欧洲环境署公布的空气质量年度报告显示空气污染问题造成欧洲每年大约45万人过早死亡，其中约有43万人的死因是生活在充满$PM_{2.5}$的环境中。2014年4月初，英国环境部门监测到伦敦空气污染达10级，是1952年以来最严重的污染，引发全国逾162万人哮喘病发[④]。近年来欧洲大面积雾霾污染事件，击碎了英国、法国、比利时等发达国家是“深绿发展水平国家”的神话。

(3) 一个国家和民族或地区经济社会运行，从生态盈余走向生态赤字并不断扩大的发展道路，就是工业文明的黑色发展道路，其自然生态环境必然是不断恶化的，没有绿色发展可言。与此相反，从生态赤字逐步减少走向生态盈余的发展道路，就是迈向生态文明的绿色发展道路，其自然生态环境不断朝着和谐协调绿色发展的方向前行。因此，逐步实现生态赤字到生态盈余的根本转变，构成判断是不是绿色发展及一个国家和民族及地区是不是“绿色国家”的一个基础根据与根本标准。据此，抛弃工业文明黑色发展模式，坚定不移走绿色发展道路，其根本的、最终的目标与

---

① 保罗·替肯：《商业生态学》（中译本），上海：上海译文出版社，2001年版，第26页。

② 详见2012年7月28日《参考消息》，第7版。

③ 杨多费、高飞鹏：《绿色发展道路的理论解析》，载《科学管理研究》第24卷第5期，第20～23页。

④ 戴军：《英国：“霾害根除”还只是个传说》，2015年3月22日《光明日报》。

首要任务就是尽快扭转自然生态环境恶化趋势，实现生态赤字到生态盈余的根本转变，达到生态资本存量保持非减性并有所增殖，这是人类生态生存之基、绿色发展之源。

## 2．开创绿色经济发展新时代的绿色使命与历史任务

当今人类发展已经奏响绿色经济与绿色发展的新乐章。发展绿色经济、推进绿色发展是开创绿色经济发展新时代的绿色使命与历史任务，必将成为人类文明演进与经济社会发展的时代潮流。从全球范围来看，迄今为止，世界上还没有一个国家或地区真正是生态文明的绿色国家或绿色地区，中国也不例外。但是当今世界主要发达国家和发展中国家，已经奏响经济社会发展绿色低碳转型的主旋律，开始朝着建设绿色国家或地区，推进绿色发展的方向前行。在此我们要指出的是，发展绿色经济、推进绿色发展是世界各国的共同目标和绿色使命。2010 年美国学者范·琼斯出版的《绿领经济》一书谈到美国兴起的绿色浪潮时说："不管是蓝色旗帜下的民主党人还是红色旗帜下的共和党人，一夜之间都摇起了绿色的旗帜。"[①]奥巴马政府实行绿色新政，主打绿色大牌，实施绿色经济发展战略，其战略目标是要促进经济社会发展的绿色低碳转型，再造以美国为中心的国际政治经济秩序。以北欧为代表的部分国家如瑞典、丹麦等在实施绿色能源计划方面走在世界前列。日本推进以向低碳经济转型为核心的绿色发展战略总体规划，力图把日本打造成全球第一个绿色低碳国家。韩国制定和实施低碳绿色增进的经济振兴国家战略，使韩国跻身全球"绿色大国"之列。尤其是在绿色新政席卷全球时，不仅美国而且英、德、法等主要发达国家，都企图引领世界绿色潮流。这些事实充分表明发展绿色经济、推进绿色低碳转型、实现绿色发展，是世界发展的新未来、新道路，已成为 21 世纪人类文明进步和经济社会发展的主旋律即绿色发展主旋律，标志着当今人类发展已经开启了迈向绿色经济发展新时代的新航程。

然而，历史发展不是一条直线，而是螺旋式上升的曲线。当今人类历史仍处在资本主义文明及工业文明占主导地位的时代，主要资本主义国家仍有很强的调整生产关系、分配关系和社会关系的能力和活力。因此，主要资本主义国家尤其是西方发达资本主义国家，在工业文明基本框架内对生态环境与绿色经济的认识，制定和实行生态环境保护、治理与生态建设政策、措施和行动，并发展绿色经济，来调节、

① 范·琼斯：《绿领经济》（胡晓姣、罗俏鹃、贾西贝译），北京：中信出版社，2010 年版，第 55 页。

缓解资本主义生态经济社会矛盾，力图走出工业文明发展全面异化危机即黑色发展困境。但是，正如一些学者所指出的，"事实的真相"则是到目前为止，西方发达资本主义国家所实施的绿色经济发展战略和自然生态环境治理与修复的思路与方案，主要是在工业文明基本框架内进行[①]，仍然没有根本触动工业文明也无法超越现存资本主义文明的黑色经济社会体系。这主要表现在两个方面：一是西方发达资本主义国家对内实行绿色资本主义的发展路线。目前西方发达国家主要是在不根本触动资本主义文明及工业文明黑色经济体系与发展模式的前提下，通过单纯的技术路线来治理、修复、改善自然生态环境，寻求自然生态环境和资本主义协调发展，缓解人与自然的尖锐矛盾，并在对高度现代化的工业文明重新塑造的基础上走有限的"生态化或绿色化转型发展道路"，即绿色发展道路，实践已经论证，这是不可能走出工业文明黑色危机的。今春欧洲大面积雾霾污染重返欧洲蓝天就是有力佐证。二是目前西方发达资本主义国家对外实行生态帝国主义政策，主要有3种形式：资源掠夺、污染输出和生态战争，使发达资本主义大多数踏上了生态帝国主义黑色之路，使西方发达国家的黑色发展道路与模式所付出的高昂生态环境成本即发生巨大黑色成本由发展中国家为他们"买单"。因此，我们从现实中可以看到，绿色资本主义和生态帝国主义的路线与实践不仅可以成功地改善资本主义国家国内的自然生态环境，缓解甚至能够度过"生存危机"，而且可以"在承担着创造后工业文明时代资本主义的'绿色经济增长'和'绿色政治合法性'新机遇的使命。"[②]

当今人类虽然正在迎来生态文明即绿色文明的黎明，但人类文明发展却是在迂回曲折中前进的。自2008年国际金融危机之后，先是美国实行"再工业化战略"，推进"制造业回归"。随后欧洲发达国家纷纷宣称要"再工业化"，不仅把包括绿色能源战略在内的绿色经济发展战略纳入经济复苏的轨道，而且还针对经济虚拟化、产业空心化，试图通过实施"再工业化战略"和"回归实体经济"，重塑日益衰落的工业文明生态缺位的黑色经济，重新走上工业文明增长的经济发展道路。这是向高度现代化的工业文明发展的回归，阻碍着人类文明发展迈向生态文明绿色经济发展新时代。

按照生态马克思主义经济学哲学观点，在资本主义文明及工业文明框架的范围

① 张孝德：《生态文明模式：中国的使命与抉择》，载《人民论坛》2010年第1期，第24～27页。

② 郇庆治：《"包容互鉴"：全球视野下的"社会主义生态文明"》，载《当代世界与社会主义》2013年第2期，第14～22页。

内，是不可能从根本上走出工业文明发展全面异化危机即黑色危机的深渊。对此，连西方学者也认为：在资本主义文明及工业文明的“基本框架内对经济运行方式、政治体制、技术发展和价值观念所作的任何修补和完善，都只能暂时缓解人类的生存压力，而不可能从根本上解决困扰工业文明的生态危机。”[①]这就是说，绿色资本主义和生态帝国主义的推行会使全球自然生态、社会生态和人类生态的黑色危机越来越严重。这与20世纪90年代以来世界各国在工业文明框架内实施可持续发展一样，其结果是“20多年来的可持续发展，并没有有效遏制全球范围的环境与生态危机，危机反而越来越严重，越来越危及人类安全。”[②]因此，世界人民有理由把更多的目光集聚到社会主义中国，将开创工业文明黑色发展道路与模式转向生态文明绿色发展道路与模式，这一人类共同的绿色使命与历史任务寄托于中国建设社会主义生态文明。2011年在美国召开的生态文明国际论坛上有位美国学者说道：“所有迹象表明，美国政府依然将在错误的道路上越走越远。”“所有目光都聚到了中国。放眼全球，只有中国不仅可以，而且愿意在打破旧的发展模式、建立新的发展模式上有所作为。中国政府将生态文明纳入其发展指导原则中，这是实现生态经济所必需的，并使得其实现变为可能，是一个高瞻远瞩的规划。”[③]

**3．中国在当今世界已经率先拉开超越工业文明的社会主义生态文明绿色经济发展新时代的序幕，引领全人类朝着生态文明绿色经济形态与绿色发展模式的方向发展**

我国改革开放以来，始终坚持保护环境和节约资源的基本国策，实施可持续发展战略，一些省市和地区实行“生态立省（市）、环境优先、发展与环境、生态与经济双赢”的战略方针。从发展生态农业、生态工业到建设生态省、生态城市、生态乡村；从坚持走生产发展、生活富裕、生态良好的文明发展道路，建设资源节约型、环境友好型经济社会，到发展绿色经济、循环经济、低碳经济；从大力推进生态文明建设到着力推进绿色发展、循环发展、低碳发展等，都取得了明显进展和积极成效。特别是党的十八大确立了社会主义生态文明科学理论，提出和规定了建设

① 转引自杨通进：《现代文明的生态转向》，重庆：重庆出版社，2007年版，总序第4页。

② 胡鞍钢：《中国：创新绿色发展》，北京：中国人民大学出版社，2012年版，第9页。

③ 《第五届生态文明国际论坛会议论文集（中英文）》，April 28-29，2011，Claremont，CA，USA，Fifth International Forum on Ecological Civilization：toward an Ecological Economics。

中国特色社会主义的两个“五位一体”[①]：建设中国特色社会主义“五位一体”总体目标，使中国特色社会主义道路的基本内涵更加丰富；建设中国特色社会主义“五位一体”总体布局，使中国特色社会主义的基本纲领更加完善。这不仅是奏响我们党“领导人民建设社会主义生态文明”（新党章语）的新乐章，而且标志着全国人民踏上社会主义生态文明绿色发展道路的新征途。因此，党的十八大明确提出“努力建设美丽中国”是社会主义生态文明建设的战略目标，即建设美丽中国首先是建设绿色中国，其中心环节就是走出一条生态文明绿色经济发展道路，构建绿色经济形态与发展模式。据此而言，党的十八大向全党全国人民发出的“努力走向社会主义生态文明新时代”的伟大号召，意味着中国特色社会主义文明发展要努力迈向生态文明绿色经济与绿色发展新时代。为此，《中共中央 国务院关于加快推进生态文明建设的意见》中又提出把经济社会绿色化作为生态文明建设与绿色发展的核心内容与基本途径，从而在当今世界率先开拓了从工业文明黑色发展道路与模式转向生态文明绿色发展道路与模式，使当下中国朝着生态文明绿色经济形态与发展模式的方向发展，努力成为成功走出工业文明的新型工业化道路、真正进入生态文明的绿色化发展道路的榜样国家。

当然，当今中国的客观现实还是一个加速实现工业化的发展中国家，刚走过发达国家100多年所走过的工业文明发展历程，成为以工业文明为主导形态的工业大国。在这几十年间，中国工业化、现代化道路的探索，尽管在一定程度上符合中国国情和实际情况，但仍然走的是工业文明黑色发展与黑色崛起道路，它在本质上是沿袭了西方发达资本主义文明所走过的高碳高熵高代价的工业文明——“先污染后治理、边污染边治理”的黑色发展道路。因此，我们“不得不承认，我们原先走在黑色发展和崛起的征途上，所以尽管我们即使按西方工业文明的标准未达到发展与崛起的程度，但是黑色发展和崛起的一切代价和后果我们都已尝到了。”[②]历史经验教训值得重视，党的十八大之前的20多年里，我们在没有根本触动刚刚形成的工业文明经济社会形态前提下，换言之，在工业文明基本框架内实施可持续发展战略、生态环境治理与修复，建设生态省市，走文明发展道路以及发展绿色经济等，是不可能有效遏制、克服工业文明黑色发展道路与模式的黑色效应，工业文明发展异化

① 刘思华：《生态马克思主义经济学原理》（修订版），北京：人民出版社，2014年版，第561～566页。

② 陈学明：《生态文明论》，重庆：重庆出版社，2008年版，第22页。

危机即黑色危机反而日益严重。它突出体现在3个方面[①]：一是当下中国自然生态恶化状况从总体上看，范围在扩大、程度在加深、危害在加重；二是城乡地区差距不断扩大、分配不公与物质财富占有的贫富悬殊已成常态；三是平民百姓生活质量相对变差等社会生态恶化，公众健康相对变差的国民人体生态恶化等，使得生态经济社会矛盾不断积累与日益突出甚至不同程度的激化，已成为建设美丽中国、全面建成小康社会的重大"瓶颈"，是实现绿色中国梦的最大桎梏。因此，我们必须正视当下中国"自然、人、社会"复合生态系统的客观现实，深刻认识与正确把握当今中国从工业文明黑色发展道路向生态文明绿色发展道路的全面转轨，从工业文明黑色发展模式向生态文明绿色发展模式的全面转型的必要性、迫切性、重要性与艰巨性。事实上，近年来，我国学术界有人为了所谓填补研究空白、标新立异，制造一些伪绿色发展论，不仅把西方主要发达国家说成是"深绿色发展国家"，掩盖当今资本主义国家工业文明发展全面恶化危机即黑色危机的客观现实；而且把处于"十面霾伏"的雾霾污染重灾区的京津冀、长三角、珠三角的一些城市界定为"高绿色城镇化"，这完全不符合客观事实的假命题，否定不了当下中国及城市自然生态危机仍在加深的严峻事实，动摇不了我国以壮士断腕的决心和信心，打好大气、水体、土壤污染的攻坚战和持久战。

所谓攻坚战和持久战，就在于当前国内外事实表明，大气、水体、土壤污染治理与修复已成为世界性的难题。而当今中国大气、水体、土壤污染日益严重，应当说是长期中国工业化、城市化黑色发展积累的必然恶果，是中国工业文明黑色发展道路与模式对自然生态损害的直观展示，是对中国过去GDP至上主义发展的严厉惩罚及严重警示。改革开放30多年，中国经济发展规模迅速扩大，快速成长为工业文明经济大国，这是世所罕见的。然而，它所付出的自然生态环境代价也是世所罕见的。当今世界上很少有国家像中国这样，以如此之高的激情加速折旧自己的生态环境未来，已经是世界头号污染排放大国，正如国内外学者所指出的，中国已经成为世界上最大的"黑猫"，"全球最大的生态'负债国'"[②]。目前中国生态足迹是生物承载力的两倍，生态系统整体生态服务功能不断退化，生态赤字还在扩大。中

① 刘思华：《论新型工业化、城镇化道路的生态化转型发展》，载《毛泽东邓小平理论研究》2013年第7期，第8～13页。

② 卢映西：《出口导向型发展战略已不可持续——全球经济危机背景下的理论反思》，载《海派经济学》2009年第26辑，第81页。

国生态系统的生态负荷已达到临界状态，一些资源与环境容量已达支撑极限，经济社会发展是依靠“环境透支”与“生态赤字”来维持。因而，生态赤字不断扩大，生态（包括资源环境）承载力日益下降，在大中城市尤其是大城市十分突出，如上海市人均生态足迹是人均生态承载力的46倍，广州市为31倍，北京市为26倍。在存在生态赤字的国家中，日本是8倍，其他国家均在2～3倍，中国大城市特大城市普遍存在巨大的生态赤字，都面临比其他国家更为严峻的自然生态危机[①]。由此要进一步指出，目前全国600多个大中城市，特别是大城市，其高速发展不仅正在遭遇各种环境污染，如水、土、气三大污染之困，而且正在遭遇“垃圾围城”之痛，有2/3的城市陷入垃圾的包围之中，有1/4的城市已没有适合场所堆放垃圾，从而加剧了城市生态系统的黑色危机。近日有学者发文认为，“中国城镇化离绿色发展要求的内涵、绿色发展的模式相去甚远”，“中国的绿色发展目标尚未实现”[②]。这就是说，迄今为止，我国还没有一个大中城市真正走入按照社会主义生态文明的本质属性与实践指向所要求的生态文明绿色城市的门槛，这是不容争辩的客观事实。

综上所述，无论当今世界还是今日中国，生态足迹不断增加，生态赤字日益扩大，这是自然生态危机的核心问题与根本表现。而当下中国各类环境污染呈现高发态势，已成民生之患、民心之痛、发展之殇；生态赤字与生态资本短缺仍在加重，使我国进入生态“还债”高发期，良好的自然生态环境已经成为最为短缺的生活要素、生产要素及生存发展要素。这就决定了生态环境问题是严重制约中国生态经济社会有机整体、全面和谐协调可持续发展的最短板，是建设美丽中国、实现绿色中国梦的最大阻碍，是中国绿色发展与绿色崛起面临的最大挑战与绿色压力。因此，我们要直面这一严峻现实，必须也应当摆脱与摒弃过去所走过的工业文明高碳高熵高代价的黑色发展道路，与工业文明黑色发展模式彻底决裂，积极探索生态文明低碳低熵低代价的绿色发展道路及发展模式，使中国特色社会主义文明发展尽早实现从工业文明黑色发展道路与模式向生态文明绿色发展道路与模式的根本转变，成功地建成生态文明绿色强国。

---

① 齐明珠、李月：《北京市城市发展与生态赤字的国内外比较研究》，载《北京社会科学》2013年第3期，第128～134页。

② 庄贵阳、谢海生：《破解资源环境约束的城镇化转型路径研究》，载《中国地质大学学报（社科版）》2015年第2期，第1～10页。

## 五、关于“绿色经济与绿色发展丛书”的几点说明

“绿色经济与绿色发展丛书”是目前世界和中国规模最大的绿色社会科学研究与出版工程，覆盖数十个社会科学学科和自然科学学科，是现代经济理论与发展思想学科群绿色化的开篇，故不得不说明几点：

(1)“丛书”站在中国特色社会主义文明从工业文明走向生态文明的文明形态创新、经济社会形态创新、经济发展模式及发展方式创新的新高度，不仅探讨了中国社会主义经济的发展道路、发展战略、发展模式和发展体制机制等生态变革与绿色创新转型即生态化、绿色化发展，而且提出了从国民经济各部门、各行业到经济社会发展各领域等方面，都要朝着生态化、绿色化方向发展。为建设社会主义生态文明和美丽中国，实现把我国建成绿色经济富国、绿色发展强国的绿色中国梦，提供新的科学依据、理论基础和实践框架及路径。

(2)“丛书”力争出版45部，涉及学科很多、内容广泛，理论与实践问题研究较多，大致可以归纳为4个方面：一是深化生态文明和绿色经济与绿色发展的马克思主义基础理论研究；二是若干重大宏观绿色化问题研究；三是主要领域、重要产业与行业发展绿色化问题研究；四是微观绿色化问题研究。因此，整部“丛书”是以建设生态文明为价值取向，以发展绿色经济为主题，以推进绿色发展为主线，比较全面、系统地探讨生态经济社会及各领域、国民经济各部门、各行业与其微观基础的绿色经济与绿色发展理论和实践问题；向世界发出“中国声音”，展示中国的绿色经济发展理论与实践的双重探索与双重创新。

(3)“丛书”是新兴、交叉学科群绿色化多卷本著作，必然涉及整个经济理论与发展学说和马克思主义的基本原理与重要的基本理论问题，并涉及众多的非常重要的现实的前沿话题，难度很大，有些认识还只能是理论的假设与推理，而作者和主编的多学科知识和理论水平又很有限，因而“丛书”作为学科群绿色化的开篇，很难说是一个十分让人满意的开头，只能是给读者和研究者提供一个学术平台继续深入探讨，共同迎接绿色经济理论与绿色发展学说的繁荣与发展。

(4)“丛书”把西方世界最早研究生态文明的专家——美国的罗伊·莫里森所著的《生态民主》译成中文出版。《生态民主》一书于1995年出版英文版，至今已有20年了，中国学界和出版界却无人做这项引进工作，出版中译本。近几年来，在我国研究生态文明的热潮中，很多论文和著作都提到《生态民主》一书，尤其我

国权威媒体记者多次采访莫里森，使这本书在中国有较大影响。然而，众多研究者介绍本书时都没有具体内容，既没有看英文版原版，又无中译本可读，只是相互转抄、添油加醋，就产生了一些学术误传，不利于正确认识世界生态文明思想发展史，更不能正确认识中国马克思主义生态文明理论发展史。因此，笔者下决心请刘仁胜博士译成中文，由中国环境出版社出版，与中国学者见面。在此，我要强调指出的是莫里森先生所写中译本序言和该书一些基本观点，并不代表我作为“丛书”主编的观点，我们出版中译本是表明学术思想的开放性、包容性，为中国学者深入研究生态文明提供思想资料与学术空间，推动社会主义生态文明理论与实践研究不断创新发展。

（5）“丛书”的作者们在梳理前人和他人一些与本领域有关的思想材料、引用观点时，都尽可能将原文在脚注和参考文献中一一列出，也有可能被遗漏，在此深表歉意，请原著者见谅。在此，我们还要指出的是，“丛书”是“十二五”国家重点图书出版规划项目，多数书稿经历了四五年时间才完稿，有的书稿所引用的观点和材料是符合当时实际的。党的十八大后，党和政府对市场经济发展进程中出现的某些经济社会问题，认真地进行治理并有所好转，但在出版时对书稿中过去的材料未作改动，把它作为历史记录保留在书中，特此说明。总之，“丛书”值得商榷之处一定不少，缺点甚至错误在所难免，故热切盼望得到专家指教和广大读者指正。

刘思华

2015 年 7 月

# 目　录

# Contents

# 第1章 绪 论

人类发展至今，经历了原始社会、农业文明社会以及工业文明社会，现正在进入后工业文明时代或者说是生态文明时代。文化一直伴随着人类社会的发展而发展，时代的地域风格特征、经济活动方式、民族风俗习惯等成为文化的载体。很明显，反映人类历史序列社会综合整体面貌表征的是文化，即人类历史上各文明时期所对应的是原始文化、农业文化、工业文化和生态文化，因此文化具有广泛性、区域性、多元性以及长期性的特点。在原始社会、农业文明社会时期，顺其自然的文化导向均未对自然界、生态环境产生过高强度的破坏，当时的生态自然环境基本均能够得到正常的恢复，即使不能恢复，也因为世界地域辽阔，人口总数稀少，在当地不能生存的情况下，全体族群可以迁徙到别处重新安家，维持族群的繁衍生息。正因为如此，我们能够在历史的遗迹中，看到过去繁华城市所留下的痕迹带给我们的警示，如丝绸之路上的楼兰古国遗迹以及其他的众多历史遗迹。但是，到了今天人口飞速发展、科技不断创新进步、以前所未有的速度在创造当今自然界无法自净和消化能力的财富之时，可以看到世界上各个角落都布满了各种无法来得及被自然界吸收净化的垃圾和污物。因此，这样的局面和困境使得人类不得不重新思考当今世界的发展方式，由此而产生了比以往更多元的文化生态格局。应该来说，在这众多文化思潮当中，生态文化逐渐成为主流方向，尤其是21世纪以来，许多学者甚至普通民众都成为生态文化的倡导者和践行者。鉴于此，通过全方位地梳理国内外生态文化的理论研究、历史脉络与实践案例，对于现代生态文化的生成脉络以及路径，进行具有宽视野、深层次的理论解读，具有重要的理论意义和实践意义。

## 1.1 生态文化产生的缘由

生态文化之所以在当今提及得比以往更多，甚至显得更为重要，是因为近300年来工业文明所催生的工业文化盛行，导致人类过度利用资源和使用资源，以至于人们以最快速地享用资源和浪费资源作为积累财富和刺激消费的最重要手段，也成为人们最为光耀的资本以及追求的终极目标，这显然有违自然界生态系统中互利共生协调发展的规律。因此，必然需要对工业文化进行反思，同时也需要对东西方传统文化中的生态思想进行历史考察。

### 1.1.1 工业文化的现实困境

#### 1.1.1.1 生态危机频现

（1）频频出现的生态危机现象已经严重阻碍了维持人类生命正常所需的物质供应。极端天气、地震、火山、洪水等自然生态灾难以及石油泄漏、核事故等人为造成的生态灾难，已经给人类生命带来极其不安全的生存空间和环境。在这样的工业文化氛围下，地球的生态系统越来越脆弱，人类直接从自然界中获得其维持生存和发展的原生态物质愈来愈艰难。此外，由于化肥、杀虫剂、除草剂、激素等化学物质的滥用，再加上可耕土地减少、农林种植单一化、畜牧业养殖规模化，使得当代人很少见到几十年前的原生态无污染产品。显然，生态、绿色、无污染产品成为时髦的名词，且成为一种时尚的追求。

可见，生态危机的直接后果就是人类越来越难以在自然界中获得天然的物质资源，直接消费资源的成本不断提高。假如，人类不再能从自然环境中直接获取所需的各种资源，那么可想而知人类的生活将面临什么样的境地，显然人类的生存和健康将面临重大危机。同时，工业文化价值观主导的经济发展方式的最大的特点是，在刺激消费的前提下，鼓动人们进入高消费的亢奋状态，极度快速换代的电子产品就是其中的典型代表之一。这样高消费的后果是刺激人类不顾一切地索取和消耗自然界的物质资料，然后又不顾一切地将这些自然界难以自然分解的废水、废气、废物倾倒于自然界中，以至于在地球上几乎难以找到一条干净的河流、一块无毒的土地、一片纯天然的森林。其结果，所带来的生态危机态势阻碍了人类与自然之间的物质和能量循环，致使生命体从环境中补充、转换和蓄积能量的正常路径被阻隔，维持生命的开放生态环境系统被严重破坏。

（2）给其他生物带来生存危机。由于工业文明成果的丰富性和先进性，一方面带给人类许多生活便利，另一方面不可避免地给其他生物带去灭顶之灾，如化肥、农药、杀虫剂、除草剂等化学药物的滥用，废水、废气、废物向自然界无节制地释放，再加上向自然界无限制地索取各种矿物资源、森林资源、动物资源等，很明显地表现出了对其他生命的漠视，且已经导致了许多动植物灭绝和濒临灭绝的境地。通过多种媒介查询，均可阅读到这样的描述：由于人类活动强度过高，地球生命正面临最大规模的生物灭绝问题，这有可能是自 6 500 万年前的恐龙时代以来的最大规模的生物灭绝境况。有人估计，其灭绝速度以每天约 100 种生物灭绝的速度在行进，按照目前人类活动状况的影响，这一速度在接下来的几十年里还会翻番。现在的人口是 70 多亿，在 200 年前的世界人口仅为 10 亿，200 年的时间增加了 60 亿，即使在 1999 年世界人口也只有 60 亿，但在 2011 年就达到了 70 亿，这 10 亿人口的增加仅用了 12 年的时间。可以想象人口的大量增加，对自然界其他生物的生存带来了多么可怕的威胁。因为人类为养活自己这一庞大人口，必然要向自然界获取人类生存的资源，这种获取方式有可能是耗竭式的，不仅有可能损害到当代人以及后代人的利益，而且也有可能损害到其他生物的生存环境和获取资源的途径。如自然生态的衰退和损毁，从而导致森林、湿地、草地遭到破坏而逐渐消失，如空气、水、土壤等的被污染，过度使用化石燃料，破坏了地球上空的臭氧层，并加剧了潜在的温室效应，使得大气和地球本身原有节律的季节也因人类行为而改变，均会不同程度地造成其他生物的生存危机。

总之，人类文明自诞生之日，就从未停止过征服自然的脚步。可以说人类文明的演进历史几乎是与破坏地球生态的历史相伴而行的。人类在历史的进程中，尤其是工业文化主导的行为不仅危害到了人类本身，还危及其他生命物种的生存，或许这是难以绕过的坎。但如果人类能够安守本分，理性地坚守着自己的生态位，履行自己应有的生态职责，也许今天这样严重的生态危机就不会出现。上述所列事实只是这种灾难的表象，而其本质则在于传统的工业文化导向人类走向灭亡的路途，若不及时转向，其前景则是蕾切尔·卡逊所预言的“寂静的春天”。

#### 1.1.1.2 工业文化自身的危机凸显

虽然工业文化的发展带来了工业文明的巨大成果，但随着文明成果的不断堆积和叠加，人们已经目不暇接，不知如何来跟随时代的步伐使用和利用这些成果。尤其是日常用品，功能的综合性、复杂性有时让人们望而却步，以至于今天，人类正面临着有史以来最严峻的生态危机。始于 18 世纪的工业革命已经把整个地球破坏得满目疮痍，无论是发达国家还是发展中国家大都发现他们原来宁静祥和的世界变得多么可怕和不可靠。如前所述，这种危机不仅影响了人类赖以生存的平衡的生态系统，而且有可能改变地球系统的地貌和地质过程，其后果会给当代人类社会生活的方方面面带来影响，同时也会影响人类未来的前途和命运。

众多学者均历数了我们人类所面临的生态危机，包括我国著名学者余谋昌先生，这些环境问题主要有：①大气污染；②水体污染；③森林滥伐和植被减少，特别是热带雨林的破坏非常严重，出现了森林危机；④土壤侵蚀、荒漠化和沙漠化的扩展正在成为威胁全球粮食安全的严重因素；⑤垃圾围城，无法处理；⑥生物灭绝加剧，生物多样性减少；⑦粮食、能源和其他资源短缺；⑧酸雨污染在世界范围内扩展；⑨地球增温，大气变暖；⑩臭氧层破坏；⑪重金属污染土地和水体，令许多地方寸草不生；⑫电子垃圾、塑料垃圾泛滥。

尤其让人忧心的是，从 18 世纪 60 年代算起，250 多年的工业文明历史，相对人类 5 000 多年的历史而言，犹如弹指一挥的短暂瞬间，但人类的生存状况已被严重地改变。若与 20 世纪中期相比，不断恶化的环境问题是现代发展的明显特征。由此可见，工业文明时代占主导地位的工业文化，不仅为人类的发展创造了前所未有的辉煌业绩，但同时无法忽视的是给人类生存带来的巨大困境，也把生态危机强加给了地球生态系统。毫无疑问，带给人类短暂的繁荣是工业文化的象征，有可能因过度兴盛而引发文明的衰落。实际上，在人类文明历史的进程中，任一种文明形态都将具有生命周期，如若不能够创新向上，则会随着历史的进程逐渐消亡，总是会被具有更为先进文化的文明时代所取代。

### 1.1.2 东西方传统文化生态观的现实冲突

人类文明产生的土壤是文化，在传统文化中均可找到所有现实结果产生的逻辑关系。在东西方文化中，有着相当大的差异。代表东方文化的中国传统文化，强调的是“天人合一”的哲学思想观，而西方更强调理性地看待世界，把人与自然放在对立的位置上，这是西方的主流价值观。在现代文化背景下，东西方文化在不断地碰撞，以中国传统生态文化为代表的东方文化在与西方文化的交汇碰撞中似乎有逐渐被遗落的趋势，因为在现代化的进程中，在曾倡导“天人合一”思想的中国，人与自然和谐的理想远未实现，相反呈现出与“天人合一”理想越来越远的趋势，在现实中遭遇到了许多难以破解的尴尬和挑战。然而，西方文化似乎力图在审视中国的传统生态文化，想从中国传统的生态文化中寻找到人与自然关系和解的药方。

#### 1.1.2.1 东方传统文化的生态观

以中华民族为代表的东方传统文化，贯穿始终的是“天人合一”思想。在长期的生产实践过程中，中华民族渐渐形成了自身独特的思想观念和精神意识，并对东方各民族国家的精神信念和价值意识产生了非常大的影响，以至于形成了某些十分相似的东方文化圈，尤其是在亚洲国家。其中，尤以对“天、地、人”及其关系的思考影响广泛而深刻。

（1）东方传统文化“天人合一”思想的生态观。历史上，中华民族是一个以农耕为主的社会，农耕社会及民生的特点显然是需要依靠“天”给予恩赐。所以，中国的“天人关系”构成了其哲学观的基本精神，中国传统生态伦理的核心思想自然就形成了“天人合一”思想。虽然，中国的传统文化有“儒、道、佛”三家，在对待人和自然的过程中，三家传统文化都有着各自的区别，但是在主体思想上却是统一的，即“天人合一”的观念，它们在处理天人关系的过程中秉承 “天人合一”的思想观念。“天人合一”的哲学思想体现了对自然关爱的人文主义精神，对构建现代生态文化无疑有着重要的人文价值。因此，中国传统文化“天人合一”的生态思想是中华民族传统文化的精髓，更是现代人需要传承的价值思想。

东方传统文化所包含的朴素生态思想，是以儒家和道家对人与自然关系的论述为主体的传统文化。“天人合一”，“天”是指自然，“合一”是指“合为一体”，所以人与自然合为一体是“天人合一”的主要意义。“天人合一”主要表达了人与宇宙的本原应该是一体的，不仅包含人的主体精神与客体世界需要融合在一起，而且还包含了人与物质世界真善美的统一性。这一基本观点表明了人在处理人与自然关系上的方式，也是驯化人们去追求一种理想生存境界的导向。同时，“天人合一”还蕴含着人类充分实现自己价值的途径，就是要通过“天人合一”这一途径来实现，这样可以借助与自然和睦相处，最终达成整个人类社会的不断进步。“天人合一”

的思想，在认识人与自然区别的基础上，强调人与自然的和谐统一，强调人与自然之间相互依存的重要关系。虽然道家和儒家在众多思想上有所不同，但是对于“天人合一”的观念却是一致理解为人与自然环境的和谐统一。现代许多学者，对于儒家、道家的“天人合一”观有着自己的解读。李培超学者对此有过比较深刻的论述，认为儒家的“天人合一”强调人的主观能动性，提升自我修养；而道家是“本体和一”，主要强调应按照天道运行法则去实现人与自然的合一[①]。

概言之，东方典型的传统文化基本秉承了中国儒家传统文化的生态思想元素，如日本以及部分东南亚国家，这些国家一直以来也十分讲究人与自然的和谐相处。中国的“天人合一”体现了中国传统文化独到的生态智慧。从哲学上来说，中国的“天人合一”思想，是一种有关于天与人均衡、统一、和谐的宇宙观。同时，它又是一种辩证的思维方式，该方式强调从宏观和整体上来把握世界。可见，“天人合一”的思维路径优于西方文化中“主客二分”和“人类中心主义”的思维路径。这样一来，“人类中心主义论”的本质性缺陷在“天人合一”思想中可以得到克服，也在工业文明与生态文明之间架起了一座哲学桥梁。“天人合一”思想的产生，是源于东方传统文化体现的生态智慧，是基于对宇宙生成、有机整体和生命价值三方面一种直觉的哲学思考。

（2）东方传统文化生态思想的缺陷与现实冲突。虽然朴素的生态思想和生态伦理观蕴含于东方传统文化中，蕴含了传统的生态伦理观，以及对待环境的博大人文精神关怀。但是，与现实相比，我国近现代的社会发展现状却没有体现更优于欧美以及日本等发达国家的生态环境，不可回避的事实是中国的生态环境已经到了十分恶劣的状态。由此可见，代表东方文化的中国传统文化，其生态思想，既包含了许多能为现代生态文化可以吸纳的思想成分，同时又存在一定的缺陷、矛盾和冲突之处。因此，如何能够对传统文化进行再思考，削弱人们根植于传统文化带来的思维定式，是构建生态文化理论的必要步骤。

东方传统文化中的“天人合一”思想，受时代和文明程度的局限，难以清楚透彻地阐释其中的因果规律，然而要实现的又是人类的最高生存理想和生存境界，因而不可避免地产生理论与实践缺陷以及现实冲突。

---

① 李培超：《自然的伦理尊严》，南昌：江西人民出版社，2001 年版，第 43 页、213 页、223 页。

*理论与实践缺陷*

总体来说，东方传统文化中的“天人合一”思想的缺陷主要体现在：①过于强调人与自然关系中的和谐，而忽略有可能存在的冲突；②过度强调价值的理性思考，而忽略工具的理性使用，因此表现为过于强调人在精神上的内修内证体验，缺乏在实践中关切与保护生态环境的具体行动；③由于时代的局限性，无法用现代所拥有的科学生态理论知识解释自然现象的发生与发展规律，因而传统的“天人合一”思想带有“天人感应”等迷信学说的痕迹，把人与自然的相互作用、相互依存予以神话或拟人化，促使人们被动消极地顺遂自然的变化，任由自然灾害的发生而毫无办法。这些缺陷的存在主要源于“天人合一”思想存在的理论缺陷。

- “天人合一”虽然有着整体观，但是其整体观具有混沌性的特点，其主要原因是缺少科学的系统性。儒家、道家等我国传统思想中的“天人合一”观念在价值取向上，虽具有一定的系统性，但是一种具有原始思维系统的特点，如在阐释人与天地所构成的系统时，往往是基于没有对立矛盾的前提。对于人与自然关系的解释，往往是不精确而十分混沌朦胧的，强调对自然的敬畏和依顺。
- 受宗法社会伦理的影响颇深。因此，在“天人合一”的思想中，封建宗法伦理规范的神圣至上性以及人自身的内在超越性，是力图阐述和论证的主要内容。同时，由于强调关注对宗法伦理的精神崇尚，这在一定程度上形成了人们对自然与人类关系进行科学认识的障碍，并在自然和人文之间容易产生较大的矛盾。
- 由于过分强调对“天人合一”这一价值理想的追求，结果导致社会失望悲观情绪的持续扩散，以至于当人们无法达成“天人合一”的生存理想和生存境界时，人们会选择逃避现实而隐居遁世，这并不利于人类社会的向前发展。
- 其中仅强调了天人之间的和谐，未触及人与人之间的和谐相处，将人与人的关系视为其外的生命范畴，这有悖于生命系统的整体观。

*现实冲突*

东方传统文化的生态思想与现代生态文化的冲突主要体现在与现代生态伦理学的冲突。

- 宇宙生成论冲突：与其他的基于实验实证经验得到的科学论证相比，可以发现“天人合一”思想所蕴含的宇宙生成论，更多的是将直观感知、经验理解和思维推理作为其思想源泉。因此，这显示了其实证验证和科学论证方面的不足。现代科学体系中的宇宙学、生命科学、生态学以及社会科学中的科学发现，成了现代生态伦理学科的基础，其中有极为复杂的耗散结构理论，还有无机的自然、有机的生物和超有机的社会系统自组织演化理论。因而，现代生态伦理学理论的研究范式完全不同于中国传统文化的研究范式，与传统的宇宙生成论相比，表现得更具有科学性与合理性，且能更深刻地描述人类与自然的关系，以及能更透彻地阐释人类需要遵循和维护生态与自然环境规律的因果关系。

☞ 有机整体性认知冲突：“天人合一”思想的有机整体性认识论，与现代科学对自然的有机整体性认知有着结构上的冲突。传统文化对自然的有机整体性认知，往往忽略了宇宙构成物质的差异性和多样性，而是更注重其功能统一性，以及宇宙在时间上的演化过程；而且，由于对宇宙的整体性十分强调，从而对于人与自然之间的和谐给予了相当的重视，随之忽略了人与自然之间的对立与矛盾。相反，现代科学对自然的有机整体认识，不仅重视宇宙演化的时间过程和功能的统一性，而且重视宇宙构成的空间结构，强调多学科深入地揭示其自然界立体多维的统一性规律，并将此为建立人与自然其他生物联系的依据，揭示自然发展中更深入和全面的规律。由此可见，“天人合一”思想是一种朴素的整体论，远远未达到当代新物理学和生态科学的认识水平①。

☞ 生命价值论冲突：“天人合一”思想体现的是一种泛生命论的价值论，即是赋予所有无机和有机物都具有生命的特征，认为任何物质形态都具有感觉和思维能力，忽视生命与非生命的差别、物质性和意识的界限。因而，不具有西方生命价值论的科学性和具体化，与其有着本质上的区别。西方文化中的生命价值论是以生物学、生态学和自组织理论等复杂科学作为方法论，通过实证、实验和数理分析等方法，论证所提出的各种价值论。虽然，一切生命体具有内在价值，生命个体统一于生态系统，这些观点在“天人合一”的思想中得到承认，但现代生态文化的要求则是：在重视自然生

① 李培超：《自然的伦理尊严》，南昌：江西人民出版社，2001年版，第43页、213页、223页。

态整体价值与现代科学认识统一性的同时，还要关注个体的存在意义，以避免泛生命论带来的诡异性和伪科学性。

综上所述，以中国传统文化为代表的东方传统生态文化，既有优秀的生态伦理思想和价值观可传承，又有着不够科学的宗法伦理和混沌整体性思维方式可以摒弃。所以，中国传统文化中的生态文化思想尽管存在着一定的不足，而且在伴随中国社会发展进程中也遇到了诸多不适，但是，其对社会发展的参考价值却是不可被否认的。因此，如何能够客观公正地看待和评价传统文化中的生态观念、展现传统文化的生态精神价值已经成为重要的课题。

#### 1.1.2.2　西方传统文化的发展与生态观

西方传统文化的发展路径与东方传统文化的发展路径迥异，西方最初的文化是基于对“神”的顶礼膜拜。在西方的历史上，首先创造了一个“神”说，认为世界人类的缔造者是这个“神”。因此，西方的文化价值观是由“神”的崇拜到“自然”再到“人”的过程。这一思路与东方传统文化中的“天人合一”，即重天、重地又最重“人”的“人道”有一定差异。虽然西方传统的人文精神源于希腊、罗马，但是西方文化一整套的人文主义精神的真正形成却是文艺复兴时期。该时期的人文主义肯定人的情欲、情感和物质的自然界，以及对世俗功利的追求，反对神权对人的压制。近代的欧洲，随着社会的不断进步和现代技术的日新月异，人们对自然界中众多现象产生了极大兴趣，开始分门别类地认识自然界的各种事物。显然，要理顺人类与自然的关系需基于当时的社会生产力和认识事物的方法，因此形成了以“人类中心主义”为核心的价值观。其后，由于人们又逐渐认识到“人类中心主义”的缺陷，另一种观点被提了出来，即“非人类中心主义”的观点。其实，这两种极端对立的观点目前仍旧并存于整个世界的文化体系中。但是，非人类中心主义的价值观更符合当今生态文化中的生态观。

“非人类中心主义”的主要观点就是否定“人类中心主义”，其立足点是反对“人类中心主义”一切均以人类自身利益的满足作为出发点，认为人类并非是地球生命的中心，认为人类应该尊重自然、珍视非人类生命的生存权利和生存价值。其核心思想是：天地间万事万物均有生存和发展的权利，但如果任何物种的发展是随心所欲、没有限制的，则终究有一天会走向消亡。地球演化历史上尚未解疑的5次生命物种大灭绝的发生，或许就能很好地证明这一点，如被科学界最关注的也是离人类出现最近的恐龙消亡事件。最糟糕的现实是，由于受到人类活动的干扰，有可能会加快生物第六次大灭绝时间的提前到来。因为据科学家研究统计，人类的各种活动，使鸟类和哺乳类动物灭绝速度比过去提高了 100～1 000 倍。1 600 年以来，据资料统计，共造成了近 200 多种高等动物和植物灭绝，甚至人们对这些动植物还一无所知。有专家测算，生物所生活的生态面积 400 年间缩小了近 90%，灭绝了近一半的物种，损失最为严重的是热带雨林地区。据估计，破坏热带雨林所造成的危害，在 1990—2020 年还将消失 5%～15%的生态物种，甚至每天都有 150 种生态物种灭绝。在过去的 400 年中，已经造成 58 种哺乳动物灭绝，平均每 7 年灭绝一种，这个速度较正常化石记录高 7～70 倍；在 20 世纪的 100 年中，全世界共灭绝哺乳动物 23 种，大约每 4 年灭绝一个种，这个速度较正常化石记录高 13～135 倍……实际情况表明，无论现在的科技如何发达，但目前甚至遥远的将来也不可能不依赖地球自然提供的物质而生存下去，人类仍然要受到自然的极大约束，人类仍然要依附于自然、寄生于自然，而无法驾驭和控制自然。

概言之，“非人类中心主义”作为西方生态文化的代表性观点，其核心价值观，从整体上来说是合理的，是具有符合客观世界本质与规律的哲学思考，具有朴素的唯物主义思想。虽然在认知和把握人与自然的关系上具有猜测的性质，但是对于人类实际行为的收敛是有好处的，这样可促使人类在相当长的时间内与自然和平共处。“非人类中心主义”所蕴含的生态文化，可以起到保护自然、维护良好生态环境的作用。因为以其保护地球各种生物生存权利的主张，可以唤醒人类自身对其他生物潜意识的怜悯与关怀之心，可以教育和鼓励人类爱护和珍惜自然良好行为的养成，经长久坚持而成为社会的道德规范和行为准则，推动相关法律制度的建立，通过舆论的监督形成良好的氛围。这样，影响到人类生产、生活、消费以及利用资源的方式，最终实现人类与自然和谐的目标。

#### 1.1.2.3 东西方生态文化观的反思

当代西方理论界面对工业文明以来所出现的生态危机，提出了“非人类中心主义”与“人类中心主义”两种完全不同的理论见解，其目的是为克服生态危机和实现人与自然协同进化的理想目标。不可否认，“人类中心主义”虽然自身价值追求仍然是现代人类中心主义者的目标，但是所提出的尊重自然、与自然和谐相处的观点，也是在某一阶段实现人类的核心利益、长远利益和整体利益的良好途径，这在某种程度上也能够限制人类过度利用自然资源的行为。然而，“非人类中心主义”更符合生态文化的核心价值观。虽然“非人类中心主义”者有时在某种程度上，过分强调自然和其他生命物种的权利，而忽略人的生存风险，但总体的主流观点则是基于自然的自身价值，主张既要从人类自身利益延续的立场实现环保目的，也不能忽略自然本身的利益立场。这样，为人类保护自然、保护环境提供了更合理的依据。

中国以及发展中国家，近几十年里在学习西方科学技术的同时，也潜移默化地接受了西方文化中的生态观，尤其是对西方“人类中心主义”看待人与自然关系观点的接受，以至于在发展本国的经济时，总是抱着征服自然、改造自然、控制自然的主宰者心态去开拓自然界的每一个角落。正因为如此，中国和许多发展中国家都重复走着发达国家发展曾经走过的老路，即是以付出沉重的环境代价来获得当代人希望享有的利益。虽然，东方传统文化的生态观强调“天人合一”，也吸引了不少西方学者对该思想的崇尚，对于当今生态文化的构建也有着积极的意义和作用，但由于其理论与实践的缺陷，如研究范式上缺少严密的逻辑论证、缺少实证依据，边界的模糊性与混沌性等的不足，若想得到大多数人的认同，还需更广泛地吸收生态学、生命科学以及协同学等其他多学科的理论成果并予以实验论证。

诚然，“人类中心主义”的观点虽然也具有其科学价值，也在进步，但“人类中心主义”是一种形而上学的文化观，因为它把人类与自然人为地割裂开来。原本在社会生态系统中，人类与自然是不可分割的两个部分，自然是人类的家园，人是自然的一部分。在人与自然的关系上，如果坚持形而上学的自然观，那么人与自然之间的关系就没有任何价值。因此，人类只有通过征服和控制自然才能确定自己的存在。即便是在面临生存危机的今天，以人的价值尺度来讨论环境问题仍然是“人类中心主义”主体思想，其他物种的作用仅作为人类的工具价值，其他物种的价值仅存在于人类需要之时。显然，“人类中心主义”是站在人类自身发展的立场来看待环境问题的，“很少从人与自然相互作用的角度来思考生态环境危机产生的原因和克服生态环境危机的有效途径”①。

不容置疑，秉持“人类中心主义”的价值观，确实促使人类改变了人在自然界的状态，也改变了人完全依附于自然的观念，在为人类创造无限财富资源的过程中充分发挥了人类的主动性和创造性，实现了今天的人类文明。不过，正如许多学者所批判的那样，正因为人类有着改变自然的“巨大成就”，从而导致了“人类沙文主义”，使人类忽略了生态资源本身的容量，纵容人类对自然毫无顾虑的掠夺和索

① 王利军：《人类中心主义的哲学反思》，载《科技进步与社会对策》2003年第4期，第23页。

取，最终严重破坏和污染了生态环境，进一步严重威胁到人类自身发展（霍尔姆斯·罗尔斯顿，2000）。英国著名经济学家舒马赫在《小的是美好的》一书中认为，我们时代最重大的错误之一是“现代人没有感到自己是自然的一个部分，而感到自己注定是支配和征服自然的一种外来力量。他甚至要向自然开战，但他忘却了：假若他赢得了这场战争，他自己也将处于战败的一方”①。美国自然科学家、著名的生态学家沃德和杜博斯在其合著的《只有一个地球》一书中严厉地谴责了在开发自然资源中竭泽而渔、杀鸡取卵的掠夺性行为。他们指出，“人类必须自觉地控制自己活动的范围，达到既有利于人类的共同生活，又能促进自然环境正常发展。”②

可见，西方近代文化中具有代表性的“人类中心主义”和“非人类中心主义”，虽然都具有可取的文化观，但表现出了主客二分、人与自然割裂的西方传统文化遗迹，具有非此即彼二元对立的思维方式，前者过分强调人，后者过分强调自然。尽管在西方文化中，有其他反对这两种观点的主张，是介于这两者之间相对折中的观点，可能更具有合理性，但是目前还没有成为西方文化的主流。虽然东方文化的生态观有着更为合理的成分，但终究也是有着它的不足与理论缺陷。因此，为了改变后工业文明时代的当今文化现状，人类必须在继承传统文化生态观的基础上，注入现代的复杂科学理论体系，引入严密的科学研究范式以及先进的实证实验手段，科学有效地推进现代生态文化的形成、发展和繁荣。

## 1.2　生态文化理论研究的意义

生态文化作为可持续发展文化，不仅促使人类寻找与自然和谐相处的科学方式和正确的过程，还体现了人类与自然和谐相处的完美结果。通过全面地梳理生态文化理论的研究动态和发展趋势，多维度地探讨生态化发展方式的转变条件，探寻社会生态化的发展路径，从而对我国生态文化建设的推进提出建设性的策略，将有着如下的重要意义。

---

① Min Jiayin, “The Way to Bring Forth New Ideas on Marxist Philosophy”, *Journal of Hangzhou Teacher College*, 2001, No.6, pp.30-34.

② 洪波：《生态伦理与可持续发展》，载《邵阳学院学报》2002 年第 5 期，第 33 页。

### 1.2.1 可提供生态文化研究的多重视角

中国的生态文化研究是从20世纪80年代中期开始的，经过20多年的发展，有了长足的进步。虽然西方生态文化的提出要早于中国许多年，但生态文化的研究范畴、内涵等的边界并不是十分清晰，尤其是生态文化与生态文明之间的异同，更是混淆不清。再加上随着环境问题、生态危机状况的不断出现，迫使人们不得不提出了更多重叠或者边界模糊的概念，从不同视角、不同学科背景多维度地探索解决工业文明时代以来给人类所造成的困境，夹杂着许多主张和观点，在某种程度上显得有些纷乱复杂，而无所适从。笔者正是立足于这种纷繁复杂的讨论中，系统全面地梳理各种观点与交锋，廓清生态文化研究范畴的道路，呈现一幅世界生态文化研究范式的线路图，为该领域研究者提供理解当前生态文化研究多维视角的理论平台。

### 1.2.2 可加深对人类与自然关系的认知和理解

现阶段，我国的经济发展正处于一个转型时期，国人正在逐渐开始反思，已经出现了很多声音在质疑当今竭泽而渔的发展方式，因而亟待出现相应的理论研究成果诠释该问题产生的根源和解决的办法，并提高人们对该类问题的认知和理解深度。本书通过规范的分析方法，力图阐释人与自然之间应该是一种协同关系，即人类在发展的进程中，人与自然之间的平衡点是人类可持续发展的正确方向，在自身发展的同时正确处理好资源消耗、环境污染和生态威胁等问题，依此发现人与自然和谐发展及其关系的合理性存在缘由。同时，明确提出这种协同关系的正确理解和认知，不仅需要通过理念提升、伦理进化以及道德感召等自我意识的醒悟，同时还需要通过法律惩戒、行为导向等手段来达成。因此，基于这样的分析思路，本书可适时地为国人提供正确认知和理解人类与自然关系的科学路径，进而提高人们对生态文化与社会可持续发展关系的认知程度和理解深度。

### 1.2.3 可提供科学建设和繁荣生态文化的理论依据

本书通过最新的文献计量研究方法以及社会网络分析方法，拟开拓性地、系统地探寻生态文化发生和发展的规律，并立足于相关研究成果的基础上，拓展、丰富和深化生态文化和社会可持续发展理论，使研究成果具有较强的原创性、基础性、普适性和前瞻性，实现某种程度的理论创新。同时，通过利用文献计量分析方法梳理分析国内外生态文化理论研究的脉络和趋势特征，探寻国内生态文化建设的未来方向。并且，对我国传统民族生态文化和现代企业生态文化的充分挖掘、对比分析，检验现阶段我国生态文化建设与社会可持续发展过程中的实现程度和优劣程度。最终，通过不断地完善和补充，形成我国政府引导、企业参与、居民共享的生态文明理念，可提供科学建设和繁荣生态文化的理论依据。

### 1.2.4 可丰富和补充我国生态文化理论与实证研究范式

本书探讨的主题是生态文化理论研究与实践探索问题，通过对该问题的规范分析、实证分析以及系列的演绎和归纳逻辑研究思路，探索出纷繁复杂的生态文化表象下的演变路径，并通过大量的理论梳理和实践案例阐释生态文化在民族传统文化以及现代企业中对生态文化的传承和发展，探讨生态文化的当代价值以及未来走向。因此，本书的研究内容不仅具有理论意义还具有相应的实际应用价值，主要体现在其研究成果不仅可为推进我国生态文化建设提供决策依据，为继承中国传统生态文化精髓和吸收欧美生态文化精华提供理论路径，还可为我国生态文化研究领域丰富、补充理论和实证研究范式。同时，还可为生态文化实践提供前瞻性的战略指导和参考范例。

# 第 2 章

# 生态文化表象与生态文化构成

生态文化的起源虽然可以追溯到古老的农业文明时期，那时的生态文化以尊重自然、敬畏自然，寻求“天人合一”作为主体价值观，在这一点上，体现了现代生态文化传承的生态思想，具有博大的对自然关怀的人文精神，但是当时处于蒙昧时期的生态思想，更多的是不具有科学理性思维的生态思想或生态伦理观，原因在于当时的文明程度相对低下，而产生对自然畏惧感所形成的生态文化，避免不了时代的局限性。因此，现代生态文化在传承古老文明时期生态思想的基础上，增添了新的现代生态元素和科学理性，以此克服传统生态文化中的缺陷与不足，使生态文化的内涵和外延得到扩展，从多个角度展现了现代生态文化的多元性、丰富性和层次性特征。

## 2.1 纷繁复杂的生态文化表象

如前所述，人类正在经历着前所未有的生态危机，使得人类不得不重新思考人类试图征服自然、控制自然的行为方式和对待自然的态度。因此，近几十年来，各国政府都对生态与环境保护问题给予了政策上、法律上的支持，但由于种种原因，其支持力度并不是十分均衡和完全协调一致的，国家与国家之间为维护本国的利益处于相互博弈的状态。各国学者、环境保护组织以及环境保护人士都从不同角度，或是以理论研究方式或是以实际行动来警醒人类如何去化解现今的生态危机，重新审视人类与自然的关系，维护好人类与其他生物共有的地球。正是在这样的背景下，形成了我们人类社会纷繁复杂的多元生态文化表象，这些表象更多地出现在学术理论界。

## 2.1.1 重新审视传统文化中的生态思想

无论东方的传统文化还是西方的传统文化，若我们对其传统文化中的价值观、宗教、习俗等重新进行审视，均能发现祖先世世代代传承下来的许多文化习俗中，蕴含了丰富的生态思想。

### 2.1.1.1 从西方宗教和传统文化中追溯生态思想

在西方的传统文化中，很大一部分体现在宗教当中，其主体宗教基督教的圣经（Bible）上同样含有生态思想。Calvin B. Dewitt（1995）对圣经上的内容进行了深入研究，他认为在圣经上表现出了强有力的生态说教，该说教支持了世界范围的生态观点。但这些说教在当代并未付诸实践，人类所带来的持续的生态系统退化需要生态学家和教会重新审视。他建议生态学家需要认可和尊重这些和其他圣经上的生态说教，而且要准备好协助教会的重新关注和保持创新，教会也必须参加生态学家确保延续生物圈完整性的工作。当然，除对宗教生态思想的探索外，还对其他传统文化的保存进行了探讨。Giuliano Reis 和 Nicholas Ng-A-Fook（2010）针对近 30 年来有关传统生态知识（Traditional Ecological Knowledge，TEK）与西方现代科学（West Modern Science，WMS）知识，在科学教育形成分立状态的两大观点进行了深入全面的探讨，认为科学和传统生态知识是我们社会发展的一部分，且应完全使其民主化；我们人类必须让自己敏锐地察觉我们社会中合理合法未涵盖在内的呼吁，去倾听那些希望更大幅度地参与自然保护的声音。波兰学者 Geneviève Zubrzycki（2011）基于档案和人种志中的波兰案例进行了探索研究，他认为一个民族的神话故事是由一些历史事件构成并具体体现在可见的物质文化当中，反过来这些又构筑了当今理解的民族主体框架。他提出了一个被称之为“民族感觉中枢”（National Sensorium）的术语，认为神话的内涵具有弹性，他建议应该架构一个框架来思考民族神话的构成、持久性以及转换成社会和政治结合的历史缘由。

### 2.1.1.2 从中国的传统文化中追溯生态思想

不少研究者针对中国古代传统文化、宗教中的生态思想进行了分析和探索，认为中国古代文化蕴含着强烈的生态思想，最具共识性的观点则是中国儒教文化和道家文化中的生态思想。在 20 世纪末 21 世纪初，国内出现了较多研究者从生态伦理的视角论述中国儒家、道教和佛教的生态思想，如刘湘溶（1992）、佘正荣（2002）和李培超（2001）等。他们认为中国传统文化中的“天人合一”思想代表了传统文化中的生态思想，还有学者如蒋朝君[①]、王瑜[②]等认为这些生态思想主要蕴含于中国的儒家、道教和佛教的规范准则中。他们认为道教庄子的生态思想是典型的中国传统生态文化，庄子所代表的生态文化为如何看待人与自然关系提供了一种古老的范式。当然，另有研究者认为“儒家、道家哲学生态观既有共同点，又存在差异。在生态价值论上，道家偏重‘自然’的价值，强调自然运化的自然目的性和价值性，肯定人和万物的自然本性的价值。儒家则偏重‘人文’价值。它强调人与社会的生存价值，肯定主体德性的价值”[③]。

## 2.1.2 从哲学和经济学视角对近现代工业技术文化的生态批判

这一部分是较早体现生态文化内容的研究成果，工业革命由英国发起，由此而带来全球的工业化，让人类走入了突飞猛进的财富增长轨道，近现代工业技术所表现出的文化受到大多数人的认可和赞同。然而，随着工业技术的不断进步，伴随的环境和生态问题也逐渐显现。在这样的背景下，发达国家的部分学者认识到了工业技术发展背后潜藏的问题，于是他们从不同视角对这类问题进行了深层次，包括从哲学和经济学的视角进行探索。

### 2.1.2.1 以哲学视角探索近现代工业技术引发的生态伦理问题

人类自工业革命开始，以前所未有的速度向自然索取各种物质资源，现代技术发明创造所产生的超常力量，令一些有识之士感到十分忧虑和担心，最担心害怕的是现代技术的滥用。最早关注这一问题的是 Mumford（1990），他在 1930 年针对现代战争使用毒气这一问题进行了批判，但是并未针对技术本身进行批判。真正的现代技术悲观主义者则是在第二次世界大战以后，最著名的一部描写现代工业技术给

① 蒋朝君：《道教生态伦理思想研究》，北京：东方出版社，2006 年版，第 3～49 页。

② 王瑜：《老庄哲学中的生态文化蕴涵及其现代性价值》，载《中州学刊》2011 年第 118 卷第 2 期，第 164～166 页。

③ 陈红兵：《传统儒家、道家哲学生态观比较》，载《管子学刊》2005 年第 4 期，第 59～64 页。

人类带来危害景象的著作——卡逊在1962年出版的《寂静的春天》(*Silent Spring*)。她在这部著作当中展示了人类不愿意看到的场景，在人类大量使用化学药剂尤其是杀虫剂之后，环境遭到极度破坏，自然界中的各种生物均已死亡，地球变成了没有生命、寂寥无声的世界。还有相当一部分学者，探索近现代工业文化所带来的生态伦理和环境伦理问题。对该领域做出最大贡献的人物是Leopold，他在1949年出版了一系列著作，其中一本专著《沙漠县年鉴》(*A Sand County Almanac*)，在这里他提供了一种强有力的思维逻辑“为什么自然对人类如此重要”①。除此之外，他还有对后来学者及世人有着深刻影响的散文，如《像山一样思考》(*Thinking Like the Mountain*)、《大地伦理》(*The Land Ethic*)等，成为被现代环境伦理学家广为接受和引用的环境价值观。毫无疑问，他是生态伦理学的奠基人，同时也是21世纪环境应用伦理发展的最有力鼓动者。

不过，生态伦理和环境伦理所持有的观点，其争议一直持续到21世纪，也仍然是科学研究者和实用主义者最感困惑的问题。进入21世纪之后，随着剧烈的气候变化，人类对于生态环境问题的重视与日俱增，专家学者对于该问题的探索更加广泛和深入。Ben A. Minteer和James P. Collins认为，目前生态研究和保护实践工作遇到困难，且随着科学调查者和管理者的质询包括对公众福利、非人类个体（动物、植物）、人口和生态的责任而改变；生态伦理模式为识别、澄清和协调在挑战生态研究和管理位置方面的价值和地位，提供了一种有用的工具②。Paul B. Thompson（2008）认为主流环境伦理观是来自于价值评价的一种方法，该价值评价是根植于一种特殊的合理性观念和合理性选择。总之，更多学者倾向于对自然中的生物物种给予更多的人文道德关怀，即使是许多现在对人而言没有体现直接价值的物种。

改革开放以后，我国也有不少学者从哲学的视角讨论生态伦理和环境伦理问题。叶平（1995）等研究者针对当时国内学术界有关生态伦理问题的两种观点进行了分析，并且表达了对西方生态价值观问题的看法。有的研究者认为西方存在的“人类中心主义”观点，不属于生态文化的范畴，应坚决摒弃；另有研究者认为“人类中心主义”的现代观念具有一定的合理理性；但无论如何，众多学者在该问题上产

---

① Leopold A，*A sand county Almanac*，New York：Oxford University Press，1949，pp.15-88.

② Minteer B A，Collins J P，“From Environmental to Ecological Ethics：Toward a Practical Ethics for Ecologists and Conservationists”，*Sci Eng Ethics*，2008，No.14，pp.483-501.

生的分歧，也属于一种正常的学术讨论范畴。其中最重要的一点是，生态文化观正在逐渐形成我们人类当今时代主流文化的一个表征，也是生态文化正在逐渐繁荣的一个表现。若通过文献搜索，也可以发现在国内以“生态文化”作为关键词进行查询，可以发现到 2016 年 10 月 30 日为止（1986—2016 年），约 30 年时间内，大约有 8 631 个研究文献，尤其是在 2005 年以后，其发展最为迅速，达到了 350 余篇/年的发表量。这一数据表明，21 世纪以来生态文化价值观、生态文化理念正在逐步成为我国研究者关注的一个前沿热点。

#### 2.1.2.2 从经济学视角探索近现代工业技术文化导致的问题

20 世纪 70 年代，罗马俱乐部（the Club of Rome）递交了一份研究报告《增长的极限》（*the Limits of Growth*）（Meadows 等，1972），表达了现代技术促使经济呈指数型（Exponential Growth）增长的担忧。这部书出版 10 年之后，才让更多人认识到了经济增长应该有极限。工业革命以来，之所以会形成人类历史上前所未有的加速度变化，不少学者提出了自己的观点。McNeill（2001）认为：人类自石器时代以来，“增长的极限”就隐藏在人类历史的背后，由于技术在全球的扩散传播以及人类社会的融合，所带来的“增长”极大地加速了当代历史的进程，其结果使世界人口和世界 GDP 加倍增长，并且在过去几个世纪能够取得增长的态势，现在只要在几十年之内就可以完成[①]。Heywood 和 Wotson（1995）则认为：这样高速增长的结果是带来了污染和温室气体效应以及加速了其他生物的灭绝[②]。

（1）“增长极限”的争议。实质上有关“增长极限”的问题，早在 18 世纪末，马尔萨斯（1798）就提出了英国人口的加速增长，会超过农业生产力而形成连锁反应致使大规模的饥饿情况发生。现代具有相类似的观点则是由 Paul Ehrlich（1995）提出，他认为现在“人口是爆炸性的增长”[③]。显然，为了满足这种爆炸性的人口增长，不得不向自然界耗竭性地索取资源。

当然，对此持有不同观点的研究者也大有人在。有些研究者从经济学的角度探讨该问题，认为指数级增长是为大众摆脱贫困和愚昧、防止萧条和促进就业以及刺

---

① McNeill J，*Something New Under the Sun：An Environmental History of the Twentieth Century*，New York，London：W.W. Norton & Company，2001，pp.12-45.

② Heywood V H，Watson R T，*Global Biodiversity Assesment*，Cambridge：Cambridge University Press，1995，pp. 2-80.

③ Pau Ehrlich，*The Population bomb*，Buccaneer Books，1995，pp.5-67.

激技术进步在服务于人类方面有着可取且必需的过程，该观点在那些“宗教怀疑论者”当中颇为盛行。但与罗马俱乐部持相同观点的学者还是很多，如 Pacey（1975）、Douma（2003）、Giddens（1990）等均认为现代技术的超速发展会引起资源的枯竭、环境的恶化，其前景并不乐观且令人忧心和害怕。澳大利亚学者 Helmut Haberl 和 Fridolin Krausmann（2001）以澳大利亚本国 1830—1995 年的 GDP 数据，实证分析了在工业化过程中，澳大利亚人口、物欲和环境压力的变化，通过分析发现目标在减少每一个 GDP 单位的环境压力政策并不能够足以支撑可持续性发展，因为生态效能的获得被物欲增加的能耗所抵消，因此可持续性政策应重点放在减少环境压力上。另有 A.R. Jones（2003）分析认为最近的一个世纪带来了人口和经济的超速发展，而这种增长被迫给地球生态不断增长巨大的压力，促使人类不得不害怕地球支撑功能的丧失和生物物种的灭绝。因此，他提议社会经济的发展必须要实现拥有维持地球生命系统的生态可持续发展方式，发展一体化的生态管理、杜绝消耗、协调人口增长的适度规模等都是有效的措施。

（2）“绿色思潮”的提出。基于对经济指数级增长方式的担忧，有许多学者提出了人类应采取的思维方式和应对措施。在罗马俱乐部提出“增长的极限”的同时，有人提出“绿色思潮”（Green Thinking）。其中具有代表性的研究学者是 Bramwell（1989，1994），她发表了一系列研究论文。她的研究是基于 20 世纪的生态运动，对“绿色思潮”的发展和对西方社会的影响进行了探索。她坚定地认为当文化生态学的批判伴随着不可再生资源这一科学经济观念出现之时，70 年代的“绿色思潮”提升成为政治上的权力。对于该问题进行探索的学者还有 Schumacher（1975）、Veldman（1994）、Curry（1997）等，他们认为需要将加速发展的社会重构成一个“绿色社会”。这种“绿色思潮”虽然在人与自然的关系上带有悲观主义色彩，所期望建立的“绿色社会”也带有“乌托邦”的理想社会，但是“绿色思潮”下的绿色运动影响越大，可持续性的生态主义理想就越重要。因为可持续性强调不仅要对当代人负责，还要为未来后代人的生存环境负责。

（3）对“技术文明”的质疑。Hanekamp 等（2005）在对该范畴先行研究文献和观点研究的基础上，提出了“防备性思维/预防性思维”（Precautionary Thinking），认为当充满自信的主流社会为战后文明所带来的“进步”而沾沾自喜时，人类更应该防备罗马俱乐部所预测的“增长的极限” 的后果出现，他从历史的根源上阐明了需要特别重视罗马俱乐部的产生，提出人类必须马上行动，建立“防备性原则”，稳定发展和控制未来[①]。J. T. Trevors 和 M. H. Saier Jr.（2008）提出技术文明还能生存多久？他认为技术文明是一个相对新的创造发明，但是我们不知道他有多久的寿命。这种文明是以利用自然作为基础的需求，但是发明先进的技术被用于无数的目的。不仅带来了更高的效率，也带来了污染[②]。人们期待能够解决这些问题，但是他们有些人并不知道会受到科学和技术困境的限制。A. Whitney Sanford（2011）认为工业、农业所引起的环境退化不仅给社会和健康带来了问题，而且通过包括在农业实践拓展道路上的想象力促使人们重新思考粮食生产的紧迫感，认为开发不同农业系统课程能够帮助人们思考与人类相关的不同形态生物群落的因果关系，并展示以说故事方式改变实践的潜在作用[③]。

（4）对传统古典经济学的反思。自“增长的极限”被提出，有学者还从理论经济的视角探索过去古典经济学和新古典主义经济学中的缺陷，认为这些经济学未考虑自然资源的存在价值和资源的稀缺性，提出了“生态经济学”是解决该类问题的最好阐释。Paul Ormerod（1994）提出作为拥有十分明显的数学完美论证、理论经济学的核心模型——竞争下的一般均衡模型，是基于对现代世界一个完全错误的观点。相反，许多生态学家、生态经济学家、资源地理学家、物理学家都坚决地反驳了扩张主义者的发展模式，他们在评估人类的未来前景是从生态学的或“稳定状态”（steady-state）的视角来进行探讨。Daly（1992）认为这一模式没有把经济从环境中分割出来，而是把它视为一个逃不掉的、连成一体的、完全包含在内的、需要完全依靠非增长生态圈来增长的次级系统[④]。Rees（1999）用生态学理论阐述了生态经济学建立的原理，他认为既然经济是一个耗散结构系统，是一个依赖于生态圈的次级系统，在实效上前者如同热力学原理一样会消耗前者系统内的物质能量[⑤]。Rees（2003）认为在经济发展和环境保护之间不可避免地存在冲突，现在应该反思一下人类的行为，可以发现人类活动所带来的掠夺式的景观破坏、腐蚀掉的农业用地、

① Hanekamp J C，Vera-Navas G，Verstegen S W，“The historical roots of precautionary thinking：the cultural ecological critique and ‘The Limits to Growth’”，*Journal of Risk Research*，2005，Vol.8，No.4，pp.295-310.

② Trevors J T，Saier Jr M H，“How Long can a Technological Civilization Survive？”，*Water Air Soil Pollut*，2008，No.195，pp.1-2.

③ Sanford A W，“Ethics，Narrative，and Agriculture：Transforming Agricultural Practice through Ecological Imagination”，*J Agric Environ Ethics*，2011，No.24，pp.283-303.

④ Daly H E，“Steady-state economics：Concepts，questions，policies”，*Gaia-Ecological Perspectives for Science and Society*，1992，Vol.1，No.6，pp.333-338.

⑤ Rees W E，“Consuming the earth：The biophysics of sustainability”，*Ecolog. Econ*，1999，No.29，pp.23-27.

废弃的渔场、人类活动引起的温室效应、酸雨、有毒的尾矿、有毒的化学合成物等，均为无秩序系统或者是为几乎无利用价值（高熵形态）物质和能量的退化形态[①]。从很多人的研究结果来看，当代全球主要的增长定位发展模式，从根本上与长期的生态和社会的可持续性不协同。不可持续并不是如常见观念上的技术或者经济的问题，而是系统上的一种不和谐状态，表现在一个完全被包含不断增长的经济次级系统与其需要完全依赖而非增长的生态系统之间。因而，一个有可能解决该问题的办法就是完全摒弃近现代的发展趋势和文化价值观。

## 2.1.3 探索自然资源、历史遗迹和传统文化的保存和发展

在生态危机背景下，虽然处在不同的国家，但大家都有一个共同的愿望——希望能保存好地球这一共同的家园。因此，世界上许多研究者和践行者最早开始探索的对象，就是自然资源、历史遗迹和传统文化的保存和发展。

### 2.1.3.1 探索自然资源的保护价值

Ernst Lutz 和 Herman Daly（1991）针对美国 Costa Rica 地区采伐森林导致快速的生态退化状况进行了研究，认为在占有 Costa Rica 地区 27%土地的国家公园在未来有可能会出现很大的环境压力。因此，提出除了要取消公园内某些荒谬的刺激措施之外，还要实行安全管理措施，包括防止外来入侵者进入、进一步加强管理措施实施和控制旅游活动行为，提出要分类管理森林的采伐和土地利用，制定激励机制和规则鼓励合理利用土地[②]。Ikuyo Saeki（2005）以日本濒危植物日本红枫树（*Acer pycnanthum*）为例，对濒危物种的保存现状进行了分析。他认为日本红枫树不仅是一种植物，同时还代表了日本当地的一种文化。但是保护状况并不乐观，该树种在很多地方成了一棵孤树，被国家和地方政府指定为“自然纪念碑”以表示对其珍惜程度和科学重要性的尊重。经过研究，他认为 16 处被指定为“自然纪念碑”的区域，管理者只强调对日本红枫树的重视，而简化了整个生态系统的构成和结构。因此，他建议应重视采用生态系统的方法保存完整的湿地生态系统，应建立研究中获

① Rees W E，“Economic decelopment and environmental protection：An ecological economics perspective”，*Environmental Monitoring and Assessment*，2003，No.86，pp.29-45.

② Lutz E，Daly H，“Incentives，Regulations，and Sustainable Land Use in Costa Rica”，*Envtronmental and Resource Economics*，1991，No.1，pp.179-294.

得的最低限度数据库，鼓励提出各种新的保护创新手段和方法①。Richdo Rozz 等（2000）针对南美热带雨林国家智利的当地物种和文化多样性保存进行了实证分析，他们认为：①通过与当地、区域以及全球范围内的合作，参与专业生态学家的生态教育和决策；②在生态教育项目方面，在各个城市种植当地树种和创立拥有智利当地森林种类的植物园；③针对当时在智利乃至南美许多国家所盛行的狭隘的经济和功利性环境伦理进行尖锐批判②。他们一系列的研究结果发现，在南美智利，有着许多人都能够理解和衡量其丰富生物的潜在保存价值，在那里拥有许多与人类十分紧密相关且为非人类的生物存在物，以及保有自然界多样性的表现。

除此之外，还有学者探讨了自然资源保护与生态文化形成、生态环境退化的联系。Victor R. Savage（2006）基于对东南亚的观察，严厉地批判了东南亚地区的可持续发展观点，他认为东南亚区域存在较为严重的生态环境问题，其分析的基点缘于 4 个方面：人口增长及分布、资本主义制度、生态系统和自然开发。他研究后认为：虽然有很多方法可以整治环境退化和生态退化，但长期的解决方法应该是改变消费方式、生活方式和价值体系。这样，就需要政治思维、经济行为和教育体制的生态学知识良方③。Hyoseop Woo 等（2005）探讨了应用“生态工程”的方法恢复韩国溪流功能的成效，他认为为了防止人类社会遭受重大和频繁的洪水侵袭，应恢复被以往为抵御洪水泛滥所建设施导致退化的溪流生态系统④。Serenella Iovino（2009）认为那不勒斯（Naples）在最近几十年里，城市中所有景观都遭到了现代建筑系统性的破坏后，最近 15 年里又遭受过度污染和无法处理倾倒垃圾场所的极度损毁⑤。这个城市曾经是一个非常漂亮而古老的城市，现在却以被垃圾吞没的城市形象闻名于世界。他认为生态文化的重新拾起、根植于地方性新闻报道的发明创

---

① Saeki I，“Ecological occurrence of the endangered Japanese red maple，Acer pycnanthum：base line for ecosystem conservation”，*Landscape Ecol Eng*，2005，No.1，pp.135-147.

② Rozzil R，Silander J，Armesto J J，et al.，“Three levels of integrating ecology with the conservation of South American temperate forests：the initiative of the Institute of Ecological Research Chiloé，Chile”，*Biodiversity and Conservation*，2000，No.9，pp.1199-1217.

③ Savage V R，“Ecology matters：sustainable development in Southeast Asia”，*Sustain Sci*，2006，No.1，pp.37-63.

④ Woo H，Chang W K，Han M S，“Situation and Prospect of Ecological Engineering for Stream Restoration in Korea”，*KSCE Journal of Civil Engineering*，2005，Vol.9，No.1，pp.19-27.

⑤ Iovino S，“Naples 2008，or，the waste land：trash，citizenship，and an ethic of narration”，*Neohelicon*，2009，No.36，pp.335-346.

造以及认定地方的同一性，是非暴力反抗腐败权利的表示和政治韧性的一种手段。José Antonio 和 González（2011）从传统知识的角度针对西班牙地中海一带消费野生和半驯化后可食用植物现象进行了分析①。他们采用半结构访谈方式对 80 位被访者进行了调查，调查结果确认了有 76 种可食用的植物，其中有一种植物在地中海地区被广泛消费，尤其是在食物短缺时期，某些植物在传统上是被作为一种重要的餐饮食物来消费，据此深层次地探讨了食用植物收集的生态和文化内涵。

#### 2.1.3.2 探索传统文化的保护与传承

Hubert T. M. Dyasi（1985）针对加纳传统文化保护问题进行了探索，他认为加纳过去的传统文化是强调与环境的关系，在文化上可接受的环境管理制度来自于过去与土地相关的约束和禁忌。他们认为以法律的形式制定的开明环境政策十分重要，但由于经济上的困难，加纳应用西方技术发展经济，这样使得热带的脆弱性生态系统遭到破坏②。他们提出来加纳政策的一个关键点，就是试图将现代科学知识与过去的传统信仰结合起来作为加纳资源环境的安全管理措施。关于这一点，我们也十分认同，需要将传统文化信仰与现代科学技术相结合，才能获得更多人的支持，效果也将提高。J. Gajaseni 和 N. Gajaseni（1999）选择了代表泰国 Chao Phraya 海湾的 4 个区域作为研究对象，对泰国传统家庭花园系统的生态合理性进行了研究。他们研究后认为：家庭花园已经产生了小气候环境的作用，比起花园外的环境尘土较少、气温较低以及有相对高的湿度，而且不会有单一虫害爆发的可能性③。

在我国，少数民族众多，恰好又处在发展还是传承保护的十字路口，因此许多研究者对该问题十分关注。马军（2001）等许多研究者都对少数民族生态文化习俗进行过研究，他们通过研究均认为少数民族生活习俗蕴含着丰富的生态思想，他们的禁忌、崇拜及其信仰所形成的生产方式、生活方式与生态经济原则密切吻合，充分体现了人与自然的和谐统一。如四川彝族、内蒙古蒙古族等少数民族均依赖所处的地理环境创造出了适应于当地特定自然环境的、一整套的生产生活方式与技能及

① González J A，García-Barriuso M，Amich F，“The consumption of wild and semi-domesticated edible plants in the Arribes del Duero（Salamanca-Zamora，Spain）：an analysis of traditional knowledge”，*Genet Resour Crop Evol*，2011，No.58，pp.991-1006.

② Dyasi H M，“Culture and the Environment in Ghana”，*Environmental Management*，1985，Vol.9，No.2，pp.97-104.

③ Gajaseni J，Gajaseni N，“Ecological rationalities of the traditional homegarden system in the Chao Phraya Basin，Thailand”，*Agroforestry Systems*，1999，No.46，pp.3-23.

有关的知识体系，使之形成具有生态意蕴的器物以及技术成果，这些成果具有适应性、实用性、合理性及稳定性等特征。刘亚萍等（2010）认为“壮族森林生态文化通过上千年的积淀，蕴含着许多保护自然环境的生态理性思考。因此，在利用壮族自然资源和人文资源发展当地旅游业时，首先应心存对自然的崇拜与敬畏规范旅游活动中各方的行为；其次要力求保全原生态景观面貌与内涵架构旅游景区与景点；再次，要尽力维护淳朴的人文文化建设旅游和谐社区；最后，要充分利用禁忌习俗中的积极因素营造良好的旅游环境”①。朱映占（2011）通过对基诺族生产领域、生活领域、制度和礼俗方面、神话和宗教方面的生态文化进行梳理和分析，认为生态文化其实就是人与自然、人与人、人与神灵关系的具体化②。安颖（2011）认为“少数民族聚居地区是自然资源丰富性和生态文化多样性较高的区域，是一个实施可持续发展战略的基本单元，也是研究自然资源与生态文化保护关系的典型剖面。解析少数民族生态文化中宗教、图腾、聚落、村规民约、经济类型等因子，探索这些因子与自然资源保护之间的耦合关系，有助于把握少数民族传统的生态文化对于自然资源保护的重要价值”③。

### 2.1.4 生态文化在规划、管理、建设及教育中的渗透

随着人类保护环境意识的提高，生态及环境的理念和行为逐渐渗透到许多学术和实践领域，不仅探索规划、管理和建设中的生态理论应用，还包括生态环境教育。

#### 2.1.4.1 生态环境规划和管理的有效性探索

Mohammed Abdullah Eben Salehu（2000）针对沙特阿拉伯西南部 Assarawat 高地的环境规划与管理现状进行了分析，认为由传统部落所实践的当地区域规划与管理在今天也还是可行和适用的④。他们的研究结果表明：在过去，所履行的实践措

① 刘亚萍、金建湘、程胜龙：《壮族森林生态文化在发展当地旅游业中的传承与创新》，载《林业经济》2010 年第 212 卷第 3 期，第 99～103 页。

② 朱映占：《基诺族传统生态文化及其变迁》，载《原生态民族文化学刊》2011 年第 1 期，第 82～86 页。

③ 安颖：《论少数民族生态文化与自然资源保护的关系》，载《学术交流》2011 年第 2 期，第 198～200 页。

④ Mohammed Andullah Eben Salehu，“Environmental planning and management for the Assarawathighland region of south-western Saudi Arabia：the traditional versus the professional approach”，*The Environmentalist*，2000，No.20，pp.123-139.

施能够保护当地和区域的自然环境，只要当地人去贯彻执行这些措施的话，是能够合理有序地进行开发。他提出目前的环境规划与管理需要以当地的需求为基础，这个需求就是要使原住民能够规划和管理好资源的利用。Byers 等（2001）观测了 30 余年对北津巴布韦赞比西河的航空摄影资料，在此基础上访谈和实地考察了该地区的居民，并会见了当地社区部分团体，从中了解到了当地森林的环境历史变迁和影响到该地区土地利用的因子[①]。他们研究后认为这一地区的森林面积急剧减少，这些森林现在被认为是神圣不可侵犯或者说在过去就被视为不可侵犯的，传统的精神价值观影响到人类对待森林的行为，而这种精神价值观一直影响着他们对森林的保护并直至现在。同时，他们还发现在那些具有更大权力的传统领导者地区，其森林损失的比例要少于那些传统领导者权力被削弱了的地区，而这些地区往往是独立后的政治体系。因此，他们建议若要保护森林更有效的策略是保护当地的文化和自然，而不是忽略当地的文化信仰、价值观和传统习俗。Teh 等（2008）针对马来西亚沙巴州珊瑚礁的保护问题进行了研究，他们认为许多海洋保护地（MPAs）保护并不成功，尤其是在一些发展中国家，由于受资金资助的限制缺少强硬的保护措施和监管。MPA 地区的私人投资和管理提供了一个潜在解决问题的方式，并且该方式已经在马来西亚沙巴州 SIMCA（the Sugud Islands Marine Conservation Area）作为一种正面典型在推广[②]。他们认为私人投资管理模式在 MPAs 保护区，对保护生物多样性是非常有效的，并有可能更好地适合于相应的区域性保护。

#### 2.1.4.2 景观设计中的生态元素嵌入

由于景观的美学价值和观赏价值与环境十分相关，多元化的环境价值在变化和复杂路径上影响景观设计实践，因此在景观设计研究中，很多学者和设计者均认为要融入生态科学知识和原理。Stern 和 Dietz（1994）、Oreg 和 Katz-Gerro 等（2006）认为：部分源于对自然多学科研究的结果，其研究重点则是关注人们如何来评价其行为的影响，即是对环境或好或坏的影响。但是 Dunlap 等（2000）、Whittaker 等（2006）认为：在许多研究中，价值的概念和大小随不同判断者和行为者有所不同，

---

① Byers B A，Hudak A T，“Cunliffe，and Andrew T. Hudak. Linking the Conservation of Culture and Nature: A Case Study of Sacred Forests in Zimbabwe”，*Human Ecology*，2001，Vol.29，No.2，pp.187-218.

② Teh L C L，Teh L S L，Fungchen C，“A private management approach to coral reef conservation in Sabah，Malaysia”，*Biodivers Conserv*，2008，No.17，pp.3061-3077.

十分模糊且不相一致[①②]。Hirsch 和 Baxter（2009）重点研究了居民的土地管理，因为这一领域是城市和郊区人们日常生态关系的典型代表。另有研究者 Hall 等（2008）认为由于灌溉、施肥和其他的草坪管理决策，使其居民景观的设计行为以多种途径影响到了生态，显而易见是由于水的大量需求和污染造成的。

但观点并非完全一致，如景观设计中草坪的应用就有过很多争议，Raciti 等（2008）认为草坪有潜在改善环境的好处，如可以储存土壤中的氮；Harlan 等（2006）证实可以给社区带来好处，如可以降温；Crow 等（2006）认为可以为邻里社区提供一种舒适与和谐的氛围。Robbins（2007）认为各类景观设计选择都会受到以价值为基础的选择参数和重点考虑的影响，比如现存的土地覆盖物或者社会结构和邻里之间的关系处理。当然持有不同意见的研究者提出了自己的看法，Dunlap 和 Jones（2002）等研究者认为：用模糊和狭隘的方法来理解生态价值，使其相关的观点在一部分学者中相当盛行。Dunlap 等（2000）认为一个典型的例子就是“新生态主义模式”（New Ecological Paradigm Scale），该模式被模糊地作为一种环境价值、关注度、态度和其他构成的测度标准，之所以这样是由于一开始就没有在理论上予以充分的论证[③]。Yabiku 等（2008）认为：在美国西南部的研究中，所应用的“NEP”模式、所支持的环境价值取向并没有影响到石头覆盖地面干燥环境的选择参数。Larson 等（2009）认为：有些人是主观地认定价值和确定对他们周边所带来的重要性，其结果就是把环境价值和生态行为割裂开来[④]。Kelli L. Larson（2010）基于凤凰城和亚利桑那州野外的观察数据，进行了 4 个方面分析研究，“一是分析了多元价值观对常住居民多元景观设计的影响；二是草地结构是否影响水和化学药

① Dunlap R E，Liere K D V，Mertig A G，et al.，“Measuring Endorsement of the New Ecological Paradigm（NEP）：A Revised NEP Scale”，*Journal of Social Issues*，2000，Vol.56，No.3，pp.425-442.

② Whittaker D，Vaske J J，Manfredo M J，“Specificity and the Cognitive Hierarchy：Value Orientations and the Acceptability of UrbanWild life Management Actions”，*Society&Natural Resources*，2006，Vol.19，No.6，pp.515-530.

③ Dunlap R E，Liere K D V，Mertig A G，et al.，“Measuring Endorsement of the New Ecological Paradigm（NEP）：A Revised NEP Scale”，*Journal of Social Issues*，2000，Vol.56，No.3，pp.425-442.

④ Larson K L，Casagrande D，Harlan S L，et al.，“Residents' Yard Choices and Rationales in a Desert City：Social Priorities，Ecological Impacts and Decision Tradeoffs”，*Environmental Management*，2009，No.44，pp.921-937.

品使用；三是土地管理是否随独特地理状况而变化……①”研究结果表明，价值取向并没有与土地管理相关。其中最为明显的问题是地面覆盖物和灭草剂的使用。

#### 2.1.4.3 城市文化建设中的生态化要求

世界随着城市化的发展，一些愈来愈严重的城市病随之出现。因此，城市生态、城市景观生态化成为近几年来的研究热点。Harvey（1996）认为城市常被视作为通过交通、住房、医疗援助、工作机会和金融市场等一系列的服务功能，提供有利于人类竞争博弈场所的聚集地。Elmqvist 等（2008）研究认为，假定这些服务功能不可避免地要与生态过程相连接，焦点则在于生态服务功能，也就是说要有利于依赖生态过程的城市居民和城市，这些生态过程就是改善水和空气质量、防止风暴、减缓洪水的侵袭、垃圾处理、微气候规律、娱乐和健康价值②。Grimm 等（2008）认为，这种生态过程反过来改良社会并被卷入社会和政治上的博弈过程，城市被视为在政治—社会—生态过程之外；而另有学者如 Henrik Ernstson 等（2010）认为：作为一个规范的城市管理方法，去维护甚至是增强基本的生态服务功能，以多种途径去完成认识到的生态服务功能的空间分布和与社会的公平关系③。他在研究中以新奥尔良、开普敦和凤凰城（New Orleans，Cape Town and Phoenix）为例，对该问题进行了研究。

Ernstson 等（2010）在研究中所运用到的弹性理论（resilience theory）是 Levin（1998）提出的复杂适应性系统理论，不少学者如 Folke（2006）运用该理论原理模拟真实组成过程，确认了通过本地化的相互作用过程产生跨时空的稳定状态。另外，Batty（2008）认为弹性理论的几个原理高度契合于城市；Batty（2008）等认为“城市的弹性”并不是以一个城市系统的尺度来进行操作的，而是以地理学意义上的观念来进行管理的，包含有一组城市，这些城市通过相互连接的交换、贸易、迁徙或者其他能够支撑城市之间的能量流、物流和信息流体系④。还有不少研究者如 Colding（2007）认为：这种“城市弹性”是生态学家目前最为关注的城市问题。

---

① Larson KL，Cook E，Strawhacker C，et al.，“The Influence of Diverse Values，Ecological Structure，and Geographic Context on Residents’ Multifaceted Landscaping Decisions”，*Hum Ecol*，2010，No.38，pp.747-761.

② Elmqvist T，Alfsen-Norodom C，Colding J，“Urban systems”，*Ecosystems of encyclopedia of ecology*，2008，Vol.5，pp.3665-3672.

③ Ernstson H，Van der Leeuw S E，Redman C L，et al.，“Urban Transitions：On Urban Resilience and Human-Dominated Ecosystems”，*AMBIO*，2010，No.39，pp.53-545.

④ Batty M，"The size，scale，and shape of citie"，*Science*，2008，No.319，pp.769-771.

还有部分学者如 Krasny 和 Tidball（2009）、Barthel 等（2010）、Ernstson 等（2010）认为，除了保护城市生态的管理者外，体现当地水准社会生态作用的景观场所如城市花园、农场和森林，在改善生态功能的同时，也应满足社会的需要。

#### 2.1.4.4 文化教育中的生态环境主张

当生态问题愈来愈引起人类忧心之时，一部分研究者提出应从教育着手，来引导年轻一代关注生态问题和应用生态知识去保护人类的家园——地球。Jordan Ann Kevan de Haan（2008）提出，除了有必要让更多来自于发展中国家的人去接受提高教育和训练之外，还有必要让他们接受更好地跨学科教育体系来保护热带生态环境[①]。他认为无论是在发达国家还是发展中国家的大学，不仅应该更好地培养研究生做职业方面的准备，这些职业有可能是非学术性的热带保护创新工作，并且还要培养研究生可以更好地接受成为热带地区的生态环境保护者。目前，采取实践环境保护行动的组织，很大一部分来自于非政府组织（NGO）。自 1970 年以来，非政府组织正式注册有 18 000 个以上，其中相当部分是倡导和主张环境保护甚至是极端环境保护主义者。Forsyth 等（2001）对 NGO 环境保护运动进行过研究，他们认为许多 NGO 的环境保护运动增进了对环境退化问题的理解，即环境退化与人类的生存、文化和社会公平具有千丝万缕的联系。有学者如 Slattery（2004）、Clover（2003）等研究认为泰国环境激进分子是现在被称之为环境成人教育（即被大家所熟知的大众环境教育）的部分和主要成员，这一领域被定义为研究、实践和激进行动。

Briggs 和 Sharp（2005）研究认为在许多方式上环境教育的重点被放在当地知识方面，是与原住民知识和发展研究相平行的当代研究路径[②]；Muraguri-Mwololo（2004）认为最近的研究显示成人环境教育有关当地知识的作用，已经聚焦在田园诗作者般的环境实践区域；Estave 和 Reyes（2004）等认为重点应放在女性传统医疗知识方面；Hall（2004）认为重点应放在地方食物生产、消费和分配。Pierre Walter（2009）认为至今没有把以社区为基础的生态旅游作为成人生态教育的一部分，也没有看作能在当地知识中起作用和成人应当学习的一部分，因此他探索了如何创新

---

① Kevan de Haan J A，“What is needed to improve tropical conservation? Appropriate education，training，and encouragement”，*Environmentalist*，2008，No.28，pp.71-173.

② Briggs J，“The use of indigenous knowledge in development：Problems and challenges”，*Progress in Development Studies*，2005，Vol.5，No.2，pp.99-114.

当地知识并应用于以社区为基础的生态旅游项目当中①。除 NGO 对环境保护教育做出一定贡献之外，世界自然基金会（World Wide Fund for Nature，WWF）也为此做出过很多努力。Chris Hails（2007）对世界自然基金会的作用、目标、方法以及发展经历进行过深入的研究，他认为：经过数千年的发展，文化与自然紧紧地缠绕在一起，自然保护文化的发展被视为形成非政府组织社会元素的表现，自然保护方法被得到广泛推广，世界自然基金会的支持功不可没，随着人类的意识觉醒，世界自然基金会已经成为自然保护的领军组织②。

"生态风险"是写在环境哲学和革新文献中的一个主要假设，并且成为了个人、公司和社会向"绿色"（Greening）转换十分流行的基础和动机。Louv（2005）等学者研究认为一个令人震惊、担心、害怕的结局——来自于孩子们与自然的疏离。Bowers（2006）基于"风险思维"提出要进行"生态公平革新"（Ecojustice），建立"生态公平教育学"（Ecojustice Pedagogy）。对于 Bowers 的生态公平革新，有部分学者也紧随其后进行了研究，如 Furman 和 Gruenewald（2003）、Martusewicz（2005）、Mueller（2008）等，认为生态公平的中心点在于探索文化（代际间的知识、技巧、信念、价值观、期望值）与地球生态需求之间紧张关系的理解。其他的教育哲学家如 Thayer-Bacon（2008）等撰写了有关在教育中，生态公平和环境主义具体化的某些特征。Michael P. Mueller（2009）在研究生态危机的假设与其相关推测的基础上，认为其定位应该放置在与奉献极度相关的教育上，主张学校应该建立一个更具有可持续性的生活方式信念去增强意识，这将有利于个人和社区③。虽然环境是一个值得争论的话题，却给教育提供了一个丰富的研究机会。

## 2.2 生态文化构成

生态文化的构成既有狭义的解析，也有广义的解析。狭义的生态文化，主要是指人们生态意识、生态道德、生态习俗等精神层面的生态化元素。广义的生态文化，

① Walter P，"Local knowledge and adult learning in environmental adult education: community based ecotourism in southern Thailand"，*Int. J. of lifelong education*，2009，Vol.28，No.4，pp.513-532.

② Hails C，"The Evolution of Approaches to Conserving the World's Natural Heritage: The Experiences of WWF"，*International Journal of Heritage Studies*，2007，Vol.13，No.4，pp.365-379.

③ Mueller M P，"Educational Reflections on the 'Ecological Crisis': EcoJustice，Environmentalism，and Sustainability"，*Sci & Educ*，2009，No.18，pp.1031-1056.

主要由生态精神文化、生态物质文化和生态制度文化构成，主要表现在精神层面的生态化、物质层面的生态化以及制度层面的生态化。

### 2.2.1 精神层面的生态化——生态精神文化

一般而言，精神层面的生态文化意即生态精神文化，为狭义的生态文化，包含生态观念、生态价值观、生态理论和生态道德的文化综合，主要包括个人和社会群体的全部精神活动以及精神成果，在高级层次上，包括了科学知识、哲学、艺术以及文学等多项要素。

#### 2.2.1.1 科学知识生态化

科学知识的生态化总和，也可称之为生态科学知识文化。该文化内容主要通过科学家对自然现象进行不断的科学研究，获得对自然生态系统的深入认知，从而形成人类与自然环境之间和谐相处的行为标准，以规范人类的行为，限制人类对自然的主观能动性和主观改造，实现有利于人类发展、生态和谐以及人与自然可持续发展的知识系统。因此，科学知识生态化，来自科学家对生态现象与人以及自然之间相互关系的不断研究发现和改进的认知总和。

作为一种文化成果，生态科学知识文化的内容不仅包括以生态学为基础的学科理论群和技术应用群以及可持续发展理论等，而且在科学研究中所体现出来的生态意识、生态思维和科学精神也是其重要的组成部分。其中，生态意识，是指在人类与自然相处的过程中，能够实现和谐和可持续发展的理论、观点以及行为动机等；生态思维则要求在人类生产发展活动中能够主动融入生态学思维方式。因此，科学知识生态化，构成了生态文化丰富和发展的必要条件。

#### 2.2.1.2 伦理生态化——生态伦理

对生态环境问题的探讨中，涉及一个挑战传统伦理学的问题，即人类如何看待其他物种的生存权或者存在价值问题。这是在自然环境问题日益恶化的形势下以及生态学理念的影响下所产生的生态伦理观。

现代的生态伦理学或环境伦理学，主要研究以下内容：①价值范式的转向——自然价值和权利以及人在自然中的地位的探索；②自然与文化辩证互补的生态伦理学或环境伦理学构建；③对西方现代伦理的反思即人对自然道德原则的确立与道德行为规范的研究。其中，研究的核心内容是自然的价值和权利（余谋昌，2004）。

在西方的生态伦理文化中，主要有4个流派，分别是人类中心主义、生物中心主义、动物解放/权利主义和生态中心主义，我国在该领域的研究也基本上沿袭了这四大流派理论思潮。这4个流派虽然有较大差异，各自形成了一套思想倾向和观念差异的理论体系，但是其伦理体系目的都是追求人类与自然能够和谐相处、可持续发展的一种价值理念。除“人类中心主义”之外，都强调道德研究在所有物种领域的重要地位。

因而，相对于传统的人际伦理学科来说，生态伦理学或环境伦理学扩展了道德视域范围，将其同样融入人类与自然之间的共处关系中，相对于其他西方环境伦理思潮来说，不仅给予生命个体以道德关怀，更确立了整个自然生态系统的道德地位。在罗尔斯顿——环境伦理学之父一系列著作（环境伦理学、大地伦理和深层生态学）的引领下，生态文化中所关注的和谐、秩序、多样化、适应等要素，也不断融入社会的价值和伦理体系，并逐渐沉淀下来，成为伦理文化的有机组成要素。

#### 2.2.1.3 哲学生态化——生态哲学

基于对近现代工业文化带来环境问题的哲学反思，形成了现代哲学的生态化，即产生了生态哲学学科。生态哲学，主张用一种整体论的观点来考察自然，用生态学的观点来观察现实事物，解释现实世界，认识和解决现实问题。生态哲学主张一种自然观，把人作为地球生物物种的一员，把过去人类作为征服者的角色，转变为社会系统中的普通一员，强调所有的个体都是生态系统中不可或缺的一部分，人类和大自然其他构成者拥有同等的存在权利和生存权利，在生态价值上是具有同等重要的地位。生态哲学提供人类进行生态思辨的逻辑思维路径，告知人类不仅要尊重生态系统中的其他生物成员，而且要维护系统的可持续发展。人类在任何时候，都不能损害生命共同体的整体利益，有利于维护系统和谐、稳定和美丽的行为，才是合乎自然规律的行为选择。不同于以笛卡尔为代表的机械论哲学思想，现代生态哲学从整体观上提供了一种全新的哲学思考范式，不仅有利于实现人类生存发展的新思维和新模式，而且还可以实现人类与自然和谐发展的新战略和新思想，进而促进生态文化在社会各领域内的生成、发展与繁荣。

#### 2.2.1.4 文学生态化——生态文学、生态文艺

纵观现代生态文化的生成历程，就可发现生态文化具有里程碑意义的探索，最具影响的是卡逊的《寂静的春天》。从这部文学著作开始，生态问题不仅进入了文学创作者的视野，而且唤醒了哲学研究者、经济研究者等的生态意识，进而出现了

生态经济、循环经济等具有生态思维和生态理论应用的经济研究。当然，更多的是唤醒了文学和文艺工作者的生态意识，由此而创作和记录了一大批的生态文学作品和文艺作品，包括电影、电视、小说、诗歌散文、绘画作品，在这些作品中，充满了对大自然的热爱，揭示了现实生活中人类遭受自然灾害的惨状景象。

实际上，当今的灾难片电影《2012》、《完美风暴》（*Perfect Storm*），纪录片《日本的海豚湾》等一系列生态文学或文艺类作品，带给人们以强烈的视觉冲击和印象，其震撼感和对自然的敬畏感超过其他任何学术研究。从中所展现的是，面对大自然，人类不应有敌意和仇恨，人类应该与它休戚相共，生死相随，对它的赞美与敬畏，就是对我们人类自己生命的赞美与敬畏。因而，体现以“自然生态保护”或“环境保护”为题材的文艺作品，在当今已经十分普遍。以文学作品和艺术作品为媒介，提升人们对于大自然的依恋和敬畏，使人们觉醒，提高人们的环保意识和生态观念，其影响力较大，效果比较明显。另外，生态文学及文艺作品，能够给人们一种潜移默化、润物无声的情感教育过程。这些众多的生态文学及文艺作品，通过其内容展现生态自然的内涵与文化，传播生态思想，从不同角度揭露现实生态问题，对于大众生态观念的形成，以及生态环保的关注和行为可以产生积极而深刻的影响。而且，还从或真或虚的角度为生态文化的多元化提供了丰富的土壤。

#### 2.2.1.5 教育生态化——生态教育文化

教育生态化是指在学校教育、企事业职业教育、家庭教育、消费群体教育、媒体宣传等一系列具有导向和引导作用的宣传教育过程中，传授生态知识、增强生态意识、传递生态理念和生态价值观、训练生态思维、培养生态行为等，还包括生态科学研究和技能培训等一系列的生态化教育过程。生态教育的内容丰富而广泛：①可以通过不同的教育方式，如室外教育、媒体宣传等，向大众传授生态知识和生态技能；②通过丰富的教育资源引导大众的日常生活行为，培养大众环保意识，提升大众环保素养。同时，在引导受教育者全面、科学地认识人与自然关系的基础上，树立生态意识，养成勤俭节约、不浪费资源的好习惯，善待生命和野生动植物，爱护和保护自然环境，具有积极主动参与生态建设的愿望和行动。生态教育文化的内容应涵盖所有生态知识的传授和普及，如生态技能教育、生态知识教育、生态法律教育、生态美学教育、生态法学教育和生态行为教育等。

概言之，除上述生态科学知识、生态伦理、生态哲学、生态教育、生态文学之外，还有生态信仰和信念、生态审美、生态宗教、传统生态习俗以及社区和谐文化等与上述文化形态一起，构成了精神文化的主体内容[①]。该主体内容的特点就是在价值观、信念、道德信仰等方面都带上了强烈的生态观，这些融入了生态观意蕴的知识、伦理、哲学、教育、文学等，则形成了“生态文化”的内核或深层结构组成要素。

总体上，具有生态观的精神文化与狭义的生态文化概念内涵相一致，是相对于蕴含生态化的物质文化和制度文化的生态精神文明总和。生态文化中的精神文化与其他文化一样，一部分为有形文化，另一部分为无形文化。精神文化的有形文化是通过某些物质载体如印刷媒体、电子媒体以及其他有形物质媒体得以记录、表现、保存、传递的文化；精神文化的无形文化则以人类的思想观念、心理状态、行为习惯等形式存在，这一部分可以通过一个地方或者行业的群体精神风貌和道德水平表现出来，这部分的精神文化也就可作为人们判断生态文化水平的重要标准要素。

### 2.2.2 物质层面的生态化——生态物质文化

生态文化中的物质文化是指在生态观念或价值观的指导下，在物质利用和创造层次上采用的是生态化选择过程，人类的生产方式与生活方式均与生态化相关。也就是说，生态化的物质文化应该是在人类的生产发展过程中主动排除掠夺式、高污染的方式和方法，选择有利于自然生态保护、有利于人类可持续发展的方式和技术，产业形态或业态构成主要为生态产业。通过生态化的生产以及简朴的生活方式，遵守人与其他生命以及自然界和谐共处的原则，达到人与自然协调共赢发展的目标。

生态文化中的物质文化应该包含以下几个部分：

（1）有形的各种器物物件、外形、基础设施等，即人类生产的各种产品、建筑、公共设施以及各种设施的空间布局、景观设计等，均以生态学原则作为约束条件和审美原则。

（2）人类在生产和生活活动中，能够主动学习自然界的智慧，发现和发明各种生态技术和环境技术应用到生产和生活中，如利用太阳能、使用开发洁净能源和再生能源，设计和优化节能系统工程，形成生态技术、生态产业、生态社区等一系列具有生态意义的生产和生活系统。

---

① 李维香、常潇：《论生态文化的演替节律》，载《山东理工大学学报》2007 第 5 期，第 9～13 页。

（3）代表现代生态文化中物质文化构成要素的一个重要组成部分，是社会经济的相对繁荣（人类社会的可持续发展）和人类生活的相对富足（不存在浪费），可以借助如经济收入、就业状况等统计指标作为该组成部分的重要衡量指标。

总之，倡导绿色生产、绿色包装、绿色消费，尽量减少生产生活中对环境的污染等方面，物质文化生态化水平的提高，既是生态文化的基本要求，也是生态文化成为促进人类社会进入生态文明时代的重要标志（余谋昌，1996）。

### 2.2.3 制度层面的生态化——生态制度文化

生态文化中的制度文化是指人类在实现精神文化和物质文化的过程中，对生态价值观的形成、生态意识的提高、生态心理及行为习惯的养成等，所制定的强化、约束、规范、法律等制度体系，实际上也包括传统的生态习俗和乡规条约以及现代的生态管理机制。截至目前，我国国家层面所制定的相关生态环境保护政策、法律、条例已经达到了 1 477 条，标准导则 498 条，术语定义 3 718 条（根据中国环境影响评价网数据库查询），这些法律条文均属于生态制度文化的内容。

根据社会交往层次和范围的不同，生态文化的制度层次与文化制度层次一样，可分为 3 个次级层次：总的生态社会制度、特定的生态社会制度和生态社会规范。这 3 个层级制度的完善性和机制的有效性，对于生态文化中的精神文化和物质文化的健康发展具有很好的促进作用。因此，要使生态文化健康、繁荣地发展下去，生态制度文化不可漏缺。

总体来说，生态制度文化要求在彻底转变高污染、高能耗、不可持续的生产发展方式的基础上，重新建立人与人、人与自然友好和谐的社会制度，进而实现环境保护制度化、规范化和常规化。生态文化中的制度文化不仅包含了社会经济制度、企业制度、教育制度和公共管理制度等的生态化过程，还包含了这些制度实施机制的生态化。也就是说，要从制度上保障生态管理机制、经济发展机制、社区参与机制、承载力预警机制、环评规划项目评审机制等的正常运转，形成对各种法律法规生态化过程和生态化实现产生有效的约束力和强制力，让国家政府与民众由被动转为主动而内化为自觉行为，积极努力地去保护我们人类赖以生存的家园——地球，进而使生态文化成为我们社会的主流文化，最终实现人类必然的文明时代——生态文明时代。

## 2.3 本章小结

综观上述国内外有关生态文化的研究成果，呈现出纷繁复杂的生态文化表象，既有从哲学、经济学对近现代工业技术文化的生态批判，又有从宗教和传统文化中追溯先人的生态思想。不仅产生了极端二元对立的“人类中心主义”和“非人类中心主义”，而且还存在着较为折中的生态主义观点，包括马克思主义的生态思想。同时，还可发现“生态文化”是“当代文化”的外在主流表现，实质上其组成要素包含了有关于生态价值观、理念、行为、教育、管理、制度、生态技术及手段等一系列的人文研究体系和研究方向。正是有着纷繁复杂的生态文化表象，也对应了广义的生态文化内涵，也就是生态文化应由 3 个组成部分组成。①精神层面的生态文化——生态精神文化，其中包含了个人和社会群体的全部精神活动以及精神成果，还包括高级层次的科学知识、哲学、艺术以及文学等多项要素；②物质层面的生态文化——生态物质文化，包含了各种器物的生态化过程以及各种生态技术和环境技术在生产生活中的应用；③制度层面的生态化——生态制度文化，主要包括所制定的生态强化、约束、规范、法律等制度体系，也包括传统的生态习俗和乡规民约以及现代的生态管理机制。因此，可以说生态文化的内容涵盖了人们生态思想观念和思考、生态行为和习惯、物质生产方式的生态化、人类生活方式的生态化以及各种制度建设的生态化过程与成果。

# 第 3 章

# 源于英文文献的生态文化理论研究变化轨迹

综观生态文化研究的兴起，可以发现文化与文明的演进有着密切的关系。人类社会随着科学技术的进步，文化与文明的演变规律能反映时代的印迹，并催生着新的文化形态和文明结果的出现。显然，人文社会科学研究的主旨是对科学技术进步给人类带来的是福音还是罪恶要进行拷问和反思，从而促使人类朝着更有利于自身健康的方向发展。同时，由于生态文化与生态文明有着相互缠绕的密切关系。因此，在追溯生态文化研究的同时，仍然不能忘记对生态文明研究的历史追溯。

为把握国内外生态文化研究的特征，借助最前沿的研究方法——社会网络分析方法中的图谱分析法，并结合文献计量科学学的计量方法，利用 CNKI 以及 Web of Science 等文献库平台，收集数十年的研究文献，聚焦于关键文献共被引网络和关键词共现分析，通过 CiteSpace[①]软件绘制国内外“生态文化”研究共被引网路和关键词共现图谱，对国外“生态文化”研究前沿的知识特征以及研究热点的演进过程进行解读，从而探寻生态文化研究的发展轨迹以及变化规律。

① CiteSpace 是由美国德雷克塞尔（Drexel）大学信息科学与技术学院教授陈超美博士负责开发的一款知识图谱分析工具，它是适合进行多元、分时、动态复杂网络分析的免费可视化知识分析工具。

## 3.1 国际生态文化理论研究统计特征

### 3.1.1 数据来源

研究以 Web of Science 文献库作为数据收集平台，数据更新截止时间为 2015 年 9 月。Web of Science 是由美国科学情报研究所推出的大型综合性、多学科的核心期刊引文索引数据库，它是一个基于互联网所建立的新一代学术信息资源整合体系。Web of Science 包括三大引文数据库，即科学引文索引（Science Citation Index，SCI）、社会科学引文索引（Social Sciences Citation Index，SSCI）和艺术与人文科学引文索引（Arts & Humanities Citation Index，A&HCI）。Web of Science 对所收录的期刊有严格的选录要求，这些期刊收录了国际上最优秀的学术研究成果。

数据收集过程：以“ecological culture”（生态文化）为主题，检索 Web of Science 核心数据库中的 SCI&SSCI 数据库，时间设置为 1996—2014 年，共检索记录文献 4 420 篇，以此作为“生态文化”外文文献（英文文献）计量分析的基础。首先，利用 Web of Science 数据库平台统计工具，对所检索收集的 4 420 篇文献做初步统计分析，然后利用 CiteSpaceⅢ文献计量分析软件对所检索的文献数据进一步进行可视化分析。

### 3.1.2 国际生态文化研究文献时间分布

以“ecological culture”（生态文化）为主题，共检索 1996—2014 年记录文献 4 420 篇，每年文献发表数量统计如表 3-1 所示。

以“ecological culture”为主题，SCI&SSCI 数据库自 1996 年收录检索所得到的 4 420 篇，经统计得到 1996—2014 年各年收录文献数分布表（表 3-1）以及分布折线图（图 3-1）。由此可见，19 年间文献发表数量基本保持了逐年上升的趋势，虽然 2010 年和 2013 年有小幅下滑，但是其文献数量仍然高于 233 篇的年平均发文量。

表 3-1 1996—2014 年检索文献记录数量统计表

| 出版年 | 文献数/篇 | 占 4 420 的比/% | 出版年 | 文献数/篇 | 占 4 420 的比/% |
|---|---|---|---|---|---|
| 2014 | 426 | 9.638 | 2004 | 167 | 3.778 |
| 2013 | 395 | 8.937 | 2003 | 167 | 3.778 |
| 2012 | 419 | 9.480 | 2002 | 172 | 3.891 |
| 2011 | 380 | 8.597 | 2001 | 124 | 2.805 |
| 2010 | 319 | 7.217 | 2000 | 140 | 3.167 |
| 2009 | 329 | 7.443 | 1999 | 145 | 3.281 |
| 2008 | 292 | 6.606 | 1998 | 107 | 2.421 |
| 2007 | 253 | 5.724 | 1997 | 94 | 2.127 |
| 2006 | 222 | 5.023 | 1996 | 88 | 1.991 |
| 2005 | 181 | 4.095 | | | |

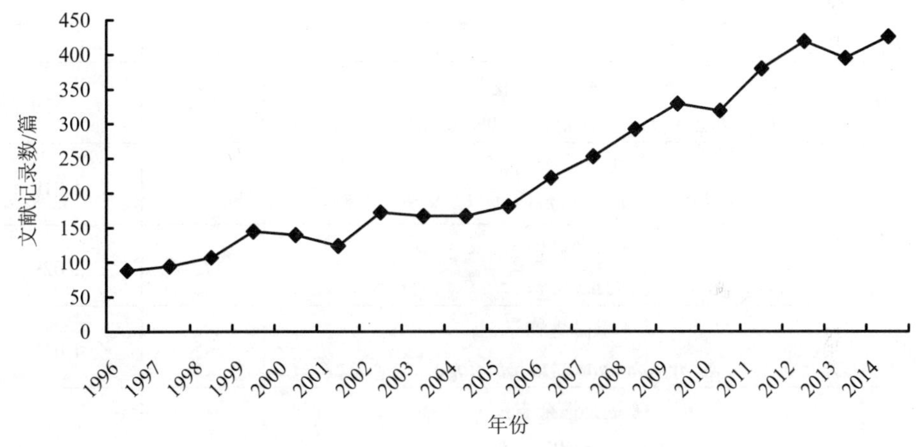


图 3-1 1996—2014 年检索文献记录数量统计折线图

从以上图表中可看出，虽然 1996—2005 年以“ecological culture”为主题的发文量逐年上升，但是在 2005 年之后实现较快增长，增长速度明显高于 2005 年之前的年份。这一变化说明对于生态文化的研究自 2005 年引起了学者更广泛的关注，这也与国际社会对生态环境保护等热点的关注现象是相吻合的。

因此，根据图 3-1 生态文化研究文献发表的发展趋势，可以将 1996—2014 年国际生态文化研究的发展历程大致分为两个阶段：

第一个阶段：1996—2004 年，国际生态文化研究文献产出量平稳增长；

第二个阶段：2005—2014 年，国际生态文化研究文献产出数量快速增长。

通过阅读部分文献，可以发现 2004 年以后，由于专家学者更增加了对气候、环境等热点问题的关注，并将更多的生态化观念切入到产业经济、企业管理等学科中展开交叉或融合研究，因此在第二阶段，国际生态文化研究文献发表数量比第一阶段显著增多。

### 3.1.3 文献发表数量期刊分布

通过文献发表期刊的统计，可以大致了解国际“生态文化”研究的主要学科领域分布，研究文献发表期刊分布统计如表 3-2 所示。

**表 3-2 1996—2014 年文献记录数量≥20 的期刊分布**

| 排名 | 期刊 | 文献数/篇 | 占 4 420 的比/% |
|---|---|---|---|
| 1 | 《应用与环境微生物学》<br>（*Applied and Environmental Microbiology*） | 114 | 2.579 |
| 2 | 《公共科学图书馆》<br>（*Plos One*） | 80 | 1.810 |
| 3 | 《水产养殖》<br>（*Aquaculture*） | 72 | 1.629 |
| 4 | 《环境微生物学》<br>（*Environmental Microbiology*） | 45 | 1.018 |
| 5 | 《藻类学杂志》<br>（*Journal of Phycology*） | 39 | 0.882 |
| 6 | 《生态与社会》<br>（*Ecology and Society*） | 35 | 0.792 |
| 7 | 《水生生物学》<br>（*Hydrobiology*） | 34 | 0.769 |
| 8 | 《欧洲微生物学会联合会微生物生态学》<br>（*Fems Microbiology Ecology*） | 33 | 0.747 |
| 9 | 《国际微生物学杂志》<br>（*Isme Journal*） | 32 | 0.724 |
| 10 | 《微生物生态学》<br>（*Microbial Ecology*） | 32 | 0.724 |

| 排名 | 期刊 | 文献数/篇 | 占 4 420 的比/% |
|---|---|---|---|
| 11 | 《美国国家科学院科学工程学》(*Proceedings of the National Academy of Sciences of the United States of America*) | 29 | 0.656 |
| 12 | 《有害藻类》(*Harmful Algae*) | 28 | 0.633 |
| 13 | 《海洋生态发展》(*Marine Ecology Progress Series*) | 25 | 0.566 |
| 14 | 《生态经济》(*Ecological Economics*) | 23 | 0.520 |
| 15 | 《应用微生物学杂志》(*Journal of Applied Microbiology*) | 21 | 0.475 |
| 16 | 《食品微生物国际杂志》(*International Journal of Food Microbiology*) | 20 | 0.452 |
| 17 | 《应用藻类学杂志》(*Journal of Applied Phycology*) | 20 | 0.452 |
| 18 | 《真菌学》(*Mycologia*) | 20 | 0.452 |
| 19 | 《真菌学研究》(*Mycological Research*) | 20 | 0.452 |

经过统计得出，SCI&SSCI 数据库收录的期刊中共有 659 种期刊发表与“生态文化”主题相关的文献，表 3-2 中列出了文献记录数量超过 20 篇的 19 种期刊，总计发表文献数量为 702 篇，占发表文献总数的 15.82%。

从表 3-2 中可以看出，《应用于环境微生物学》(*Applied and Environmental Microbiology*) 以 114 篇的文献发表数量排在首位，占检索结果 4 420 篇的 2.6%。在 1996—2014 年文献发表数量≥29 篇的 19 个期刊中，半数以上的期刊是以研究生态环境为主，由此说明在期刊类型方面分布仍然不够广泛，该阶段的生态文化研究以地球生物、环境研究居多，其次为经济学科的研究。

### 3.1.4 文献发表作者分布

以“ecological culture”为主题，SCI&SSCI 数据库检索到的 4 420 篇文献的作者分布如表 3-3 所示。

表 3-3 1996—2014 年文献记录数量前 30 名的作者分布

| 排名 | 作者 | 文献数/篇 | 占 4 420 的比/% | 累计/% |
|---|---|---|---|---|
| 1 | Stephenson S L | 14 | 0.317 | 0.317 |
| 2 | Ferreira J G | 8 | 0.181 | 0.498 |
| 3 | Grant J | 8 | 0.181 | 0.679 |
| 4 | Schnittler M | 8 | 0.181 | 0.860 |
| 5 | Trickett E J | 8 | 0.181 | 1.041 |
| 6 | Wang R S | 8 | 0.181 | 1.222 |
| 7 | Azim M E | 7 | 0.158 | 1.380 |
| 8 | Massana R | 7 | 0.158 | 1.538 |
| 9 | Muyzer G | 7 | 0.158 | 1.696 |
| 10 | Paschke M W | 7 | 0.158 | 1.854 |
| 11 | Troell M | 7 | 0.158 | 2.012 |
| 12 | Wahab M A | 7 | 0.158 | 2.170 |
| 13 | Watanabe K | 7 | 0.158 | 2.328 |
| 14 | Atran S | 6 | 0.136 | 2.464 |
| 15 | Boesch C | 6 | 0.136 | 2.600 |
| 16 | Chen J | 6 | 0.136 | 2.736 |
| 17 | Dong S L | 6 | 0.136 | 2.872 |
| 18 | Folke C | 6 | 0.136 | 3.008 |
| 19 | Giovannoni S J | 6 | 0.136 | 3.144 |
| 20 | Giraffa G | 6 | 0.136 | 3.280 |
| 21 | Grover J P | 6 | 0.136 | 3.416 |
| 22 | Hawkins A J S | 6 | 0.136 | 3.552 |
| 23 | Hertel C | 6 | 0.136 | 3.688 |
| 24 | Laland K N | 6 | 0.136 | 3.824 |
| 25 | Liu H | 6 | 0.136 | 3.960 |
| 26 | Magan N | 6 | 0.136 | 4.096 |
| 27 | Moran M A | 6 | 0.136 | 4.232 |
| 28 | Overmann J | 6 | 0.136 | 4.368 |
| 29 | Verdegem M C J | 6 | 0.136 | 4.504 |
| 30 | Wang Y | 6 | 0.136 | 4.640 |

以“ecological culture”为主题，SCI&SSCI 数据库检索到的 4 420 篇文献共有 1 536 名作者，发表文献数≤5 篇的作者数量有 1 506 名，约占作者总数的 98%；发表文献数量>5 篇的有 30 名作者，约占作者总数的 2%，其发表文献量为 205 篇，约占发表文献总数的 5%。

从表 3-3 中可以看出，排名在第一位的 Stephenson S L 发文量为 14 篇，其次为 Ferreira J G、Grant J、Schnittler M 和 Wang R S 等人，这几位学者的研究形成了生态文化主题研究的核心著作者。从统计结果中可以看出，著作者发文数量之间的差距不大，这与之前统计得到的研究领域较广泛的结果具有一定的关联性。

### 3.1.5 文献发表机构分布

1996—2014 年，SCI＆SSCI 数据库收录的以“ecological culture”为主题的 4 420 篇文献的载文机构统计如表 3-4 所示。

表 3-4　1996—2014 年发表文献数量超过 25 篇的机构统计

| 排名 | 机构 | 文献数/篇 | 占 4 420 的比/% | 累计/% |
| --- | --- | --- | --- | --- |
| 1 | 中国科学院（CHINESE ACADEMY OF SCIENCES） | 104 | 2.353 | 2.353 |
| 2 | 西班牙高等科研理事会（CSIC） | 51 | 1.154 | 3.507 |
| 3 | 法国国家科学研究中心（CNRS） | 49 | 1.109 | 4.616 |
| 4 | 威斯康星大学（UNIV WISCONSIN） | 46 | 1.041 | 5.660 |
| 5 | 英属哥伦比亚大学（UNIV BRITISH COLUMBIA） | 45 | 1.018 | 6.678 |
| 6 | 俄罗斯科学院（RUSSIAN ACAD SCI） | 43 | 0.973 | 7.651 |
| 7 | 加州大学伯克利分校（UNIV CALIF BERKELEY） | 43 | 0.973 | 8.624 |
| 8 | 伊利诺伊大学（UNIV ILLINOIS） | 38 | 0.860 | 9.484 |
| 9 | 华盛顿大学（UNIV WASHINGTON） | 36 | 0.814 | 10.298 |
| 10 | 哈佛大学（HARVARD UNIV） | 35 | 0.792 | 11.090 |
| 11 | 密歇根州州立大学（MICHIGAN STATE UNIV） | 34 | 0.769 | 11.859 |

| 排名 | 机构 | 文献数/篇 | 占 4 420 的比/% | 累计/% |
|---|---|---|---|---|
| 12 | 密歇根大学<br>（UNIV MICHIGAN） | 32 | 0.724 | 12.583 |
| 13 | 格鲁吉亚大学<br>（UNIV GEORGIA） | 31 | 0.701 | 13.284 |
| 14 | 非洲自然资源研究所<br>（INRA） | 30 | 0.679 | 14.963 |
| 15 | 马里兰大学<br>（UNIV MARYLAND） | 29 | 0.656 | 15.619 |
| 16 | 俄勒冈州立大学<br>（OREGON STATE UNIV） | 28 | 0.633 | 16.252 |
| 17 | 加利福尼亚大学洛杉矶分校<br>（UNIV CALIF LOS ANGELES） | 28 | 0.633 | 16.885 |
| 18 | 巴黎第六大学<br>（UNIV PARIS 06） | 27 | 0.611 | 17.496 |
| 19 | 亚利桑那州州立大学<br>（ARIZONA STATE UNIV） | 26 | 0.588 | 18.084 |
| 20 | 加州大学戴维斯分校<br>（UNIV CALIF DAVIS） | 26 | 0.588 | 18.672 |
| 21 | 科罗拉多大学<br>（UNIV COLORADO） | 26 | 0.588 | 19.260 |
| 22 | 美国俄亥俄州立大学<br>（OHIO STATE UNIV） | 25 | 0.566 | 19.926 |
| 23 | 加州大学迭戈分校<br>（UNIV CALIF SAN DIEGO） | 25 | 0.566 | 20.492 |
| 24 | 昆士兰大学<br>（UNIV QUEENSLAND） | 25 | 0.566 | 21.058 |

一个机构高水平文献发表数量是该机构的影响力水平的重要表现。1996—2014年，SCI＆SSCI 数据库收录的以“ecological culture”为主题的 4 420 篇文献由 1 108 个机构发表，其中，前 22 个机构的发表文献数量占到总检索文献量的 20%。

从表 3-4 列出的发表文献量超过 25 篇的 24 家机构中，排在首位的为中国科学院（CHINESE ACADEMY OF SCIENCES），为 104 篇文献，其次是西班牙高等科研理事会（CSIC）、法国国家科学研究中心（CNRS）、威斯康星大学（UNIV WISCONSIN）和英属哥伦比亚大学（UNIV BRITISH COLUMBIA）等。从机构类别来看，高校仍然是生态文化领域学术研究的主要力量，前 24 名的机构基本为高校，而且美国高校最多，说明美国在生态文化研究方面的成果较多。

### 3.1.6 文献发表国家/地区分布

通过检索 SCI&SSCI 数据库，1996—2014 年，4 420 篇文献的国家/地区分布统计如表 3-5 和图 3-2 所示。

表 3-5 1996—2014 年发表文献数量超过 50 篇的国家/地区统计

| 排名 | 国家/地区 | 文献数/篇 | 占 4 420 的比/% | 排名 | 国家/地区 | 文献数/篇 | 占 4 420 的比/% |
|---|---|---|---|---|---|---|---|
| 1 | 美国（USA） | 1 425 | 32.240 | 15 | 苏格兰（SCOTLAND） | 95 | 2.149 |
| 2 | 德国（GERMANY） | 353 | 7.986 | 16 | 墨西哥（MEXICO） | 85 | 1.923 |
| 3 | 英格兰（ENGLAND） | 336 | 7.602 | 17 | 俄罗斯（RUSSIA） | 79 | 1.787 |
| 4 | 中国（CHINA） | 314 | 7.104 | 18 | 以色列（ISRAEL） | 71 | 1.606 |
| 5 | 加拿大（CANADA） | 307 | 6.946 | 19 | 挪威（NORWAY） | 69 | 1.561 |
| 6 | 法国（FRANCE） | 269 | 6.086 | 20 | 丹麦（DENMARK） | 67 | 1.516 |
| 7 | 澳大利亚（AUSTRALIA） | 242 | 5.475 | 21 | 新西兰（NEW ZEALAND） | 67 | 1.516 |
| 8 | 西班牙（SPAIN） | 233 | 5.271 | 22 | 葡萄牙（PORTUGAL） | 67 | 1.516 |
| 9 | 日本（JAPAN） | 189 | 4.276 | 23 | 瑞士（SWITZERLAND） | 67 | 1.516 |
| 10 | 意大利（ITALY） | 176 | 3.982 | 24 | 比利时（BELGIUM） | 66 | 1.493 |
| 11 | 荷兰（NETHERLANDS） | 161 | 3.643 | 25 | 智利（CHILE） | 54 | 1.222 |
| 12 | 印度（INDIA） | 118 | 2.670 | 26 | 奥地利（AUSTRIA） | 53 | 1.199 |
| 13 | 巴西（BRAZIL） | 117 | 2.647 | 27 | 南非（SOUTH AFRICA） | 53 | 1.199 |
| 14 | 瑞典（SWEDEN） | 108 | 2.443 | | | | |

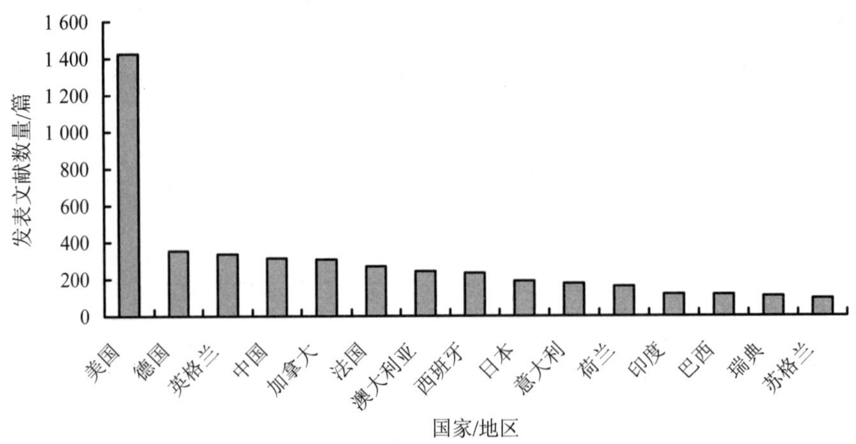


图 3-2　1996—2014 年发表文献数量前 15 名的国家/地区统计

近年来，生态文化的区域性研究越来越受到学术界的重视。对不同国家或地区发表文献数量的统计能够了解某一国家或地区在该领域的学术影响力。由表 3-5 和图 3-2 可知，1996—2014 年，4 420 篇文献共由 52 个国家或地区发表。经统计，发表文献数量最多的国家是美国，共 1 425 篇，占全部检索文献 4 420 篇的 32.2%，这一结果与文献发表机构分布统计得到的多数为美国高校的结果是相吻合的。

### 3.1.7　文献发表基金资助项目类型与分布

1996—2014 年，4 420 篇文献的基金资助项目统计情况见表 3-6 和图 3-3。

学术研究，离不开各类基金的大力资助。通过检索 SCI&SSCI 数据库，1996—2014 年，4 420 篇文献共由 226 个基金机构赞助[①]。其中，发表文献最多的基金资助机构是中国国家自然科学基金会（NATIONAL NATURAL SCIENCE FOUNDATION OF CHINA），为 73 篇，占检索文献总数的 1.65%；其次为美国国家科学基金会（NATIONAL SCIENCE FOUNDATION），发表文献 66 篇，占检索文献总数的 1.49%；美国国家科学基金（NATIONAL SCIENCE FOUNDATION），发表文献 48 篇，占检索文献总数的 1.09%。

① 检索结果中存在基金项目名称重复现象，如 NATIONAL INSTITUTES OF HEALTH（美国国立卫生研究院）和 NHI 被列为不同的基金资助机构。因此，总的基金资助机构应该少于 226 个。

表 3-6　1996—2014 年发表文献数量≥10 篇的基金资助项目统计

| 排名 | 基金资助机构 | 文献数/篇 | 占 4 420 的比/% |
|---|---|---|---|
| 1 | 中国国家自然科学基金（NATIONAL NATURAL SCIENCE FOUNDATION OF CHINA） | 73 | 1.652 |
| 2 | 美国国家科学基金会（NATIONAL SCIENCE FOUNDATION） | 66 | 1.493 |
| 3 | 美国国家卫生基金会（NATIONAL SANITATION FOUNDATION） | 48 | 1.086 |
| 4 | 欧盟（EUROPEAN UNION） | 36 | 0.815 |
| 5 | 美国国立卫生研究院（NATIONAL INSTITUTES OF HEALTH） | 33 | 0.746 |
| 6 | 中国科学院（CHINESE ACADEMY OF SCIENCES） | 18 | 0.407 |
| 7 | 澳大利亚研究理事会（AUSTRALIAN RESEARCH COUNCIL） | 15 | 0.339 |
| 8 | 巴西国家研究委员会（CNPQ） | 15 | 0.339 |
| 9 | 欧洲委员会（EUROPEAN COMMISSION） | 15 | 0.339 |
| 10 | 中国自然科学基金（NATURAL SCIENCE FOUNDATION OF CHINA） | 12 | 0.271 |
| 11 | 欧共体（EUROPEAN COMMUNITY） | 11 | 0.249 |
| 12 | 戈登和贝蒂·摩尔基金会（GORDON AND BETTY MOORE FOUNDATION） | 10 | 0.226 |
| 13 | 马克斯·普朗克协会（MAX PLANCK SOCIETY） | 10 | 0.226 |
| 14 | 中国科学技术部（MINISTRY OF SCIENCE AND TECHNOLOGY OF CHINA） | 10 | 0.226 |

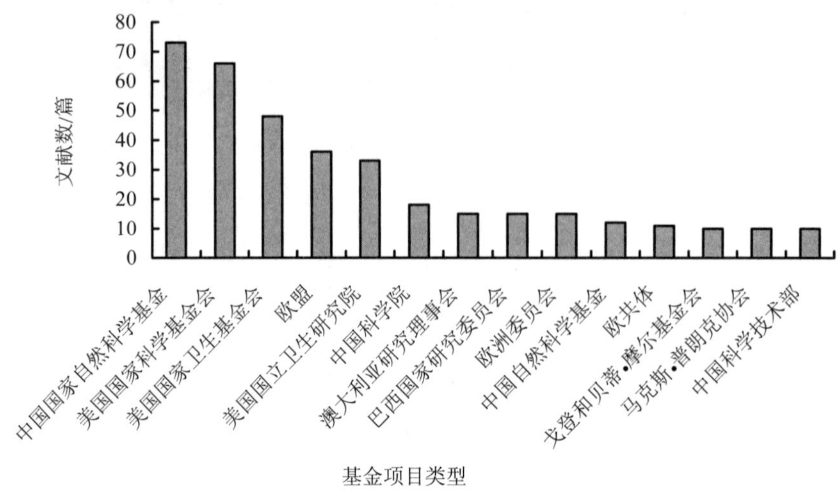


图 3-3　1996—2014 年发文数量前 10 名的基金资助项目统计

从基金资助类型来看，国家自然科学基金、国家科学基金会、国家卫生基金会、欧盟和国家研究委员会等前 10 名资助文献总数为 331 篇，不足总量的 7.5%，资助的基金级别不高。可见，在生态文化研究领域，无论是基金资助的总量还是类型都有待提高。

## 3.2　国际生态文化理论文献引文共现性变化轨迹

引文分析（citation analysis），是利用数学及统计学的方法和比较、归纳、抽象、概括等逻辑方法，对科学期刊、论文、著作、作者等各种分析对象的引证与被引证关系进行分析的活动和方法（梁永霞，2012）。许振亮认为，被引文献和施引文献分别从间接和直接两个角度反映某一研究领域的研究前沿，两者的对应可相互验证某一研究领域的研究前沿探析的信度和效度，从而对于某一研究领域的前沿主题，可从被引文献和施引文献的相关内容作为参照来加以考虑（许振亮，2012）。

### 3.2.1　研究方法

共被引（co-cited），就是两篇文献同时被其他文献引用（王建芳，2006）。共被引分析，可以分为文献共被引分析、作者共被引分析、期刊共被引分析和学科共被引分析等。当两篇文献同时被其他文献引用时，这时，这两篇文献就构成了共被引关系；同时引用这两篇文献的施引文献数量被称为共被引频率（co-cited frequency）或共被引强度（co-cited strength）。

由 CiteSpace 生成的知识图谱中，每个节点代表一篇被引文献，节点的大小与该文献的被引频次成正比。引文年轮代表了这篇文献的被引用历史。如图 3-4 所示，年轮的宽度与被引用的次数成正比，节点中心旁边的数字代表该被引文献一共被引用的次数。

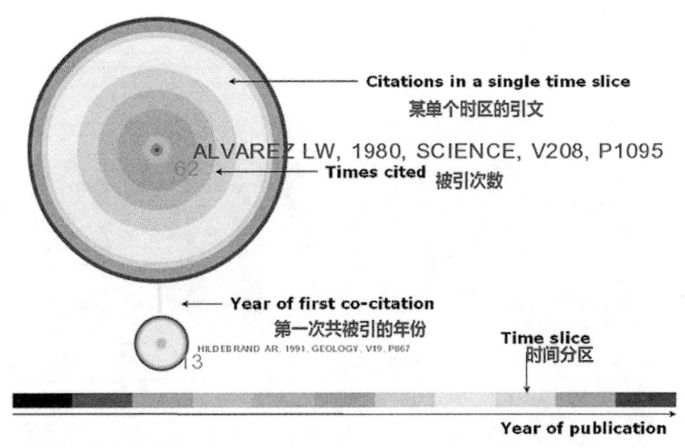


资料来源：陈超美，2009。

图 3-4 CiteSpace 软件知识图谱引文年轮

### 3.2.2 文献共被引分布

为追踪生态文化研究的知识结构及研究前沿演进规律，利用 CiteSpace 软件对下载的 4 420 篇文献进行文献共被引分析。时间区（time slice）选择为两年，每个时间区内高被引文献的数量选择（top N per slice）为前 60 篇文献（表 3-7），进行可视化图谱绘制，设置阈值（threshold）为 50（即只显示被引频次≥50 次的节点标签），生成文献共被引知识图谱，图中网络由 395 个节点和 360 条连线组成，如图 3-5 所示。

图 3-5 文献共被引分析知识图谱

表 3-7　生态文化研究文献共被引网络结构组配（1996—2014 年）

| 序列 | 时间分区 | 标准 | 文献总数 | 节点数 | 连线数 |
|---|---|---|---|---|---|
| 1 | 1996—1997 | top60 | 8 512 | 60 | 161 |
| 2 | 1998—1999 | top60 | 11 775 | 60 | 418 |
| 3 | 2000—2001 | top60 | 12 495 | 60 | 266 |
| 4 | 2002—2003 | top60 | 16 158 | 60 | 175 |
| 5 | 2004—2005 | top60 | 15 659 | 60 | 653 |
| 6 | 2006—2007 | top60 | 17 653 | 60 | 212 |
| 7 | 2008—2009 | top60 | 32 469 | 60 | 222 |
| 8 | 2010—2011 | top60 | 36 788 | 60 | 180 |
| 9 | 2012—2013 | top60 | 44 800 | 60 | 260 |
| 10 | 2014 | top60 | 25 700 | 60 | 172 |

关键节点在知识网络中起到过渡和连接的作用，在图 3-5 中显示的文献共被引网络中，从文献被引频率的角度观察，共有 8 个关键节点，见表 3-8。

表 3-8　文献共被引网络关键节点文献信息

| 作者 | 文献 | 发表年 | 被引频次 | 突现值 |
|---|---|---|---|---|
| Amann R I | 《个体微生物的系统发育鉴定与原位检测》 | 1995 | 79 | 7.39 |
| Altschul S F | 《基本局部对比搜索工具》 | 1990 | 65 | — |
| Saitou N | 《邻接法：一种构建进化树的新方法》 | 1987 | 55 | — |
| Bronfenbrenner U | 《人类发展生态学》 | 1979 | 37 | — |
| Robert Boyd | 《文化进化》 | 1985 | 29 | 3.52 |
| Berkes F | 《神圣的生态文化》 | 1999 | 26 | — |
| Gardes M | 《增强特异性担子菌——鉴定的应用》 | 1993 | 24 | — |
| Costanza R | 《世界生态系统服务和自然资本的价值》 | 1997 | 22 | — |

在图 3-5 呈现的图谱分析的基础上进一步进行聚类分析，依据文献共被引的紧密程度，会自动显示文献共被引聚类簇群，而且产生聚类关系的文献之间会有不同颜色的填充，形成形象化的“聚类面积”（许振亮，2012）。其结果，所得知识图谱显示出 18 个聚类组成了 1 个核心知识群、3 个次级知识群和 2 个边缘知识群，如图 3-6 所示。

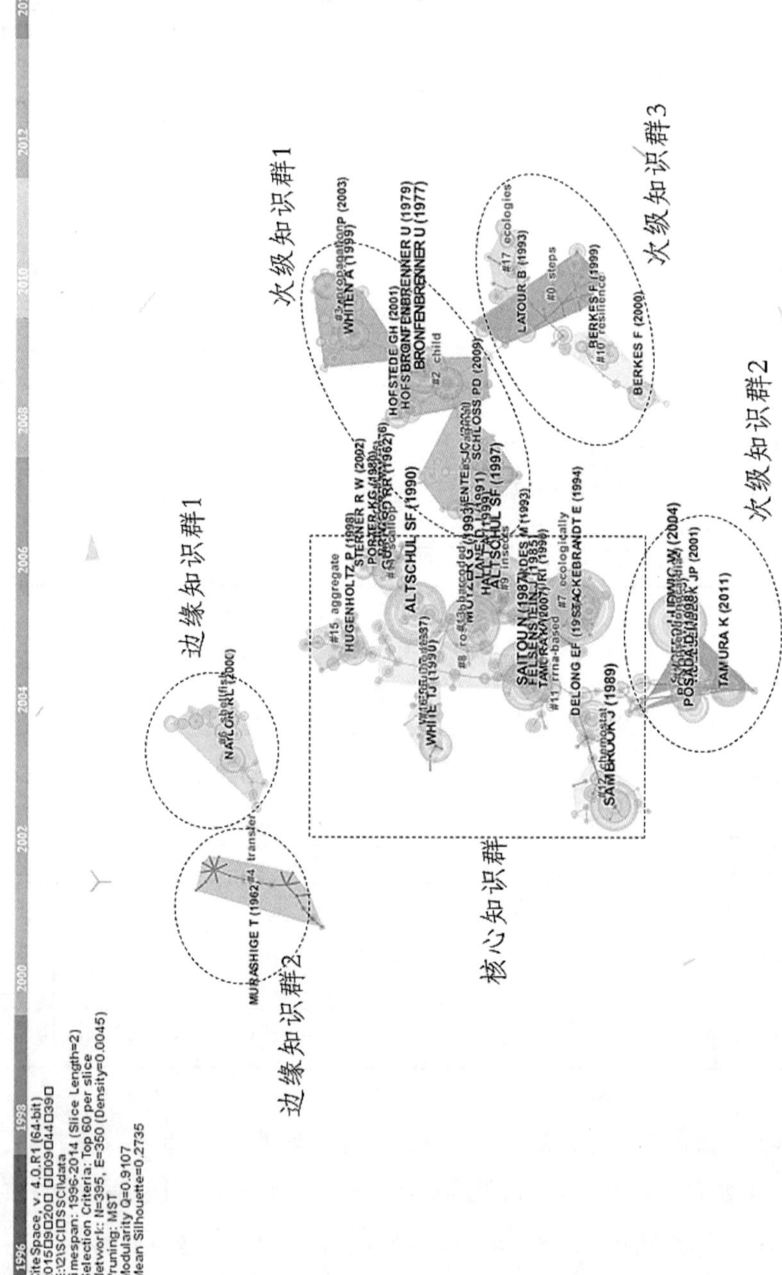


图 3-6　生态文化研究领域前沿知识图谱（1996—2014 年）

图 3-6 文献共被引知识图谱反映了 1996—2014 年各个时间段之间发生的引文关系，即知识流动关系。因此，该文献共被引网络知识图谱可以清晰显示出生态文化研究前沿中重要文献的被引用演化路径。

#### 3.2.2.1 核心知识群：基于生物技术角度的生态物种研究

这个知识群是由 10 多个聚类叠加而形成的核心知识群，该核心知识群的研究内容主要集中于从生物学技术的角度来研究分析生态系统及环境的问题。

在核心知识群中，被引用频率最高的文献是 Amann R I（1995）发表在《微生物学评论》（*Microbiol Rev*）期刊上的《个体微生物的系统发育鉴定与原位检测》（*Phylogenetic Identification and in Situ Detection of Individual Microbial Cells without Cultivation*），其被引频次为 79 次。文中指出，一些迹象表明，我们目前知道的自然界中的微生物的多样性只是其一小部分，而且 Amann R I 在对海洋和土壤等多种微生物组合进行研究的基础上，认为根据不同分类级别的方法，可以了解各生态系统的结构信息。从该文献的引文变化轨迹曲线也可以看出，该文献发表之后引起了学者广泛的关注，虽然 2005 年之后关注度有一定的降低，但是该文献仍然在学术研究中具有重要的地位。

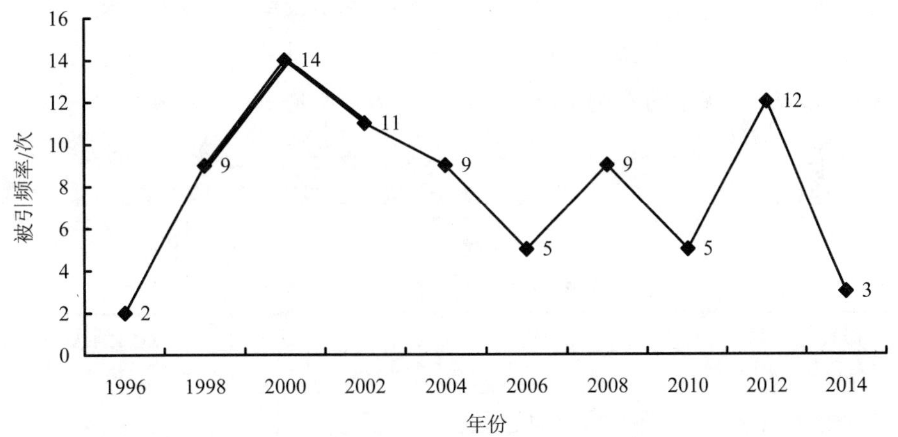


图 3-7 Amann R I（1995）《个体微生物的系统发育鉴定与原位检测》文献的被引变化轨迹

Sterner R W（2002）发表的著作《生态化学计量：从分子到生物圈的生态元素》（*Ecological Stoichiometry*：*The Biology of Elements from Molecules to the Biosphere*），

被引用频次为 26 次。Sterne 在书中提出，所有的生命就是化学，这一事实支撑了生态化学计量的研究；该研究为微生物研究到后生动物研究建立了桥梁，对水生和陆地生态系统的研究有重要的意义。作者从分子到细胞、个体、群体、社区乃至生态系统等方面分析总结了元素的化学性质和它们在地球环境中的相对丰度；同时，也探讨了竞争、共生等生态现象；最后，作者认为化学计量生态学能为从新陈代谢到全球变化的不同领域研究提供帮助。

另一篇关键文献是 Gardes M（1993）发表在《分子生态学》（*Molecular Ecology*）期刊上的《增强特异性担子菌——鉴定的应用》（*ITS Primers with Enhanced Specificity for Basidiomycetes—application to the Identification of Mycorrhizae and Rusts*），被引用频次为 24 次。Gardes M 通过设计两个类群选择性引物在核糖体重复单元内部的转录间隔（ITS）区域，对 13 种子囊菌和 14 种担子菌进行研究。其结果表明，将 ITS4-B 与任何一个“通用”引物 ITS1 或真菌特异性引物 ITS1-F 配对，能有效扩增担子菌和子囊菌的 DNA。而且，ITS1-F / ITS4-B 的引物所产生的少量聚合酶链反应（PCR）产物可以用于某些植物物种，这些方法可以研究菌类生态系统的结构和分布。

Thomas J. White（1990）发表的专著《聚合酶链反应的方法和应用指南》（*PCR Protocols：A Guide to Methods and Applications*），被引用频次为 36 次，该专著是聚合酶链反应方法应用的手册。该书不仅在 DNA 克隆和定量基因组测序中介绍了 PCR 的应用程序，而且还指出聚合酶链反应是研究领域广泛被应用的方法，该方法可以更加精简繁琐的分子生物学技术，对避免生态环境污染有重要帮助。

**表 3-9　核心知识群关键节点文献**

| 作者 | 文献名称 | 发表年 | 被引频次 | 突现值 |
|---|---|---|---|---|
| Amann R I | 《个体微生物的系统发育鉴定与原位检测》 | 1995 | 79 | 7.39 |
| White T J | 《聚合酶链反应的方法和应用指南》 | 1990 | 36 | — |
| Sterner R W | 《生态化学计量：从分子到生物圈的生态元素》 | 2002 | 26 | — |
| Gardes M | 《增强特异性担子菌——鉴定的应用》 | 1993 | 24 | — |

可见，核心知识群中代表性的被引文献主要集中于生物技术在生态物种研究方面，虽然看起来与我们的生态文化似乎没有关系，但是对于生态系统中生命起源以及生命密码的研究，实际上是我们人类生态文化形成的基础，因为现代生态文化是

依赖生态学理论知识来认知和处理人类与自然的关系。

#### 3.2.2.2 次级知识群 1：基于文化视角的生态文化研究

该知识群由 3 个邻近聚类叠加组成，其研究的核心内容是在人类文化发展、文化差异以及跨文化分析等理论视角进行的稳态文化研究。

该知识群中，被引用频次最高的是 Urie Bronfenbrenner（1979）发表的专著《人类发展生态学》（*Ecology of Human Development*），被引频次是 37 次。在著作中，Urie Bronfenbrenner 提出了一种个人发展模式，他认为自然环境是人类发展的主要影响源，同时强调发展个体嵌合于相互影响的一系列环境系统之中，这些系统与个体相互作用从而影响着个体发展。换句话说，发展的个体处在从直接环境（如家庭）到间接环境（如宽泛的文化）的几个环境系统的中间或嵌合之中。《人类发展生态学》为人类发展研究提供了这样一种视角，要科学理解人类发展的过程，需要研究真实的环境，不仅仅是现有的居住环境，还包括未来的环境，需要对这些环境以及它们之间的联系进行系统的分析和描述，揭示内在的原因。

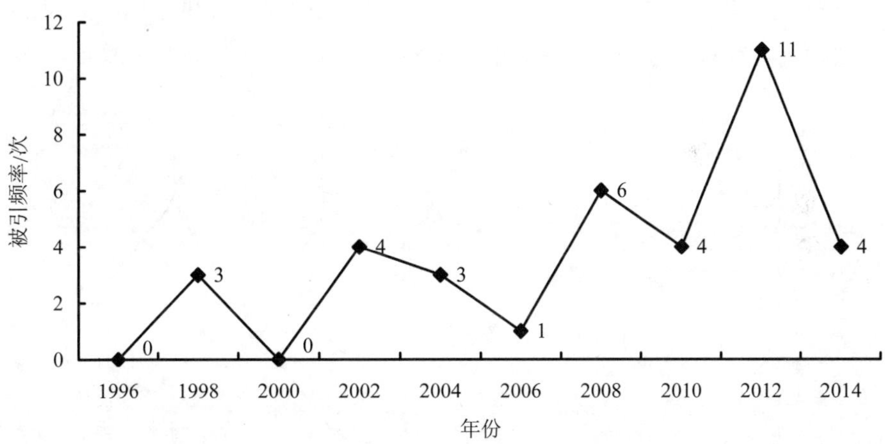


图 3-8 Urie Bronfenbrenner（1979）发表的专著《人类发展生态学》的引文历史

Whiten A 等（1999）发表在《自然》（*Nature*）上的《黑猩猩文化》（*Cultures in Chimpanzees*），被引用频次为 35 次。文献中，作者通过对非洲大量黑猩猩行为的实地研究，积累了 151 年黑猩猩生存生活的综合信息，总结出了黑猩猩的显著文化差异，这种全面的分析也揭示了黑猩猩超出除了人类以外其他任何动物物种的文化变迁。通过考察，发现了黑猩猩 39 种不同的行为模式，包括工具的使用、疏导和求偶行为等。而且，它们习惯性地在某一个“社区”内，这种现象已经可以进行生态解释。黑猩猩的这些行为模式与人类文化具有鲜明的区别，而这是以前在非人类物种群中没有被观察到的区别。

Robert Boyd 和 Richerson（1985）发表的专著《文化与进化过程》（*Culture and the Evolutionary Process*），被引用频次为 29 次。该著作的作者结合达尔文方法和复杂现象的模拟，首先讨论了遗传与文化进化的关系，重新定义了文化传承的概念，提出了文化传播的模式。同时，在实证分析的基础上指出文化和遗传进化之间的冲突。作者在该著作中的研究重点，是针对生物、心理、社会和文化等因素在长期的历史演变过程中如何改变社会。Robert Boyd 和 Richerson 还探讨了基因和文化因素之间的相互作用以及在进化力量的影响下，人类文化产出的多样性。最后，该著作者提出了可以替代社会生物学有着争议的文化进化理论。该专著的突现值为 3.52，具有较高的理论突变源点。从该专著的被引用历史变化轨迹也可以看出，在发表之初，该著作并没有引起广泛关注；直到 2006 年之后关注量激增，说明在这一时期，该著作的观点和理论得到了该领域认同，为生态文化研究提供了相应的理论原理，对生态文化研究有着很大的理论贡献。

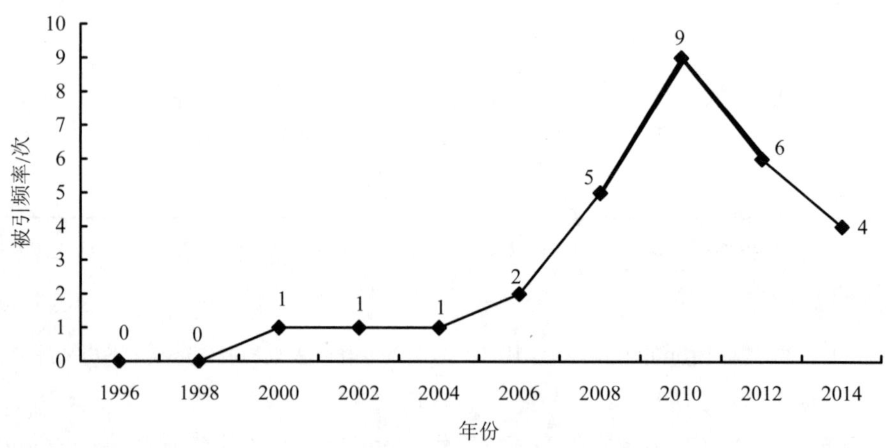


图 3-9 Robert Boyd 和 Richerson（1985）的专著《文化与进化过程》的被引变化轨迹

另有 Geert Hofstede（2001）发表的代表性专著《文化的后果：比较价值、行为、机构和跨界组织》（*Culture's Consequences：Comparing Values，Behaviors，Institutions and Organizations Across Nations*），该著作被引用频次为 28 次。作者在理论分析和实证研究两个方面对跨文化的机制、工作动机和组织动态进行了研究。该著作对跨文化研究做出了重大贡献；同时，该作者还从历史和人类学的两个角度对跨文化进行了比较分析，多角度地提出了个人的独特见解。

表 3-10 次级知识群 1 关键节点文献

| 作者 | 文献名称 | 发表年 | 被引频次 | 突现值 |
|---|---|---|---|---|
| Bronfenbrenner U | 《人类发展生态学》 | 1979 | 37 | — |
| Whiten A | 《黑猩猩文化》 | 1999 | 35 | — |
| Robert Boyd，Richerson | 《文化与进化过程》 | 1985 | 29 | 3.52 |
| Hofstede G | 《文化的后果：比较价值、行为、机构和跨界组织》 | 2001 | 28 | — |

总之，通过对上述文献专著的分析可知，无论人类发展、动物进化，还是跨文化研究，研究成果丰富，研究的范围和方法颇广，这为生态文化研究提供了丰富的实证案例和前沿研究方法。因此，基于文化视角的生态文化研究，构成了生态文化研究的重要组成部分。

#### 3.2.2.3 次级知识群 2：基于生态保护角度的生态文化研究

该知识群的研究重点主要表现在生态保护的角度，重要的文献有《全球环境变化：人与政策维度》（Folke C）、《竞争本能》（Phil Macnaghten）、《向日葵森林：生态修复与自然共享》（William R.Jordan）等。

Folke C（2006）发表在《全球环境变化：人与政策维度》（*Global Environmental Change：Human and Policy Dimensions*）期刊上的《弹性：社会生态系统的角度》（*Resilience：the Emergence of a Perspective for Social-ecological System*），被引用频次为 15 次，突现值为 3.3。作者首先从弹性的角度介绍了社会生态系统的动态性特征，通过对弹性透视方法发展历史的阐释，指出从弹性的角度去分析社会生态系统是对传统社会和环境科学家主导的稳定平衡观点的颠覆。作者认为，弹性透视方法强调的是非线性动力学应用，是对不确定性和突变的适应，生态系统动力学已经发展成为应对生态系统变化的适应性的管理方法。最后，作者认为社会生态系统的研究应该向社会学习和记忆、远景规划、社会网络、组织变化和适应能力等方面发展。这篇文献从一个全新的角度去审视社会生态系统的保护和适应性问题，认为生态系统的平衡是在一定的空间内浮动的，对于这种弹性的适应应该成为生态系统保护的立足点。因为作者的观点极具创新性，这篇文献在生态系统保护领域理论学术界具有很大的冲击力，发表之后在短时期内就被学者广泛引用，其高突现值（图 3-10）也表明了这一点。

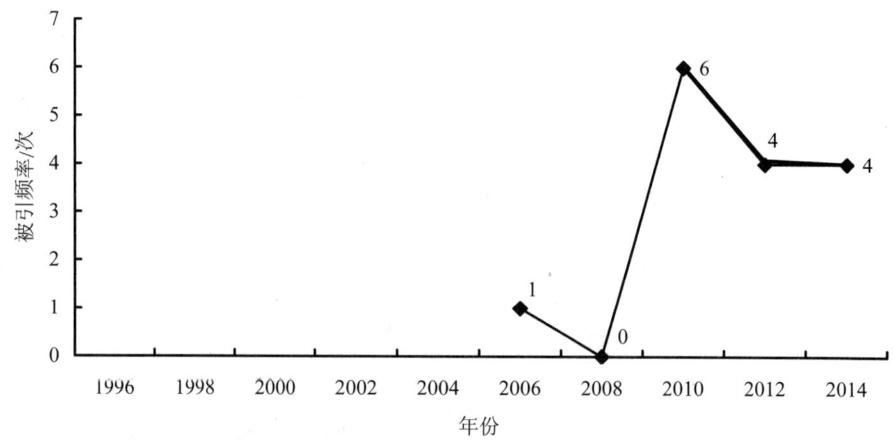


图 3-10 Folke C（2006）发表的《弹性：社会生态系统的角度》的被引轨迹

Phil Macnaghten 等（1998）发表的专著《竞争本能》（*Contested Natures*），被引用频次为 9 次。在著作中，作者强调物理世界文化理解的重要性，围绕当地、国内和全球阐述了不同的保护环境方法。该著作共分为 8 个部分：第一部分主要是对自然和社会关系重新思考；第二部分通过对英国环保主义和里约会议后环保主义的对比后，分析了战后环境重建的合理性；在第三到第七部分则从人与自然的关系框架、时间和空间维度、可持续发展的观点来阐述自然生态环境保护的途径和方法；最后，作者从国际全球化趋势角度，提出了生态治理的迫切性。这部专著从时间、空间和人与自然的关系框架等多个维度对生态环境保护进行了深入透彻的分析，从其被引用轨迹（图 3-11）可知，发表之初就引起了学者的很大关注。

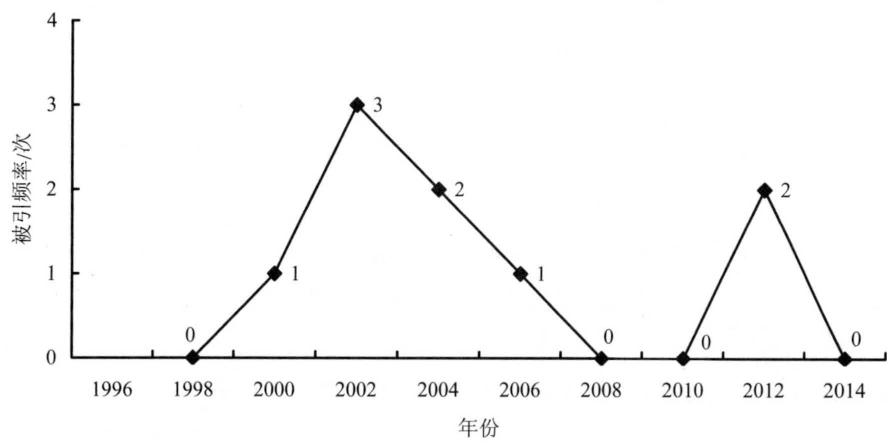


图 3-11　Phil Macnaghten 等（1998）发表的专著《竞争本能》的被引轨迹

William R.Jordan（2003）发表了专著《向日葵森林：生态修复与自然共享》（*The Sunflower Forest：Ecological Restoration and the New Communion with Nature*），被引频次为 8 次，突现值为 3.3。在这本著作中，William R. Jordan 首次提出了“生态修复”一词，认为尝试引导将破坏的生态系统恢复到从前是一种更健康、更自然的生态保护方法。作者还提出了一种生态修复的社区范式，认为生态修复后对社区产生一种生态回报。“生态修复”作为一种新的概念，获得了学术界的广泛认可，在生态学领域现在被广泛应用。

表 3-11　次级知识群 2 关键节点文献

| 作者 | 文献名称 | 发表年 | 被引频次 | 突现值 |
|---|---|---|---|---|
| Folke C | 全球环境变化：人与政策维度 | 1990 | 15 | 3.3 |
| Macnaghten P | 竞争本能 | 1998 | 9 | — |
| Jordan W R | 向日葵森林：生态修复与自然共享 | 2003 | 8 | 3.3 |

通过对该知识群重要节点文献分析可以看出，此知识群的生态文化研究视角主要集中于生态保护方面，提出了较多创新性的观点，如生态修复、弹性视角等，对后续的生态文化研究提供了更多元的细分领域。

#### 3.2.2.4 次级知识群 3：基于传统社区角度的生态文化研究

该知识群有 3 个邻近聚类组成，其研究内容主要聚焦于传统社区生态保护以及传统社区参与方面的生态文化研究视角。

在该知识群中，被引用频次最高的文献为 Berkes F 等（2000）发表在《生态应用》（*Ecological Applications*）期刊上的《传统生态知识适用性管理的再发现》（*Rediscovery of Traditional Ecological Knowledge as Adaptive Management*）一文，其被引用频次为 31 次。人文生态、恢复能力、资源管理和社会学系等是这篇文献的关键词；作者在对传统生态知识检测作用文献调查基础上，指出在应对和管理生态系统的过程中应该特别注意生态系统自身的恢复能力。其中的案例研究表明，本地或传统习俗的生态系统管理方式具有多样性，包括了物种的管理、资源的循环、景观管理以及应对生态突变等。作者认为，鉴于生态系统具有内在的不确定性和不可预测性，本地传统生态知识的利用应该成为生态系统管理的方向。这篇文献强调的是生态系统保护过程中本地社区传统生态知识的运用。

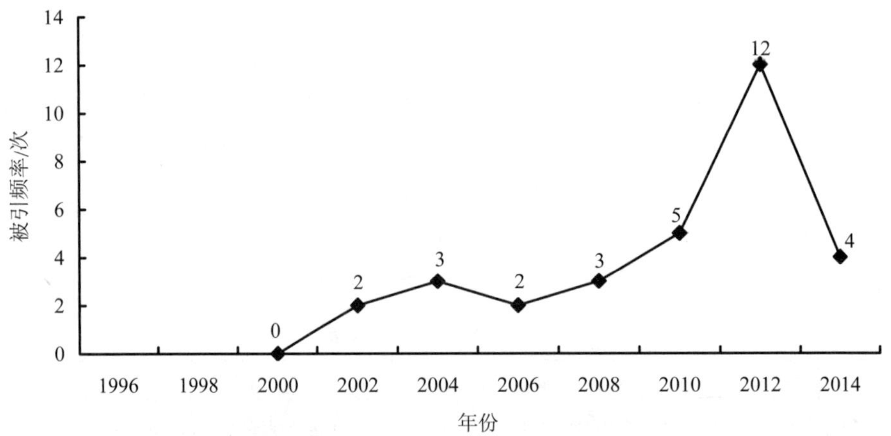


图 3-12 Berkes F 等（2000）发表的《传统生态知识适用性管理的再发现》的被引轨迹

实际上，Berkes F（1999）发表的专著《神圣的生态》（*Sacred Ecology*），也是高被引文献，其被引用频次为 26 次。该著作共分为 12 个章节：第 1 章重新定义了传统生态知识，提出了生态知识实践的基本框架；第 2 章基于对原住民文化和政治意义的探讨，指出了生态系统知识增长过程中知识产权的问题；第 3 章是对知识根源的分析，作者指出了整合社会系统和自然系统对人类生态的重要性；第 4～第 10

章分别通过对森林生态系统、驯鹿语境知识、亚北极生态系统、气候变化和西印度群岛等案例分析，提出在传统知识体系、社会学习、土著社区模式等方面的生态化实践途径；最后，作者指出了在经济全球一体化的背景下，传统知识面临的挑战。

表 3-12　次级知识群 3 关键节点文献

| 作者 | 文献名称 | 发表年 | 被引频次 | 突现值 |
|---|---|---|---|---|
| Berkes F | 《传统生态知识适用性管理的再发现》 | 2000 | 31 | — |
| Berkes F | 《神圣的生态》 | 1999 | 26 | — |

该知识群中重要的文献是 Berkes F 发表的一篇文献和一部著作，说明了 Berkes F 在传统社区角度进行生态文化保护研究中做出了十分重要而突出贡献。通过文献的被引用变化轨迹也可以看出，社区参与与社区生态保护近年引起了众多学者的关注，也成为生态文化研究领域的新热点。

#### 3.2.2.5　边缘知识群 1：基于城市化角度的生态文化研究

该知识群主要聚焦于城市化问题呈现生态文化研究视角。

其中引起最大关注的代表性人物是 Harvey D，他于 1996 年发表的专著《正义、自然与地域差异》（*Justice，Nature and the Geography of Difference*），被引用频次为 13 次。该著作主要从社会和环境公正的角度，来思考和寻找 21 世纪城市化的未来发展方向；同时，它描述了地域差异产生的原因，以及如何成为政治、社会和生态探索发展的基础。全书共分为 4 个部分：第一部分从时间和空间维度上阐述生态的差异性；第二部分重点分析了当代环境问题，作者认为在社会变革的过程中应该更加重视自然环境；第三部分则是对历史和地理的大尺度讨论，探讨了社会“生产”空间的意义；最后一部分作者提出自己的观点，认为应该关心社会公正导致劳动地域划分带来的问题，以及城市化发展速度和质量带来的问题。这部著作从城市化的角度讨论了社会生态系统的发展问题，不仅包含环境公正问题，还涉及城市化发展的速度和质量问题，从被引用变化轨迹来看（图 3-13），在发表初期就引起了学术界的广泛关注，随后其关注量逐年有所下降，这有可能是后来类似的著作以及论文增多的缘故。

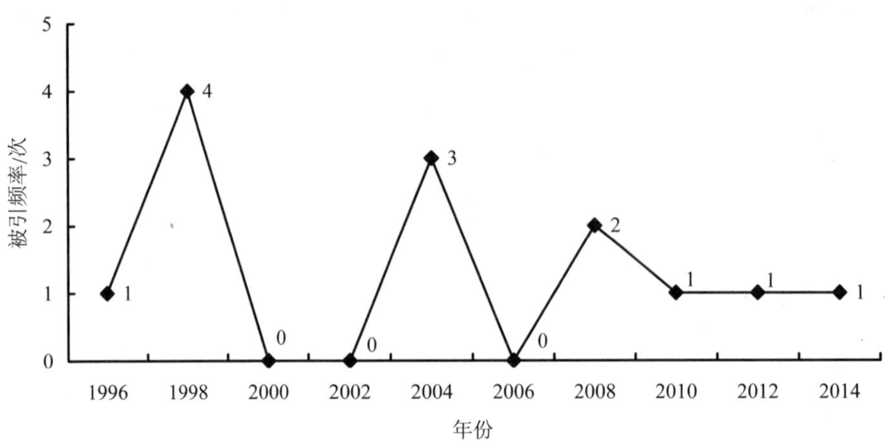


图 3-13　Harvey D（1996）发表的专著《正义、自然与地域差异》的被引轨迹

#### 3.2.2.6　边缘知识群 2：基于资源竞争角度的生态文化研究

该知识群主要集中于生态资源竞争的角度展开生态文化的研究。

Tilman D 等（1982）发表的专著《资源竞争》（*Resource Competition*）被引用的频次为 13 次。在该著作中，作者 Tilman D 首先提出了生态学的一个核心问题：为什么存在这么多不同的植物和动物物种？同时，作者提出了“生物在争夺资源的竞争中实现生物多样性系统”的理论，认为生物多样性系统存在的原因是由于依赖不同资源而形成的物种捕食关系，作者还通过英格兰草地实验验证了这一理论。在著作的最后部分，作者提出了一些探索性问题，如“超级物种”、植物和动物多样性模式之间的差异、进化原因等问题。该著作最突出的贡献是基于资源竞争的角度分析生态系统的演进过程。

表 3-13　边缘知识群 1 和边缘知识群 2 的关键节点文献

| 作者 | 文献名称 | 发表年 | 被引频次 | 突现值 |
|---|---|---|---|---|
| Harvey D | 《正义、自然与地理差异》 | 1996 | 13 | — |
| Tilman D 等 | 《资源竞争》 | 1982 | 13 | — |

边缘知识群主要是生态文化学术研究涉及研究文献范围较少或者出现时间较晚的领域，它们虽然处于比较分散的状态，但也是可能出现创新性观点或新颖开拓

性的研究方向。

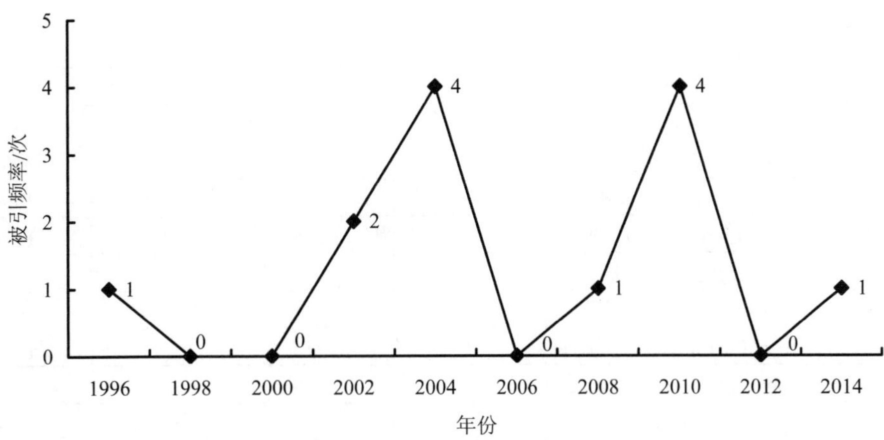


图 3-14　Tilman D 等（1982）发表的专著《资源竞争》的被引轨迹

## 3.3　国际生态文化理论文献关键词共现性变化轨迹

通过关键词共现分析可以认识“生态文化”研究领域的研究热点，其关键词共现性变化轨迹与被引文献的共现性研究方法相同，主要采用社会网络方法的图谱分析法呈现共现关系。通过设置“title”“abstract”“author keywords（DE）”“keywords plus（ID）”等限制，采用 CiteSpace 软件对前述所收集的 4 420 篇文献中的关键词进行统计分析和图谱分析。

### 3.3.1　关键词词频分析

通过对 4 420 篇文献关键词的数据采集，共得到 217 个关键词，其关键词词频≥60 的关键词如表 3-14 所示。

表 3-14　频次≥60 的关键词词频统计

| 排名 | 关键词 | 频次 | 中心性 | 初现年 |
| --- | --- | --- | --- | --- |
| 1 | diversity（多样性） | 383 | — | 1996 |
| 2 | growth（发展） | 307 | 0.32 | 1996 |
| 3 | bacteria（细菌） | 169 | — | 1996 |
| 4 | community（社区） | 168 | — | 1999 |
| 5 | identification（鉴别或识别） | 155 | 0.79 | 1996 |
| 6 | evolution（演变、进化） | 145 | — | 1996 |
| 7 | management（管理） | 145 | — | 1999 |
| 8 | conservation（保护保存） | 121 | 0.24 | 1996 |
| 9 | escherichia-coli（大肠杆菌） | 113 | — | 1997 |
| 10 | phytoplankton（浮游植物） | 109 | 0.46 | 1996 |
| 11 | populations（人口） | 99 | 0.76 | 1996 |
| 12 | aquaculture（水产养殖） | 96 | — | 1996 |
| 13 | temperature（温度） | 93 | 0.4 | 1996 |
| 14 | environment（环境） | 93 | — | 1999 |
| 15 | soil（土壤） | 90 | — | 1996 |
| 16 | dynamics（动力学） | 86 | — | 1996 |
| 17 | fish（捕鱼） | 84 | 0.78 | 1997 |
| 18 | nitrogen（氮） | 79 | 0.16 | 1998 |
| 19 | sustainability（持续性、永续性） | 79 | — | 1999 |
| 20 | model（模型、典型） | 77 | — | 1996 |
| 21 | behavior（行为） | 76 | 0.95 | 1997 |
| 22 | water（水） | 72 | — | 1999 |
| 23 | plants（计划） | 68 | — | 1997 |
| 24 | climate-change（气候变化） | 62 | — | 2008 |
| 25 | health（健康） | 61 | 0.2 | 2005 |
| 26 | systems（体系） | 61 | — | 1999 |

表 3-14 显示，出现频次最高的关键词为 diversity（多样性）、growth（发展）、bacteria（细菌）、community（社区）、identification（鉴别或识别）等。除此之外，中心性是关键词网络中所起连接作用大小的量度，通常中心性大代表了该关键词的关键作用，根据表 3-14，中心性量度较高的关键词为 behavior（行为）、identification（鉴别或识别）、populations（人口）、fish（捕鱼）等。这些关键词的高度中心性，表明了社会学、人类学以及行为科学理论是生态文化研究重要的一部分。

### 3.3.2 关键词共现分析

利用 CiteSpace 软件进行关键词共现分析，每一个时间区间设置为 3 年，关键词选择“top N per slice”设置为 80，4 420 篇研究文献关键词共现结构组配如表 3-15 所示。

表 3-15　关键词共现结构组配

| 序列 | 时间区间 | 标准 | 关键词数 | 节点数 | 连线 |
|---|---|---|---|---|---|
| 1 | 1996—1998 | top80 | 1 890 | 80 | 182 |
| 2 | 1999—2001 | top80 | 2 831 | 80 | 227 |
| 3 | 2002—2004 | top80 | 3 636 | 80 | 248 |
| 4 | 2005—2007 | top80 | 4 145 | 80 | 218 |
| 5 | 2008—2010 | top80 | 6 998 | 80 | 168 |
| 6 | 2011—2013 | top80 | 8 968 | 80 | 116 |
| 7 | 2014 | top80 | 4 018 | 80 | 252 |

设置以“时区”（timezone）形式显示，利用 CiteSpace 绘制关键词共现图谱。图谱中，关键词以出现年代为基点，在不同的时间区间进行排列，形成大小不等的节点，节点的大小代表关键词出现的频次，连线代表关键词之间的共现关系，其图谱分析结果如图 3-15 所示。

各区间内显示的关键词代表了生态文化研究在该区间的热点，通过对各时间区间关键词组合以及节点大小的分析，可以发现在时间维度上生态文化研究大致经历了两次研究趋势的明显转向。

（1）第一次渐变（1996—2005 年）：从单一生物种群研究到生态多样性研究。在这一时期（1996—2005 年），较早出现的关键词有 microorganisms（微生物）、competition（竞争）、ecology（生态学）、quality（数量）等，反映了这一阶段以单一生物群落研究为主的生态系统中生命科学研究特征；这一时间阶段较晚出现的关键词有 diversity（多样性）、infection（影响）、sustainable development（可持续发展）等，反映了这一阶段转向生物多样性视角来理解我们人类所处的生态环境以及看待自然的关系。

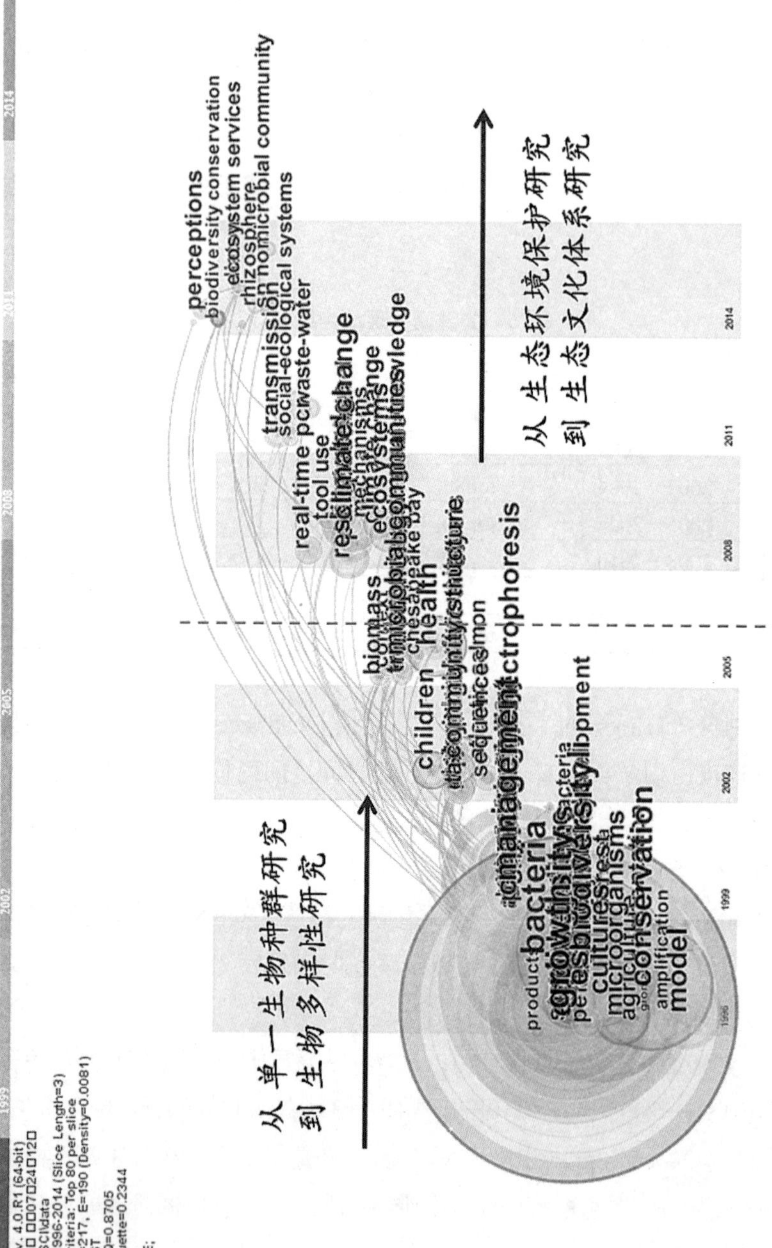


图 3-15 生态文化研究关键词共现时区图

（2）第二次渐变（2006—2014 年）：从单一生态环境保护研究到生态系统与人类关系研究。在这一时期（2006—2014 年），较早出现的关键词有 health（健康）、environment（环境）、water（水）、ecosystems（生态系统）、perspective（观点）等，反映了这一阶段以生态环境保护为主的生态文化研究特征；较晚阶段，较高频次的关键词有 acculturation（文化互动）、phylogenetic analysis（系统分析）、community（社区）、ecosystem service（生态服务）等，这些关键词的出现时序均体现了从单一生态环境保护研究向生态系统与人类关系研究的转向。

虽然在时间维度上，我们根据关键词词频以及时区分布，把生态文化研究划分为两个阶段的转向，但是这两次转向并不是割裂的。在生态与人类的关系研究中，学者同样关注生物种群的竞争以及生态环境的保护等；而且生物多样性研究和生态环境保护研究是相互关联的，生物多样性是进行生态环境保护的目的，生态环境保护是实现生物多样性的途径。

## 3.4 本章小结

（1）梳理了 1996—2014 年，SCI&SSCI 收录的包含“生态文化”（ecological culture）主题文献的统计特征，包括文献数量、文献发表年份分布、文献作者分布、文献发表机构分布、文献发表国家分布以及基金资助机构等相关情况，主要表现为：①从文献发表年份分布来看，1996—2014 年文献发表数量基本保持了持续增长的态势，虽然 2010 年和 2013 年有小幅下滑，但是仍然高于 233 篇的年平均发文量，而且在 2005 年之后的文献发表数量年增长率高于 2005 年之前的文献发表数量的年均增长率。这一结果表明 2005 年之后，学者对生态文化领域的研究关注度有了较大幅度提高。②从文献发表数量期刊分布来看，以生物环境为主题研究的期刊占很大比例，期刊分布不够广泛，在生态文化研究与其他研究领域（如经济、管理等）的融合研究方面需进一步拓展和加强。③“生态文化”研究领域最具影响的作者是 Stephenson S L，其余作者的发文数量差别不大，说明该领域权威作者不多，核心研究团队较少。④从发文的机构类型上来看，高等院校最多，美国地区的文献发表数量遥遥领先。

（2）通过图谱分析，发现生态文化研究领域划分为 6 个主要理论知识群：①核心知识群：基于生物技术研究的生态文化研究视角；②次级知识群 1：基于文化理论研究的生态文化研究视角；③次级知识群 2：基于生态保护研究的生态文化研究视角；④次级知识群 3：基于传统社区研究的生态文化研究视角；⑤边缘知识群 1：基于城市化研究的生态文化研究视角；⑥边缘知识群 2：基于资源竞争研究的生态文化研究视角。核心知识群体现了生态文化领域研究的早期范畴，文献最多，研究基础厚实；次级知识群展现了生态文化研究领域扩展的其他主要分支，如生态学理论研究、生态保护研究和传统社区参与研究等，而且已有较多的成果积累和不断创新的视点出现；边缘知识群则是生态文化研究领域较为分散的方向，研究文献相对较少，却可能是未来研究出现更多创新性的研究分支。

（3）通过对关键词的共现性分析，发现在时间维度上生态文化研究大致经历了两次研究趋势转变：从“单一生物种群研究”渐变到“生态多样性研究”（1996—2005 年）和从“生态环境保护研究”渐变到“生态与人类关系研究”（2006—2014 年）两个时期。但是，这两个阶段并不是割裂开来的，生物多样性研究和生态环境保护研究是相互关联的，生物多样性保存是进行生态环境保护的目的，生态环境保护是实现生物多样性的途径。

# 第 4 章

# 源于国内生态文化理论研究变化轨迹

与第 3 章的分析框架相类似，同样利用文献计量学方法借助 CiteSpace 软件，对国内生态文化理论研究的变化轨迹进行全面的分析，主要涉及文献统计特征、文献共被引聚类分析和文献关键词共现分析 3 个方面，依此揭示国内生态文化理论研究的特征、规律和趋势。同时，与国际生态文化理论研究的变化轨迹进行比较，深入了解国内外生态文化研究方向以及路径的相似与不同之处，为今后生态文化实践探索提供必要的理论基础。

## 4.1 国内生态文化理论研究文献统计特征

### 4.1.1 数据来源

本节的研究数据来自于中文社会科学引文索引（Chinese Social Sciences Citation Index，CSSCI），数据最后更新时间为 2015 年 9 月。"中文社会科学引文索引"（CSSCI）由南京大学中国社会科学研究评价中心开发建立的文献库，目前收录包括法学、管理学、经济学、历史学、政治学等在内的 25 大类的 500 多种学术期刊，现已储存了 CSSCI（1998—2014 年）17 年数据。

研究以"生态文化"为关键词检索 CSSCI 数据库，时间设置为 1998—2014 年，共检索记录文献 303 篇，以这些数据作为“生态文化”中文文献计量分析基础。利用 CSSCI 数据库平台统计工具，对所检索文献数据做统计特征分析。

### 4.1.2 文献发表时间分布

以“生态文化”为关键词，共检索 1998—2014 年 CSSCI 数据库平台记录文献 303 篇，每年文献发表数量分布如表 4-1 和图 4-1 所示。

表 4-1 1998—2014 年检索文献记录数量统计表

| 序号 | 年份 | 文献数/篇 | 占 303 的比/% | 序号 | 年份 | 文献数/篇 | 占 303 的比/% |
|---|---|---|---|---|---|---|---|
| 1 | 2014 | 22 | 7.26 | 10 | 2005 | 26 | 8.58 |
| 2 | 2013 | 18 | 5.94 | 11 | 2004 | 10 | 3.30 |
| 3 | 2012 | 19 | 6.27 | 12 | 2003 | 14 | 4.62 |
| 4 | 2011 | 17 | 5.61 | 13 | 2002 | 17 | 5.61 |
| 5 | 2010 | 30 | 9.90 | 14 | 2001 | 15 | 4.95 |
| 6 | 2009 | 18 | 5.94 | 15 | 2000 | 8 | 2.64 |
| 7 | 2008 | 20 | 6.60 | 16 | 1999 | 3 | 0.99 |
| 8 | 2007 | 41 | 13.53 | 17 | 1998 | 2 | 0.66 |
| 9 | 2006 | 23 | 7.59 | | | | |

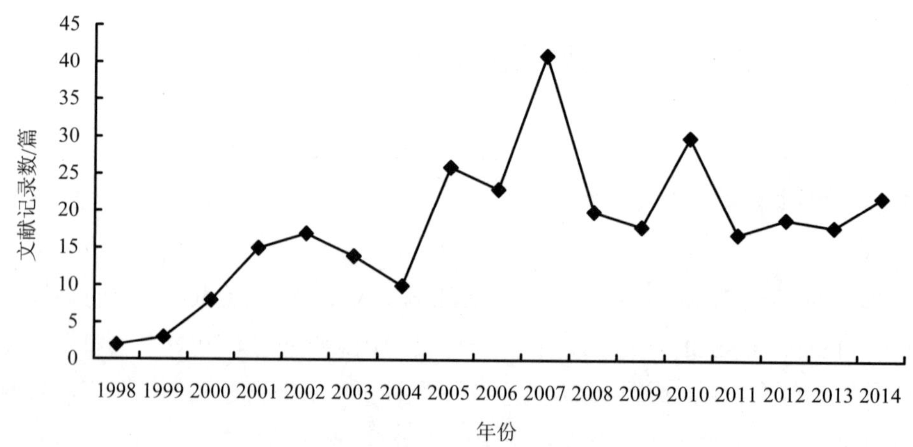


图 4-1 1998—2014 年检索文献产出趋势

从表 4-1 和图 4-1 可以看出，总体来说，1998—2014 年，国内生态文化研究的论文数量曲线呈不规则起伏变化，波动较大，如 2007 年发文量达到峰值，但是在 2002—2004 年和 2007—2009 年都出现了减少的趋势，在 2010 年又达到一次小高峰。虽然随着时间的推移，关于“生态文化”研究的国内文献数量有所下降，但是 2005 年之后的平均发文数量明显是高于 2004 年之前的，说明国内对生态文化的研究，在 2007 年达到高潮后逐渐趋于平稳。

### 4.1.3 文献发表期刊分布

通过文献发表期刊的统计，可以大致了解国内 “生态文化”研究的主要学科领域分布，本书文献发表期刊分布统计如表 4-2 所示。

表 4-2 1998—2014 年文献记录数量前 20 的期刊分布

| 排名 | 期刊名称 | 载文数 | 占 303 的比/% |
|---|---|---|---|
| 1 | 《生态经济》 | 13 | 4.290 |
| 2 | 《云南民族大学学报（哲学社会科学版）》 | 9 | 2.970 |
| 3 | 《贵州民族研究》 | 9 | 2.970 |
| 4 | 《中央民族大学学报（哲社版）》 | 6 | 1.980 |
| 5 | 《社会科学战线》 | 6 | 1.980 |
| 6 | 《环境保护》 | 6 | 1.980 |
| 7 | 《思想战线》 | 6 | 1.980 |
| 8 | 《中国人口・资源与环境》 | 5 | 1.650 |
| 9 | 《文艺争鸣》 | 5 | 1.650 |
| 10 | 《西南民族大学学报（人文社科版）》 | 5 | 1.650 |
| 11 | 《广西民族大学学报（哲学社会科学版）》 | 4 | 1.320 |
| 12 | 《云南民族学院学报（哲社版）》 | 4 | 1.320 |
| 13 | 《林业经济》 | 4 | 1.320 |
| 14 | 《云南社会科学》 | 4 | 1.320 |
| 15 | 《清华大学学报（哲社版）》 | 4 | 1.320 |
| 16 | 《青海社会科学》 | 4 | 1.320 |
| 17 | 《求是》 | 4 | 1.320 |
| 18 | 《湖南社会科学》 | 4 | 1.320 |
| 19 | 《社会科学家》 | 4 | 1.320 |
| 20 | 《汉江论坛》 | 4 | 1.320 |

通过表 4-2 可以看出，刊载论文数量≥5 篇的期刊有 10 种，分别是：《生态经济》《云南民族大学学报》《贵州民族研究》《中央民族大学学报》《社会科学战线》《环境保护》《思想战线》《中国人口·资源与环境》《文艺争鸣》和《西南民族大学学报》。

从论文刊载期刊的分布可以看出，对于“生态文化”的研究主要集中于“生态环境”和“民族文化”两个方向，记载论文数量前 20 名的期刊中，生态环境研究类期刊有 6 种，民族文化研究类期刊有 4 种；从论文记载的集中度来看，整体上文献期刊分布较为分散，期刊之间刊载文献数量差别不大，刊载数量最多的期刊为《生态经济》，为 13 篇，仅比排在第二的期刊多 4 篇，这也说明了国内对于生态文化的研究涉及的学科领域较为广泛。

### 4.1.4 文献发表作者分布

以“生态文化”为关键词，CSSCI 数据库检索到的 303 篇文献的作者分布如表 4-3 所示。

表 4-3 1996—2014 年文献记录数量前 20 名的作者分布

| 排名 | 作者 | 发文数/篇 | 占 303 的比/% | 排名 | 作者 | 发文数/篇 | 占 303 的比/% |
|---|---|---|---|---|---|---|---|
| 1 | 王如松 | 4 | 1.32 | 11 | 朱凤琴 | 2 | 0.66 |
| 2 | 郭家骥 | 4 | 1.32 | 12 | 李建珊 | 2 | 0.66 |
| 3 | 廖国强 | 3 | 0.99 | 13 | 何伟 | 2 | 0.66 |
| 4 | 孙根年 | 3 | 0.99 | 14 | 于立新 | 2 | 0.66 |
| 5 | 张保伟 | 3 | 0.99 | 15 | 欧阳志云 | 2 | 0.66 |
| 6 | 尹世杰 | 3 | 0.99 | 16 | 鲁枢元 | 2 | 0.66 |
| 7 | 赵奎英 | 3 | 0.99 | 17 | 王钰 | 2 | 0.66 |
| 8 | 王立平 | 2 | 0.66 | 18 | 韩广富 | 2 | 0.66 |
| 9 | 胡鸿兴 | 2 | 0.66 | 19 | 王丛霞 | 2 | 0.66 |
| 10 | 张慧 | 2 | 0.66 | 20 | 马宗保 | 2 | 0.66 |

由表 4-3 可知，所列出的前 20 名的作者发文数量共 49 篇，占总计文献 303 篇的 16.2%，排名第一的作者发文量为 4 篇，占总计文献 303 篇的 1.3%。

1998—2014 年，以第一作者身份发表“生态文化”研究论文超过 3 篇的作者只有 7 人，分别是王如松、郭家骥、廖国强、孙根年、张保伟、尹世杰和赵奎英。其中，发文最多的为王如松和郭家骥，也仅为 4 篇。该统计结果显示出，国内“生态文化”研究没有出现权威著作群，权威、高产作者很少。

### 4.1.5 文献发表机构分布

1998—2014 年，CSSCI 数据库收录的以“生态文化”为主题的 303 篇文献的发文机构共 269 个，其分布如表 4-4 所示。

表 4-4 1998—2014 年发文数量前 20 名的机构分布

| 排名 | 机构名称 | 发文数 | 占 303 的比/% |
|---|---|---|---|
| 1 | 中国科学院生态环境研究中心 | 5 | 1.650 |
| 2 | 中国社会科学院哲学研究所 | 5 | 1.650 |
| 3 | 陕西师范大学旅游与环境学院 | 4 | 1.320 |
| 4 | 吉林大学马克思主义学院 | 4 | 1.320 |
| 5 | 兰州大学西北少数民族研究中心 | 4 | 1.320 |
| 6 | 湖北大学旅游发展研究院 | 3 | 0.990 |
| 7 | 山东师范大学文学院 | 3 | 0.990 |
| 8 | 南开大学哲学系 | 3 | 0.990 |
| 9 | 云南省社会科学院民族文化保护与发展研究中心 | 3 | 0.990 |
| 10 | 苏州大学文学院 | 2 | 0.660 |
| 11 | 环境保护杂志社 | 2 | 0.660 |
| 12 | 湖南师范大学商学院 | 2 | 0.660 |
| 13 | 湖南师范大学伦理学研究所 | 2 | 0.660 |
| 14 | 河南师范大学科技与社会研究所 | 2 | 0.660 |
| 15 | 武汉大学资源与环境科学学院 | 2 | 0.660 |
| 16 | 广西民族学院中文学院 | 2 | 0.660 |
| 17 | 山东大学 | 2 | 0.660 |
| 18 | 宁夏大学回族研究中心 | 2 | 0.660 |
| 19 | 太原师范学院文学院 | 2 | 0.660 |
| 20 | 四川大学历史文化学院 | 2 | 0.660 |

根据统计，1998—2014 年发文数量排名前 20 名的机构共发表文献 56 篇，占文献总计 303 篇的 18.5%，其中，中国科学院生态环境研究所和中国社会科学院哲

学研究所发文最多，分别为 5 篇，占文献总计 303 篇的 1.65%。

从发文机构的类别来看，“生态文化”研究文献发文机构基本集中于高校或高校的科研所，如中国社会科学院哲学研究所、南开大学、山东大学等，一方面是由于高校的科研水平相对较高，另一方面也说明社会其他机构对生态文化研究的关注度不够。

## 4.2 国内生态文化理论研究文献引文共现性分析

通过对 CSSCI 数据库收录的“生态文化”研究文献进行文献引文共被引分析，基于关键节点文献和重要文献的研读，可以发现国内生态文化研究的特点，了解和把握国内生态文化研究的热点和趋势。

### 4.2.1 文献共引图谱

利用 CiteSpace 软件对 CSSCI 数据库检索的 303 篇文献进行文献共被引分析，时间区（time slice）选择为 3 年，每个时间区内高被引文献的数量选择（top N per slice）为前 30 篇文献（表 4-5），进行可视化图谱绘制，得到一个由 171 个节点和 105 条连线组成的知识网络。然后，在 CiteSpace 软件中进行自动聚类，聚类标签方式选择“labeling with indexing terms”，最终得到如图 4-2 所示的引文共被引聚类网络知识图谱。

表 4-5　生态文化研究文献共被引网络结构组配（1998—2014 年）

| 序列 | 时间分区 | 标准 | 文献总数 | 节点数 | 连线数 |
|---|---|---|---|---|---|
| 1 | 1998—2000 | top30 | 78 | 30 | 79 |
| 2 | 2001—2003 | top30 | 167 | 30 | 39 |
| 3 | 2004—2006 | top30 | 337 | 30 | 22 |
| 4 | 2007—2009 | top30 | 467 | 30 | 17 |
| 5 | 2010—2012 | top30 | 419 | 30 | 37 |
| 6 | 2013—2014 | top30 | 179 | 30 | 43 |

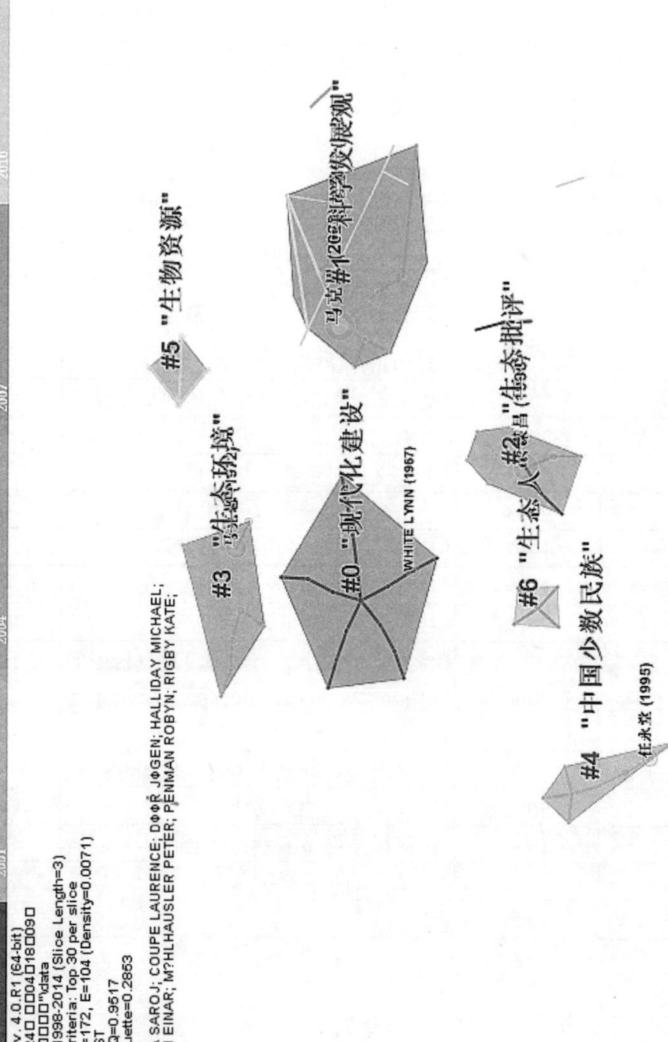


图 4-2　生态文化研究文献共被引网络聚类

通过对引文文献节点进行自动聚类，共形成 7 个主要聚类网络，编号为“#0～#6”；通过 CiteSpace 自动对其进行聚类标注，得到各聚类名称（图 4-2）。根据各聚类中共被引文献数量所体现的聚类大小，可以划分为：两个大聚类知识群：#0“现代化建设”研究文献群和#1“科学发展观”研究文献群；3 个较大聚类知识群：#2“生态批评”研究文献群、#3“生态环境”研究文献群和#4“中国少数民族”研究文献群；两个小聚类知识群：#5“生物资源”研究文献群和#6“生态人”研究文献群。根据被引文献的被引用频次数量从大到小依次排列，共被引聚类网络中代表性的文献见表 4-6。

**表 4-6　国内生态文化研究文献共被引网络代表性文献**

| 序号 | 第一作者 | 出版年 | 文献名称 | 被引频次 |
|---|---|---|---|---|
| 1 | 马克思 | 1972 | 《马克思恩格斯选集》 | 6 |
| 2 | 胡锦涛 | 2008 | 《全党深入学习实践科学发展活动动员大会上的重要讲话》 | 6 |
| 3 | 余谋昌 | 1996 | 《文化新世纪：生态文化的理论诠释》 | 6 |
| 4 | 余谋昌 | 2010 | 《生态文明论》 | 4 |
| 5 | 任永堂 | 1995 | 《生态文化：现代文化的最佳模式》 | 4 |
| 6 | 刘晓春 | 2008 | 《政治文化和谐应遵循的原则》 | 3 |
| 7 | 林恩·怀特 | 1967 | 《我们生态危机的历史根源》 | 3 |
| 8 | 唐纳德·沃斯特 | 1999 | 《自然的经济体系：生态思想史》 | 2 |
| 9 | 丹尼尔·贝尔 | 2002 | 《社群主义及其批评者》 | 2 |
| 10 | 冯娟 | 2008 | 《“省公顷”在小城镇生态足迹分析中的应用研究——以山东省晏城镇生态建设为例》 | 2 |
| 11 | 马希斯·威克那格 | 2000 | 《生态足迹：减低人类对地球的冲击》 | 2 |
| 12 | 尹绍亭 | 2007 | 《文化生态与物质文化》 | 2 |
| 13 | 何耀华 | 1994 | 《山区民族经济开发与社会进步》 | 1 |
| 14 | 马克斯·韦伯 | 2004 | 《经济行动与社会团体》 | 1 |
| 15 | 余正荣 | 1996 | 《生态智慧论》 | 1 |

### 4.2.2　共引文献图谱分析聚类群的关键性文献

根据 CiteSpace 计量软件自动生成的聚类图谱，结合各聚类的特征以及聚类中代表性文献的作用，对关键性文献进行分析研读：

#### 4.2.2.1 聚类#0："现代化建设" 研究文献群

该研究文献群主要涉及现代化建设，包括城市生态建设、人文环境等方面，主要的代表性文献见表 4-7。

表 4-7 聚类#0 引文共被引聚类网络中代表性文献

| 序号 | 第一作者 | 出版年 | 文献名称 | 被引频次 |
|---|---|---|---|---|
| 1 | 林恩・怀特 | 1967 | 《我们生态危机的历史根源》 | 3 |
| 2 | 国家环境保护总局自然保护司 | 1998 | 《面向新世纪的生态挑战：自然保护文件汇编》 | 1 |
| 3 | 任国贤 | 2000 | 《回顾并展望中国乡镇工业企业的环境与经济发展》 | 1 |

任国贤（2000）在《环境科学动态》期刊上发表了《回顾并展望中国乡镇工业企业的环境与经济发展》，作者通过总结我国乡镇工业企业 20 年来的经济与环境发展状况、特征，认为技术力量薄弱、企业标准落后以及污染损失巨大是制约乡镇经济发展的主要因素，同时他也提出了促进乡镇工业企业发展的政策性对策，包括加强环保局的能力建设、发展环境信息咨询产业以及鼓励乡镇公众参与等①。总体而言，文章主要着眼于乡镇工业企业的发展分析，作者提出的针对乡镇企业发展的政策性建议对乡镇生态经济的发展具有重要的示范意义。

林恩・怀特于 1967 年发表了颇具影响力的文章《我们生态危机的历史根源》（*The Historical Roots of Our Ecologic Crisis*），被引用频次为 3 次，作者把当代社会的生态危机归咎于基督教的人类中心主义，他认为基督教在人与自然的关系上实现了把自然视作没有生命、没有情感的物质而进行肆无忌惮的掠夺的目的。怀特认为解决生态危机的唯一出路就是采取一种谦逊的而非异端的人与自然友好的宗教观，取代那种人类中心主义的基督教信仰。怀特虽然指出了人类在社会发展进程中对生态自然掠夺的本性，但是将其归咎于基督教的人类中心主义是片面的，生态危机的生物学根源是人类渴望占有他们想要占有的一切东西的这种不愿意受到任何限制的天性。

国家环保总局自然保护司 1998 年出版了《面向新世纪的生态挑战：自然保护文件汇编》，其中在《国家环境保护局关于加强生态保护工作的意见》中提出了关

① 任国贤：《回顾并展望中国乡镇工业企业的环境与经济发展》，载《环境科学动态》2000 年第 2 期，第 12～16 页。

于促进生态保护与污染防治意见：①加强监督管理职能，建立生态环境保护法规政策体系，逐步建立自然资源开发与生态保护的综合决策机制，组织开展对生态保护工作的定量考核；②推动自然保护区建设，取缔各种破坏自然资源和环境的非法开发建设活动，开展生态科普教育、生态旅游等活动；③建设生态示范区，促进生态保护，防治农村面源污染，加强乡镇企业污染防治的监督力度，促进产业合理布局和结构调整，引导乡镇企业健康发展；④加强基础设施建设，把生态示范区建设和农村生态环境综合治理结合起来，推进生态村、乡镇的建设。该文件的出台，为我国生态文化建设以及社会可持续发展提供了宏观的指导方略。

#### 4.2.2.2 聚类#1："科学发展观" 研究文献群

国内学者在生态文化研究的过程中，大量借鉴引用了中国传统文化以及社会主义建设理论的生态研究成果，如古典道家的生态文化思想、"科学发展观"等，在该研究文献群中的代表文献见表 4-8。

**表 4-8 #1 引文共被引聚类网络中代表性文献**

| 序号 | 第一作者 | 出版年 | 文献名称 | 被引频次 |
|---|---|---|---|---|
| 1 | 胡锦涛 | 2008 | 《全党深入学习实践科学发展活动动员大会上的重要讲话》 | 6 |
| 2 | 余谋昌 | 2006 | 《古典道家的生态思想》 | 1 |
| 3 | 余谋昌 | 2010 | 《生态文明论》 | 4 |

2008 年 9 月 19 日，胡锦涛在全党深入学习实践科学发展活动动员大会上发表重要讲话，提出深入实践科学发展观，"坚持以人为本，树立全面、协调、可持续的发展观，推进经济社会和人的全面发展"，按照"统筹城乡发展、统筹区域发展、统筹经济社会发展、统筹人与自然和谐发展、统筹国内发展与对外开放"的要求推进各项事业的改革和发展。胡锦涛指出，进一步解放思想、实事求是、改革创新，着力转变不适应、不符合科学发展要求的思想观念，着力解决影响和制约科学发展的突出问题，着力构建有利于科学发展的体制机制，突进社会和谐发展。本质上，社会和谐发展是生态文化的重要组成部分。因此，科学发展观是实现我国社会生态文明建设的重要技术手段和理论指导，是对生态文化研究的有力补充。

古典道家思想蕴含了我国古代最悠久的生态哲学思想，余谋昌（2006）发表的《古典道家的生态思想》，认为中国古典道家思想蕴含着宝贵的生态文化思想，如生态伦理、自然价值、生态社会、生态消费、生态人生、生态美学等思想，是我国重要的思想资源①。他认为，古典的道家广泛关注自然生态环境，积极推崇人与自然的和谐发展，这些都可以作为现代生态文化建设的思想源泉。例如，“道生万物、万物平等”的生态伦理思想，“天道生生、万物莫不有”的自然价值思想，“以民为本、无为而治”的社会生态学思想，“回归自然、返璞归真”的生态美学思想以及“崇尚抑奢、知足守道”的生态消费思想等。余谋昌通过对道家生态文化思想的解读，进一步深化了对生态文化内涵全面科学的理解，对现代生态文化发展具有重要的借鉴意义。

自 20 世纪中叶起，生态危机已经成为人类生存所面临的全球性问题。余谋昌 2001 年发表的专著《生态文明论》是对社会生态文明建设研究的新的探索，他认为，生态文明是 21 世纪人类的新文化，是人类文明发展的新阶段，我国应将生态文明建设作为发展社会主义的伟大实践；要实现这一伟大创举，应该在哲学世界观、社会政治和社会生产生活方式 3 个方面实现转型。而且，他提出了生态文明建设的综合性策略，包括传播环境伦理，创建中国环境伦理学学派；实现从线性经济到循环经济转变；促进生态文明的水利建设，实现资源水利到生态水利转变；推广生态文明的科学技术发展模式；实现生态学与文艺学的融合，实现生态文明的文学艺术形态。该著作在着重分析生态文明建设的必要性基础上，从全新的视角提出了社会生态文明建设的战略性措施，是对社会文明建设以及生态文化研究的积极探索。

#### 4.2.2.3 聚类#2：“生态批评” 研究文献群

该研究文献群主要集中于对生态破坏批判的基础上，进行生态文化以及社会生态环境保护策略研究，代表性的文献如余谋昌发表的《文化新世纪：生态文化的理论阐释》、唐纳德·沃斯特（Donald Worster）《自然的经济体系：生态思想史》以及埃德加·莫林（Edgar Morin）等《地球·祖国》等，见表 4-9。

表 4-9 聚类#2 引文共被引聚类网络中代表性文献

| 序号 | 第一作者 | 出版年 | 文献名称 | 被引频次 |
|---|---|---|---|---|
| 1 | 余谋昌 | 1996 | 《文化新世纪：生态文化的理论阐释》 | 6 |
| 2 | 唐纳德·沃斯特 | 1999 | 《自然的经济体系：生态思想史》 | 2 |
| 3 | 埃德加·莫林 | 1997 | 《地球·祖国》 | 1 |

① 余谋昌：《古典道家的生态思想》，载《烟台大学学报》2006 年第 19 卷第 4 期，第 361～370 页。

余谋昌（1996）在其发表的著作《文化新世纪：生态文化的理论阐释》中，将生态学中的熵污染概念应用于文化演变进程，指出传统文明从繁荣走向衰落的历史必然性，认为环境压力将导致人类对新文化的选择。余谋昌在其著作中分析了产生人类文明之日起，就开始了人类对生态环境的创造与破坏，存在人与自然之间的矛盾。他认为生态文化是人与自然矛盾解决的最终途径，他从精神层次、制度层次和物质层次分析了人类对生态文化的选择。该著作通过引入新概念“熵污染”，首先对人类创造性活动给自然的破坏提出批判，进而分析了传统生态文明的衰落过程，最后提出生态文化是人类走向未来的选择。

20 世纪，经济、人口、发展、生态开始成为涉及所有国家和各种文明，即关系到整个地球的问题，埃德加·莫林（Edgar Morin）等（1997）在著作《地球·祖国》中，将这些问题分为“最显著”的问题和“次显著”的问题。其中，最显著的问题有世界经济的紊乱、世界人口的失控、生态危机和发展的危机，次显著的问题有全球一致与巴尔干化、普遍的未来危机、“发展”的悲剧、文明的危机与疾病以及科技发展的盲目和失控。作者认为任何社会和个人都要在生活中辩证地处理过去、现在和未来的关系，这三者之间是相辅相成的，但是，现在与未来的畸形发展使得这三者的关系处处恶化。作者从政治生态学的角度，从时间和空间的维度批判了人类政治对社会生态产生的负作用。作者在书中呼吁组成地球人“命运共同体”，务必保护和挽救我们的地球家园，为人类的未来注入活力。总体而言，作者在时间、空间以及关系网络中梳理了人类生态环境问题，带有强烈的感情色彩，极具文学性，但在生态环境政策的理性分析上有所欠缺。

唐纳德·沃斯特（1999）在其著作《自然的经济体系：生态思想史》中，分析了 18 世纪以来生态学的发展历程，包括梭罗的浪漫主义生态学、达尔文的生态学和边疆生态学等，从生态学的角度批判了人类在历史进程中对自然生态“令人不安”的破坏。作者将当今的时代称为“生态学时代”，指出人类只是一个生物共同体中的一员，不能优越于其他物种。作者还认为，人类生态学意识的培养应成为生态环境保护的源头。该著作在生态学科发展中产生了重大的影响，为环境保护的生态意识研究奠定了重要的基础。

#### 4.2.2.4 聚类#3：“生态环境”研究文献群

该研究文献群是关于生态环境研究的共被引聚类网络，该聚类中的代表性文献见表 4-10。

表 4-10　聚类#3 引文共被引聚类网络中代表性文献

| 序号 | 第一作者 | 出版年 | 文献名称 | 被引频次 |
| --- | --- | --- | --- | --- |
| 1 | 马克思 | 1972 | 《马克思恩格斯选集》 | 6 |
| 2 | 乐爱国 | 2003 | 《儒家生态思想初探》 | 2 |
| 3 | 加勒特·哈丁 | 1968 | 《公地悲剧：人口问题没有技术解决方案》 | 2 |

《马克思恩格斯选集》详细记录了马克思和恩格斯系统性的生态思想，对我国现代化生态建设具有重要的现实意义。马克思和恩格斯比较详细而系统地论证了现代生态学所研究的人口、自然和社会这 3 个基本的范畴，他们认为，人类认识自然、改造自然以及保护自然的目的就是使自然界更好地并且更有效地为人类服务。有研究者认为，马克思和恩格斯的生态思想可以为人类解决当前的生态困境提供一种理论选择，按照他们的思想，我们应该在发展科学技术并消除落后技术对自然环境破坏的同时，更多地从社会制度方面消除对生态环境进行破坏的社会因素，比如实行绿色 GDP 等。因此，马克思主义生态思想对于我国现代化生态建设乃至破解全球性生态困境都具有重要的理论和现实意义。

乐爱国（2003）发表在《自然辩证法研究》期刊上的《儒家生态思想初探》，针对中国传统文化儒家思想中丰富的生态思想进行了剖析。他在文中指出，儒家思想中，“与天地参”的人道论，要求人们必须遵循天地自然规律，与自然相互和谐；阴阳五行的结构论，体现了自然界相互联系、相互作用的思想；“仁民爱物”的伦理学，要求根据动植物的自然生长规律进行砍伐和田猎，体现了可持续发展的生态观；“以时禁发”的生态观，要求合理地开发利用自然资源，实现农业的可持续发展①。该文献通过分析儒家生态思想，从传统文化的角度，提出了生态环境的保护和生态的可持续发展的具体对策。

加勒特·哈丁（Garrett Hardin）1968 年发表在《科学》期刊上的论文《公地悲剧：人口问题没有技术解决方案》，主要讨论了人口过剩问题对资源环境的影响以及解决途径。作者指出，传统的增长以及无限发展的观念忽略了生态环境只有有限承载力的重要事实，他提出了著名的“公地悲剧”论断：一种涉及个人利益与公共利益对资源分配有所冲突的社会陷阱，这一“公地悲剧”适用于全球的生态环境问

① 乐爱国：《儒家生态思想初探》，载《自然辩证法研究》2003 年第 12 期，第 1～3 页。

题。作者认为“长期以来施行的污染一个地方然后迁往他处的做法已经行不通了”，人类的存在已经遍及地球，无处可逃。因此，我们应该毫不犹豫地控制人口数量。在控制人口改善生态环境的对策方面，作者认为在一定的道德基础上应该强制执行法律效力，适当控制社会福利以较少出现“公地悲剧”。加勒特·哈丁在分析生态环境中首次提出了“公地悲剧”的概念，深刻剖析了当今世界环境恶化的原因，对环境和生态保护运动具有积极的推动作用。这一概念沿用至今，仍然是人类社会生态环境问题的探讨热点。

#### 4.2.2.5 聚类#4：“中国少数民族” 研究文献群

在生态文化研究中，关于民族传统文化的研究是其重要的组成部分，在进行共被引分析网络聚类中，形成了以“中国少数民族”为标签的聚类#4 研究文献群，该研究文献群包含的主要代表文献见表 4-11。

**表 4-11 聚类#4 引文共被引聚类网络中代表性文献**

| 序号 | 第一作者 | 出版年 | 文献名称 | 被引频次 |
|---|---|---|---|---|
| 1 | 任永堂 | 1995 | 《生态文化：现代文化的最佳模式》 | 4 |
| 2 | 尹绍亭 | 2007 | 《文化生态与物质文化》 | 2 |
| 3 | 何耀华 | 1994 | 《山区民族经济开发与社会进步》 | 1 |

任永堂（1995）发表在期刊《求是学刊》上的《生态文化：现代文化的最佳模式》，被引用频次为 4 次，为该聚类中次数最多的被引文献。该文章主要从文化类型、文化发展阶段和文化模式等不同角度，对生态文化的概念进行了阐述和辨析。作者从人与自然关系的角度出发，将人类文化划分为以自然中心主义为核心的“原始文化”、以人类中心主义为核心的“人本文化”和以人与自然协调发展思想为核心的“生态文化”，其中生态文化起于现代，属于未来。作者指出，从人类的长远发展来看，生态文化发展模式被各个国家、地区和民族所选择是历史的必然，只有这种模式才能帮助各民族摆脱生态危机，走出困境。该文献主要从时间的维度梳理人类民族发展历史过程中文化的演进过程，最后指出了选择生态文化发展模式的必然性①。

尹绍亭（2007）发表的专著《文化生态与物质文化》以云南西双版纳傣族自治

① 任永堂：《生态文化：现代文化的最佳模式》，载《求是学刊》1995 年第 2 期，第 8～10 页。

州基诺族为例，介绍了传统少数民族生态文化发展方式的选择过程，以及在保护民族文化和生态环境过程中采取的措施。面对传统民族村落中年轻人“赶时髦”的现象，作者质疑：“基诺族的文化快丢光了，怎么办？”随后，作者介绍了基诺族建设民族文化生态村的开发新模式，其宗旨是保护与传承传统民族文化。作者认为若民族文化丢失了，生态环境也破坏了，其结果是人类将失去生存的家园。研究还认为西双版纳的许多民族在不断地适应外来文化的过程中发生了很大的变化，现代社会适当地还地于民，还地于雨林，以求得人与人、人与自然的和谐与共生。该著作是对中国少数民族生态文化分析的典型案例研究文献，对认知传统民族村落文化以及自然资源很有帮助。同时，著作中挖掘的基诺族生态文化发展方式，对我国其他少数民族生态文化发展方式有很好的借鉴作用。

何耀华（1994）主编的文集《山区民族经济开发与社会进步》，主要讨论了我国民族地区的经济、社会发展问题。何耀华在《关于促进山区民族经济开发与社会进步问题》一文中，认为民族地区经济发展和社会进步是我国社会主义现代化建设蓝图的重要环节，政府必须把山区民族经济开发和社会发展纳入到我国生态经济体系中。他还认为，面对山区民族地区水土不断流失，森林不断消失的现象，应着力促进山区民族社会进步，以提高劳动者的文化科学素质和弘扬民族优秀传统文化为基础，还应大力恢复和保护生态，提高人们的环境保护意识，实现生产生活环境的优良化以及生态经济效益的增长。

#### 4.2.2.6 聚类#5：“生物资源”研究文献群

该研究文献群主要从生态足迹的角度分析生物资源的消耗问题，主要代表性文献见表 4-12。

表 4-12 聚类#5 引文共被引聚类网络中代表性文献

| 序号 | 第一作者 | 出版年 | 文献名称 | 被引频次 |
|---|---|---|---|---|
| 1 | 冯娟 | 2008 | 《“省公顷”在小城镇生态足迹分析中的应用研究——以山东省晏城镇生态建设为例》 | 2 |
| 2 | 马希斯·威克那格 | 2000 | 《生态足迹：减低人类对地球的冲击》 | 2 |

冯娟等（2008）在《地理科学》期刊上发表的《“省公顷”在小城镇生态足迹分析中的应用研究——以山东省晏城镇生态建设为例》，被引用频次为两次。为了

更真实地反映一个省内镇域的生态负荷及其生态容量现状，作者在综合分析了有关生态足迹模型的优缺点后，提出了“省公顷”为计量单位计算小城镇生态足迹模型，并对山东省晏城镇 2004 年的生态足迹进行了计算。作者通过对山东省晏城镇生态足迹分析，认为：①虽然山东省的水域和建筑用地存在生态盈余，但是晏城镇的水域生态足迹却处于赤字状态，该镇的水域生态足迹超过了其生物承载力，只有通过严格控制该镇的养殖业规模才能防止其生态环境的恶化；②虽然山东省林地的生态负荷是超过生态容量的，但是晏城镇尚存在生态盈余，这要归功于晏城镇在保护生态环境中实施的四大工程：绿色通道、大地林网、围村林和黄河防护林；③晏城镇的“千区万户”工程给该镇的草地造成了较高的生态负荷，其应该适当控制畜牧业的发展，以避免出现草地生态环境恶化的趋势[①]。该文献主要通过对晏城镇的生态足迹计算来分析考察生物容量以及生态环境的变化趋势，为生态文化研究提供了一种分析生态变化的计量方法。

马希斯·威克那格（Mathis Wackenagel）等（2000）发表的专著《生态足迹：减低人类对地球的冲击》，通过对人类生态足迹的分析，提出了降低人类对生物资源消耗的具体对策。该著作在开始部分重新定义了可持续发展和生态足迹的概念，作者认为人类现在的做法是不可持续的，我们以惊人的速度消耗地球的生物资源，则后代的未来是堪忧的；接着，作者在对生物资源进行分类的基础上，设计了以生态足迹为对象的总体分析思路，认为发达国家的生态足迹往往高于发展中国家；最后，作者提出了创造一个更加可持续发展的世界的可行性对策。该文献也是从计算生态足迹的角度讨论人类活动对生物资源的消耗问题，生态足迹研究已经成为生态文化研究中应用比较广泛而又具有代表性的可靠计量分析方法。

#### 4.2.2.7 聚类#6：“生态人”研究文献群

生态人（Eco-man）是与“经济人”相对应的，与“经济人”相比，它是一种更加符合人类本质的理论设定，广义的“生态人”不仅追求人与自然的共生，还追求个人与他人、人类自身的完善。该研究文献群的代表文献见表 4-13。

① 冯娟、赵全升、谢文霞等：《“省公顷”在小城镇生态足迹分析中的应用研究——以山东省晏城镇生态建设为例》，载《地理科学》2008 年第 28 期，第 209～213 页。

表 4-13　聚类#6 引文共被引聚类网络中代表性文献

| 序号 | 第一作者 | 出版年 | 文献名称 | 被引频次 |
|---|---|---|---|---|
| 1 | 丹尼尔・贝尔 | 2002 | 《社群主义及其批评者》 | 2 |
| 2 | 马克斯・韦伯 | 2004 | 《经济行动与社会团体》 | 1 |

该研究文献群，其引用文献最高的是丹尼尔・贝尔（Daniel Bell）（2002）的著作《社群主义与其批评者》（*Communitarianism and Its Critics*），但也仅为两次。作者指出，社群观念既承认个人的尊严，也承认人的生存的社会性，单纯地追求私利将会腐蚀我们赖以生存的社会环境体系。生态人作为生态系统中的组成部分，作者从社群主义的视角分析讨论了生态人假设的重要性，分析了社群对社会生态环境的重要作用。

社会学古典理论奠基人之一马克斯・韦伯（2004）的专著《经济行动与社会团体》，在分析人行动的经济取向的基础上，分析了经济与社会之间的关系。韦伯将共同体关系分为邻人共同体、经济共同体与社区，认为共同体关系有“种族”的归属性特征，最终将走向“庄宅”的发展。该著作中作者主要分析了作为经济行动主体的人在经济发展过程中经济关系的演变过程，以及这种经济共同体的演进对社会生态网络的影响。

## 4.3　国内生态文化理论研究文献关键词状态分析

词频分析方法是文献计量学的典型分析方法之一，与第 3 章的分析方法相类似，利用 CiteSpace 软件进行关键词共现分析，可以揭示国内“生态文化”研究中的知识结构分布、研究热点以及研究内容的变化。以前述收集的 303 篇论文中的关键词作为研究样本，其时间区（time slice）设置为两年，来源仍然为“title”“abstract”“author keywords（DE）”“keywords plus（ID）”，每个时间区内关键词数量选择（top N per slice）为 50，选择最小生成树（minimum spanning trees）算法，生成关键词共现网络图谱（图 4-3），该图谱由 355 个节点和 259 条连线组成，见表 4-14。

表 4-14　国内生态文化研究文献关键词共现网络结构组配（1998—2014 年）

| 序号 | 时间分区 | 标准 | 关键词总数 | 节点数 | 连线数 |
|---|---|---|---|---|---|
| 1 | 1998—1999 | top50 | 16 | 16 | 18 |
| 2 | 2000—2001 | top50 | 58 | 50 | 63 |
| 3 | 2002—2003 | top50 | 88 | 50 | 53 |
| 4 | 2004—2005 | top50 | 110 | 50 | 40 |
| 5 | 2006—2007 | top50 | 183 | 50 | 42 |
| 6 | 2008—2009 | top50 | 100 | 50 | 40 |
| 7 | 2010—2011 | top50 | 145 | 50 | 41 |
| 8 | 2012—2013 | top50 | 112 | 50 | 44 |
| 9 | 2014 | top50 | 80 | 50 | 52 |

## 4.3.1　关键词词频分析

对国内“生态文化”研究检索文献关键词统计，得到 355 个关键词（剔除“生态文化”关键词），词频≥3 的关键词统计见表 4-15。

表 4-15　国内“生态文化”研究文献词频≥3 的关键词统计

| 排序 | 关键词 | 频次 | 排序 | 关键词 | 频次 |
|---|---|---|---|---|---|
| 1 | 可持续发展 | 23 | 18 | 生态产业 | 3 |
| 2 | 生态文明 | 22 | 19 | 人与自然关系 | 3 |
| 3 | 原生态文化 | 20 | 20 | 生态建设 | 3 |
| 4 | 生态环境 | 15 | 21 | 蒙古族 | 3 |
| 5 | 生态文化建设 | 12 | 22 | 教学实践 | 3 |
| 6 | 少数民族 | 7 | 23 | 大学 | 3 |
| 7 | 民族文化 | 7 | 24 | 生态文化融合 | 3 |
| 8 | 民族生态文化 | 6 | 25 | 科学发展观 | 3 |
| 9 | 鄂西生态文化旅游圈 | 6 | 26 | 生态危机 | 3 |
| 10 | 生态经济 | 5 | 27 | 开放大学 | 3 |
| 11 | 生态文化旅游 | 5 | 28 | 环境保护 | 3 |
| 12 | 传统文化 | 4 | 29 | 旅游开发 | 3 |
| 13 | 书评 | 4 | 30 | 传统生态文化 | 3 |
| 14 | 天人合一 | 4 | 31 | 远程教育 | 3 |
| 15 | 生态价值观 | 4 | 32 | 武汉城市圈 | 3 |
| 16 | 价值取向 | 4 | 33 | 循环经济 | 3 |
| 17 | 高校 | 4 | | | |

通过频次较高的关键词，可以发现文献研究内容的重要信息。在表 4-15 中，除所剔除的检索关键词“生态文化”外，出现频次最高的关键词是“可持续发展”，为 23 次。作为人类需要坚持的发展模式，可持续发展能够促进实现传统文化向生态文化转型，同时丰富的生态文化又可为人类经济和社会可持续发展提供精神动力，促进可持续发展的真正实现。另一关键词为“生态文明”，其出现频次为 22 次。可见，生态文化与生态文明有着紧密的联系。实际上，生态文明是生态文化发展的终极目标，是先进的生态文化的凝结成果或者形式。因而，发展多样化的生态文化，是实现生态文明目标的前提条件（刘亚萍等，2014）。

### 4.3.2 关键词共现分析

从关键词共现图谱（图 4-3）呈现的整体网络来看，出现频次最高的关键词之间存在着密切的联系：生态文明、可持续发展、生态环境、民族文化等，这些词反映了国内生态文化研究的主要方向，与前述文献共被引分析中的结论相吻合。

根据关键词初现年代，统计得到关键词初现年代分布表，见表 4-16。在 CiteSpace 软件中，设置以“时区”（timezone）形式表示，利用 CiteSpace 绘制关键词共现时区图谱。图谱中，依据不同初现年时间，关键词在不同的时间区间依次排列，节点的大小代表关键词的频次，连线代表关键词之间的共现关系，其结果见图 4-4。

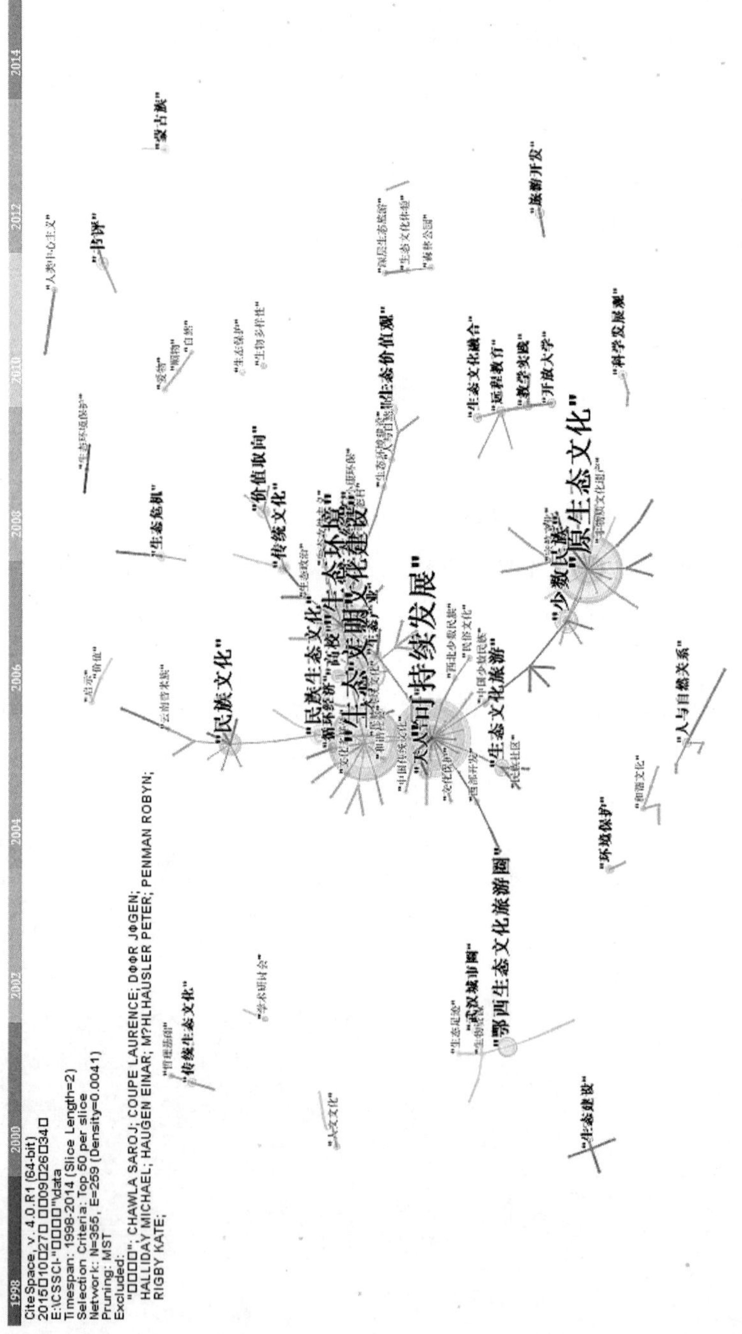


图 4-3 国内“生态文化”研究文献关键词共现图谱

表 4-16 国内“生态文化”研究文献关键词（排名前五）初现年分布

| 年份 | 关键词 | 频次 | 年份 | 关键词 | 频次 | 年份 | 关键词 | 频次 |
|---|---|---|---|---|---|---|---|---|
| 1998 | 可持续发展 | 23 | 2004 | 传统生态文化 | 3 | 2010 | 鄂西生态文化旅游圈 | 6 |
| | 天人合一 | 4 | | 循环经济 | 3 | | 蒙古族 | 3 |
| | 海洋文化 | 1 | | 城市文化形象 | 1 | | 武汉城市圈 | 3 |
| | 西方伦理 | 1 | | 城市可持续发展 | 1 | | 人类中心主义 | 2 |
| | 桂北文化 | 1 | | 城市竞争力 | 1 | | 生态足迹 | 2 |
| 1999 | 原生态文化 | 20 | 2005 | 生态价值观 | 4 | 2011 | 判定标准 | 1 |
| | 生态环境 | 15 | | 人与自然关系 | 3 | | 实践的理性 | 1 |
| | 生态经济 | 5 | | 人文文化 | 2 | | 优化策略 | 1 |
| | 生态环境保护 | 2 | | 文化保护 | 2 | | 大学校园 | 1 |
| | 文化观念 | 1 | | 人与自然和谐 | 2 | | 价值生态 | 1 |
| 2000 | 书评 | 4 | 2006 | 高校 | 4 | 2012 | 科学发展观 | 3 |
| | 生态产业 | 3 | | 生物多样性 | 2 | | 优化升级对策 | 1 |
| | 生态危机 | 3 | | 深层生态旅游 | 2 | | 以人为本 | 1 |
| | 西部开发 | 2 | | 和谐社会 | 2 | | 价值文化 | 1 |
| | 城市化 | 1 | | 生态文化体验 | 2 | | 幸福文化 | 1 |
| 2001 | 少数民族 | 7 | 2007 | 价值取向 | 4 | 2013 | 教学实践 | 3 |
| | 民族文化 | 7 | | 生态环境建设 | 2 | | 生态文化融合 | 3 |
| | 生态文化旅游 | 5 | | 文明生态村 | 2 | | 开放大学 | 3 |
| | 传统文化 | 4 | | 西北少数民族 | 2 | | 远程教育 | 3 |
| | 生态建设 | 3 | | 森林公园 | 2 | | 哲理基础 | 2 |
| 2002 | 生态文明 | 22 | 2008 | 启示 | 2 | 2014 | 旅游开发 | 3 |
| | 生态文化建设 | 12 | | 价值 | 2 | | 文化转型 | 1 |
| | 环境保护 | 3 | | 和谐文化 | 2 | | 构建 | 1 |
| | 生态保护 | 2 | | 自然 | 2 | | 民族民间文化 | 1 |
| | 人的全面发展 | 1 | | 生态理念 | 2 | | 儿童教育 | 1 |
| 2003 | 宗教文化 | 2 | 2009 | 大学 | 3 | | | |
| | 文化多样性 | 2 | | 后现代主义 | 2 | | | |
| | 中国传统文化 | 2 | | 强化建设 | 1 | | | |
| | 民族生态美 | 1 | | 企业生态文化 | 1 | | | |
| | 人的超越性 | 1 | | 教育研究 | 1 | | | |

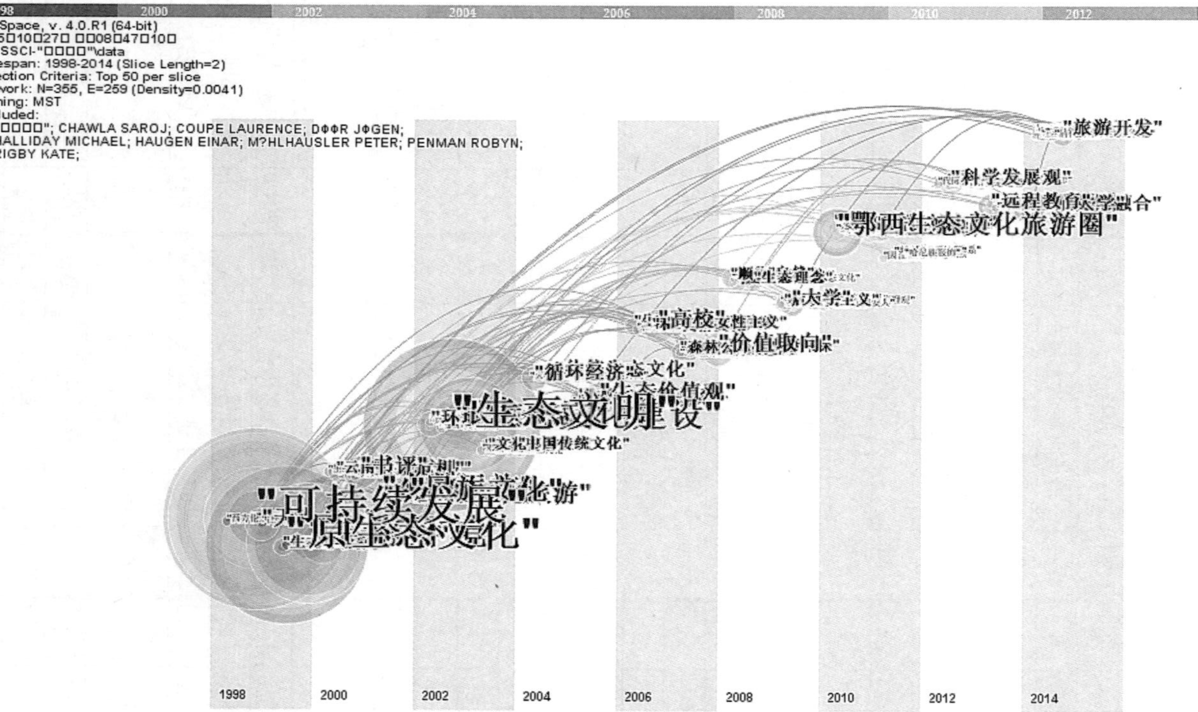


图 4-4 国内“生态文化”研究文献关键词共现时区图谱

通过对 1998—2014 年 CSSCI 数据库收录文献关键词词频统计以及共现时区图谱分析，可以发现国内“生态文化”研究热点的演变特征。

（1）1998—2001 年：聚焦于传统生态环境和民族文化保护。该时间段内专家学者主要集中于传统的生态环境保护对策研究以及民族文化的保护研究上，如朱仁友（1999）发表的《论生态环境安全与经济安全相统一的发展战略》，作者指出生态环境安全是经济安全的基础和最终保障，从生态立国、生态环境建设和培育生态文化等方面提出了生态文化与经济相统一的发展战略；张江明（2001）发表的《论先进文化与民族文化》中指出，应正确处理民族文化与其他文化的关系，可以依靠旅游开发等手段加强民族文化建设。该阶段内关键词见表 4-17。

**表 4-17　1998—2001 年“生态文化”研究文献关键词**

| 年份 | 关键词 | 年份 | 关键词 |
|---|---|---|---|
| 1998 | 可持续发展<br>天人合一<br>海洋文化<br>西方伦理<br>桂北文化 | 2000 | 书评<br>生态产业<br>生态危机<br>西部开发<br>城市化 |
| 1999 | 原生态文化<br>生态环境<br>生态经济<br>生态环境保护<br>文化观念 | 2001 | 少数民族<br>民族文化<br>生态文化旅游<br>传统文化<br>生态建设 |

（2）2002—2005 年：注重城市生态社会发展研究。这一阶段，国内学者逐渐关注与人类居住空间生态建设，如关键词“建筑文化”“城市文化形象”“人文文化”等。宋小芬等（2004）发表了《生态文化与城市竞争力——论 21 世纪城市竞争力的时代内涵》，作者认为生态文化是 21 世纪城市竞争的深刻内涵，应该立足于生态文化理念，结合自身的文化特色，塑造独一无二的城市生态文化形象，提高城市的竞争力，促进城市可持续发展。颜丽丽等（2004）发表的《促进我国城市旅游可持续发展的新思考》一文则是从城市旅游可持续发展的角度探讨了城市生态文化建设问题。该阶段内关键词见表 4-18。

表 4-18　2002—2005 年“生态文化”研究文献关键词

| 年份 | 关键词 | 年份 | 关键词 |
|---|---|---|---|
| 2002 | 生态文明<br>生态文化建设<br>环境保护<br>生态保护<br>人的全面发展 | 2004 | 传统生态文化<br>循环经济<br>城市文化形象<br>城市可持续发展<br>城市竞争力 |
| 2003 | 宗教文化<br>文化多样性<br>中国传统文化<br>民族生态美<br>人的超越性 | 2005 | 生态价值观<br>人与自然关系<br>人文文化<br>文化保护<br>人与自然和谐 |

（3）2006—2011 年：拓展生态文化实践全面探索阶段。通过前一时期对城市生态环境建设的探索，学者逐渐将研究范围扩展到其他领域，如“文明生态村”“深层生态旅游”“生态理念”“企业生态经营”等。这一时期发表的文献有：王晖雅（2007）发表的《建设文明生态村推进明村小康环保行动》、方小玲（2009）发表的《企业生态文化的后现代主义思考》以及张威（2011）发表的《中国传统文化的价值生态及其现代性道德资源意义》等，它们都从不同的领域探索了生态文化实践过程。该阶段内关键词见表 4-19。

表 4-19　2006—2011 年“生态文化”研究文献关键词统计

| 年份 | 关键词 | 年份 | 关键词 |
|---|---|---|---|
| 2006 | 高校<br>生物多样性<br>深层生态旅游<br>和谐社会<br>生态文化体验 | 2009 | 大学<br>后现代主义<br>强化建设<br>企业生态文化<br>教育研究 |
| 2007 | 价值取向<br>生态环境建设<br>文明生态村<br>西北少数民族<br>森林公园 | 2010 | 鄂西生态文化旅游圈<br>蒙古族<br>武汉城市圈<br>人类中心<br>生态足迹 |
| 2008 | 启示<br>价值<br>和谐文化<br>自然<br>生态理念 | 2011 | 判定标准<br>实践理性<br>优化策略<br>大学校园<br>价值生态 |

（4）2012—2014 年：主张生态文化教育。这一时期，学者研究的热点关注于生态文化的传承与教育。虽然“价值观”“传承发展”等关键词出现在较早时期，但在这一时期阶段学者才广泛探索“可持续发展”的传承路径，核心关键词有“科学发展观”“教学实践”“开放大学”“思维方式”“儿童教育”等。张保伟（2014）在《生态文化及大学的文化使命》一文中指出，生态文化是一种涉及社会全体的责任体系，高校在文化传承中应起到引领文化的功能，增强大学的文化输出功能；王晓翌（2014）在《商洛童谣的原生态文化特质与传承》中，以商洛童谣为例分析了生态文化传承中的困境，建议以当代儿歌创作为载体，实现原生态文化的薪火相传；张涛等（2013）发表的《浅论藏民族传统生态文化及其现代转换》一文，在分析藏民族传统生态文化宗教哲理的基础上，认为应该在科学化、制度化等方面实现其生态文化现代转换。该阶段内关键词见表 4-20。

表 4-20　2012—2014 年“生态文化”研究文献关键词统计

| 年份 | 关键词 |
| --- | --- |
| 2012 | 科学发展观<br>优化升级对策<br>以人为本<br>价值文化<br>幸福文化 |
| 2013 | 教学实践<br>生态文化融合<br>开放大学<br>远程教育<br>哲理基础 |
| 2014 | 旅游开发<br>文化转型<br>构建<br>民族民间文化<br>儿童教育 |

## 4.4 国内外生态文化研究特征比较

第 3 章针对国际生态文化理论研究变化轨迹进行了分析，本章针对国内生态文化理论研究变化轨迹进行了梳理。因此，有必要对国内外生态文化理论研究的变化轨迹进行比较，发现其相同之处和差异，以便于进一步把握生态文化的理论阐释和发展规律。

### 4.4.1 国内外“生态文化”研究的相似之处

通过对国内外“生态文化”研究文献的共被引分析和关键词共现分析的比较，可发现国内外对“生态文化”的研究热点有着相似之处，主要表现为：

（1）生态文化的重点研究内容相同：如生态环境保护、生态城市建设、生态资源利用、可持续发展等方面。

（2）在时间维度上，生态文化研究热点的变化轨迹基本相似，均是从“理论基础—生态实践探索”的研究过程。如国际生态文化研究从“生命探源—生态多样性”拓展到“生态与人类关系”研究，国内从“传统生态文化”形成的理论解读拓展到“社会生态实践”。

### 4.4.2 国内外“生态文化”研究的主要区别

通过国内外生态文化研究的知识图谱分析，也可以发现国内外研究有着很大区别。

（1）国际上“生态文化”研究文献起点时间要早于中国大陆，而且研究的视角也有着较大区别。如共被引分析中，国际上生成的核心知识群为“基于生物技术角度”的生态文化研究视角，而国内从生物技术角度改善生态环境的研究文献较少，未形成明显的知识群。

（2）国际“生态文化”研究更加关注“传统社区”的生态文化实践，强调“社区”在生态文化体系中的重要作用。

（3）国内“生态文化”研究中积极融入中国传统文化思想，如儒家、道家生态文化思想，对于生态文化内涵是一种积极的探索和有力的补充。

（4）由于中国有众多的少数民族，因此，国内学者积极关注传统民族地区的生态文化建设，强调少数民族传统文化的传承和保护。

（5）国际生态文化研究更为深入、透彻、广泛，且又具体、微观和具象化，而中国大陆的生态文化研究目前来看还是比较宏观和不够具体，从被引文献也可以看出，我们高被引共现性文献中，排在前列的文献为国家领导人的讲话。

（6）国内生态文化研究在相当长的时间内，还没有找到自己的研究方法和理论依据，因而研究文献中的较高被引文献均不是来自于我国较高水准的 CSSCI 期刊，如余谋昌先生的多篇论文均为高被引文献，但未在 CSSCI 数据库检索到，同时也表明我国的许多较高学术水平刊物对生态文化研究的关注度不够。

总之，国内外学者对于“生态文化”的研究既有共同又有区别之处，共同之处主要体现在生态环境保护和生态文化实践的宏观范围里，区别主要体现在生态文化研究的微观层面上。

## 4.5 本章小结

通过采用社会网络分析中的图谱分析法以及统计分析方法，梳理了 1998—2014 年 CSSCI 数据库收录的“生态文化”研究文献的基本情况，包括文献数量、文献发表年份分布、文献作者分布、文献发表机构分布等相关情况，我们可以发现有着如下特征。

（1）从文献发表年份分布来看，1998—2014 年文献发表数量呈“不规则波动”曲线，在 2007 年发文数量达到峰值，随后出现下滑并趋于稳定。从文献发表数量上来看，2005 年之后对于“生态文化”研究的关注度相较于 2004 年之前有了明显的提升。从文献发表期刊分布来看，国内对于“生态文化”的研究主要集中于生态环境和民族文化研究两个方向，这也与文献发表机构统计结果相吻合。从文献发表期刊的集中度上来看，载文期刊分布不够集中，也说明了生态文化研究所涉及的研究领域较为分散。从文献发表作者分布来看，国内生态文化研究领域并没有形成较权威的核心作者群，作者的发文数量差别不大，发文最多的作者为王如松，仅为 4 篇。从机构类型上来看，高校仍然是生态文化研究的最主要力量。

（2）通过对国内生态文化研究文献共被引网络聚类分析，各聚类标签名称基本展现了我国生态文化研究的基本动态，如科学发展观、少数民族文化、生态环境和现代化建设等是生态文化研究的主要内容。但是，在聚类分析的过程中也可以看出，聚类之间的联系很少，具有较强的中介中心性的节点基本没有，出现这种结果的原因，一方面是由于 CSSCI 数据库只包含了 1998 年以来的数据，而且以“生态文化”为关键词检索所得到的数据量仅有 303 篇，导致所形成的聚类较为分散；另一方面在于生态文化研究本身涉及范围就非常广泛，涉及学科众多，也导致了在检索过程中仅以“生态文化”为关键词进行检索不能较全面地涵盖各学科文献。总之，通过聚类分析，虽然存在一定程度的不足，但是所得结果还是基本上可以展现出国内生态文化研究的基本变化轨迹。

（3）在国内“生态文化”研究文献共被引分析中，利用 CiteSpace 软件绘制研究前沿知识图谱，通过自动生成聚类功能，将国内该领域的研究发展状态聚类为 7 个知识群。它们是：①包含较多文献数量的两个大研究知识群：围绕“现代化建设”研究文献群和围绕“科学发展观”研究文献群。②文献数量次之的 3 个研究群：“生态批评”研究文献群、“生态环境”研究文献群和 “中国少数民族”研究文献群。③包含较少文献数量的两个小知识群：“生物资源”研究文献群和“生态人”研究文献群。通过分析关键性文献可以看出，7 个聚类知识群所代表的研究前沿大体上概括了国内“生态文化”研究的基本方向。

# 第 5 章

# 少数民族传统文化的生态特征与生态智慧

我国绝大多数少数民族都生活在相对偏僻的地区，分布区域相对分散，均有其各自适应环境而形成的生产和生活方式和习俗，各民族在自己的独特领地生存发展，与主要民族一起共同哺育了不同的人类文明形态。这些文明经历过长期的历史积淀与发展，在依靠自然、不断与自然互动的过程中逐渐成形，蕴含着生态伦理的智慧。随着乡村人口包括许多的少数民族青年进入城市的企业，少数民族传统文化难以以原来的形态保留下来，但由于企业实际上形成了一个多民族且现代与传统相融合的社会群体，仍然需要有自己的文化，也就是我们所说的企业文化。改革开放以来，企业成为我国国民经济发展中的重要组成部分，虽然积极推动了我国现代社会的高速发展，但也产生了大量的能源消耗和环境污染。近现代工业技术文化的发展，导致不少企业只顾及自身的经济利益，对资源进行过度掠夺和对生态环境的过度破坏，导致全球资源匮乏和环境恶化愈演愈烈，这不仅对企业和人类的长远发展造成威胁，更是使得人类的健康甚至生命得不到保障，而这些行为都是导致我国生态危机的罪魁祸首[①]。因此，本章主要针对我国传统民族生态文化和现代企业生态文化的发展轨迹和特征进行深入的分析，以寻求我国社会生态文化建设的有效途径。

① 杨秋宇：《基于核心竞争力的企业生态文化建设研究》，东北石油大学硕士学位论文，2011 年。

## 5.1 少数民族的地理自然特征与文化类型

中华民族有56个民族组成，其中55个是少数民族，他们分散在我国辽阔的各个地域生存发展，不同的生态环境造就了多样的民族生态文化。

### 5.1.1 少数民族地区复杂多变的自然环境

我国少数民族分布地域广阔，占全国总人口8.49%的少数民族，分布于占全国面积60%以上的国土区域。少数民族聚居区集中反映了我国自然地理环境的主要特点，许多自然地理要素几乎都出现在少数民族地区。我国各少数民族大多都居住在边疆地区，这些地区基础设施不健全、山川阻隔，交通十分不便。

从地貌特征来看，我国的少数民族大都居住在山地，他们中的93.5%都分布在我国的地理类型第一级阶梯和第二级阶梯区域，少数民族居住地地貌种类多样，高原、山地、盆地、平原、丘陵相互交错，形成了形式多样的自然地理景观（管彦波，1996）。在气候方面，大部分少数民族都分布在高、低纬度两个极端区域，属于高寒抑或是热带、亚热带地区。季风气候影响着东部地区的少数民族，从北到南有寒温带、中温带、亚热带、热带季风气候。而西部地区则是受大陆性气候控制，很大一部分都属于干旱、半干旱气候（管彦波，1996）。

从水文条件来看，少数民族地区是我国主要河流的发源地和湖泊的重要分布区，黄河和长江两条中华民族的“母亲河”均发源于少数民族地区——青海省。其他主要外流河，如珠江、黑龙江、辽河等，也都发源于少数民族地区，其上游都在少数民族地区。塔里木河和伊犁河两条内流河也均在新疆境内。

由此可见，形式多样的自然生态环境使得我国少数民族生活的生态地理类型复杂多变，也就使得各民族的生态环境类型种类不一。

### 5.1.2 少数民族复杂多样的文化类型

我国少数民族众多，各民族因自然环境、发展历史、传统文化的差异形成了各不相同的经济类型和文化类型，这些经济与文化类型是依赖自然资源的自然供给而生产生活，因此形成了各异的传统生态文化。在民族学界，大体上将我国少数民族经济文化类型分为 3 组：以狩猎、采集和捕鱼为主的采集渔猎经济文化类型组；以锄掘农业或饲养为主的畜牧经济文化类型组；以犁耕农业为主的农耕经济文化类型组。

#### 5.1.2.1 采集渔猎经济文化类型组

采集渔猎经济文化类型组主要分布于东北大小兴安岭的森林地区以及黑龙江、松花江、乌苏里江的交汇处，主要民族为赫哲族、鄂伦春族和部分鄂温克族。

该类型组包括两个类型：一类是以鄂伦春族为代表的山林狩猎型。他们以狩猎为主要的经济活动，用树枝和桦树皮等建造简陋的“仙人柱”窝棚为住房，以马匹为主要行走和运输的工具，过着居无定所、食草寝皮的迁徙生活。另一类是以赫哲族为代表的河谷渔捞型。他们是以定居生活方式聚居在一起，冬天多住在土窑，夏天则住地面或窝棚；多用鱼皮缝制服装；食物以鱼类为主，有时还用晒干或腌制的办法贮存鱼类；交通运输主要以小型船只为主。

#### 5.1.2.2 畜牧经济文化类型组

畜牧经济文化类型组分布在东起大兴安岭、西到准噶尔盆地西缘、南到横断山脉中段即云南省香格里拉县的大范围区域内，基本上形成了一个横跨东北与西南的半月形的畜牧带。属于此类型组的民族主要有蒙古族、哈萨克族、裕固族、塔吉克族、藏族及部分鄂温克族和达斡尔族。

该类型组主要包括 4 个类型：第一类是以部分鄂温克族为代表的苔原畜牧型。这一类型中，牧民们所养的牲畜主要是高度适应当地生态环境的驯鹿。其精神活动的特征是信仰原始的萨满教，并保存着诸多的自然神崇拜。第二类以蒙古族为代表的戈壁草原游牧型。在这一类型中，羊和马为主要畜种，在东部水草丰富的地区，人民在放牧养马的同时，还放牧牛群，在植被相对稀疏的西部，则会饲养一些适应当地气候的骆驼。此类民族曾经普遍信仰萨满教，直到元代，藏传佛教传入后，在该地区普及。第三类是以哈萨克族为代表的盆地草原游牧型。当地水源丰富，全民信仰伊斯兰教。第四类以藏族为代表的高山草原畜牧型。此类型的草场分布于高山之间，不如前两种类型的草场开阔，畜牧业以繁殖牦牛为主，居民普遍信仰藏传佛教。

#### 5.1.2.3 农耕经济文化类型组

农耕经济文化类型组分布在从帕米尔草原东坡到台湾、从黑龙江到海南的广大地域。其主体部分分布于中国干湿地域分野的大兴安岭至拉萨线以东的湿润地区。其基本特征是劳动直接进入到生态系统，劳动强度和技术的改变会直接影响生态系统的输出结果，在该文化类型组中，生产力和劳动产品之间是并行发展的正比例关系（廖国强等，2006）。该类型组主要包括6种类型，具体如表5-1所示。

**表5-1 农耕经济文化类型**

| 类型 | 地域分布 | 民族 | 信仰 |
|---|---|---|---|
| 山林刀耕火种型 | 青藏高原与云贵高原结合部的横断山系南段、藏东南、滇西北至滇东南沿国境线地段 | 门巴族、珞巴族、独龙族、怒族、佤族、德昂族、基诺族以及部分傈僳族、苗族、瑶族、黎族、高山族 | |
| 山地耕牧型 | 青藏高原的东南斜坡、雅鲁藏布江谷地、云贵高原中西部山区 | 羌族、纳西族、彝族、白族、普米族、拉祜族、部分藏族、傈僳族 | 原始崇拜 |
| 山地猎耕型 | 云贵高原中部以东的山区和华南的丘陵山地、长江珠江之间的南岭及武夷山区 | 苗族、瑶族、畲族、土家族、仡佬族及部分彝族 | 祖先崇拜 |
| 丘陵稻作型 | 云南中南部经贵州、广西、海南、台湾岛东北延边 | 傣族、壮族、侗族、仡佬族、毛南族、黎族、朝鲜族 | 原始宗教、佛教、道教 |
| 绿洲耕牧型 | 塔里木、准噶尔盆地边缘、河西走廊到宁夏的地带、青藏高原东北坡的河湟地区 | 维吾尔族、乌孜别克族、塔塔尔族、东乡族、保安族、撒拉族、回族、俄罗斯族、部分裕固族、达斡尔族和锡伯族 | 伊斯兰教 |
| 平原集约农耕型 | 东部各大平原、关中、四川大盆地及周边地区和各盆地 | 满族、回族、维吾尔族及部分傣族、白族、彝族、壮族等 | |

基于少数民族经济文化区的分布特征，我国民族学家宋蜀华先生把我国多民族文化划分为8个生态文化区，即北方和东北游牧兼事渔猎文化区、黄河中下游旱地农业文化区、长江中下游水田农业文化区、南方山地耕猎文化区、青藏高原农作及畜牧文化区、西北绿洲的人工灌溉农业文化区、西南山地火耕旱地农作兼狩猎文化区、海南岛黎族和台湾高山族岛屿文化区。

从上述经济文化区分类和生态文化区的研究中我们可以发现，我国少数民族由于所处自然环境差异较大，在经济、文化、社会组织、价值观念、意识形态等方面呈现出十分明显的个性特征。各民族人民生活非常依赖于自然，由此创造出与生态环境相适应的文化，以此规范着、约束着不同民族人群共同面对自然环境的态度和行为。

## 5.2 少数民族传统文化中的生态观

神话传说、宗教信仰、自然物崇拜等民族文化往往表现出人与自然和谐发展的期望，也蕴含着他们的价值观、理念、意识和道德观，还包括了被潜移默化的行为方式以及自然相处的方式，成为其传统文化，若这些还有生态观和生态理念的传统文化能够被当代人传承下来，这无疑对于我们现代生态文化建设有着重要作用。

### 5.2.1 神话传说中的生态观

数千年以来，人类主要是依赖自然资源的供给维持自身的生存，其生产力在工业革命以前十分低下，靠天吃饭是他们对自然界的主要甚至是唯一认知。少数民族一直以来，因生活在距离城市较远的地区，现代文明对他们的影响较少。因此，比起城市居民来说，保持了更多的传统文化。传说与神话通常是当时人类对自然界认知的结果，人类祖先通常会将影响他们生活、生产的自然现象，创作成各种故事传说或神话，少数民族中流传的这些传说和神话往往都体现了他们的生态观念。

#### 5.2.1.1 人与自然密不可分的观念

创世史诗和起源神话作为我国一种少数民族文化现象，普遍存在于藏族、苗族、彝族、壮族、瑶族、佤白族、侗族、土家族、水族、基诺族、哈尼族、纳西族、仡佬族、布依族、景颇族、普米族等，这些史诗和神话反映出了少数民族最初的宇宙观和自然观（马旭，2007）。如彝族的《宇宙源流》将宇宙万物描述成是由“气”凝聚而成，人的身体和智力都是在自然中形成的。

#### 5.2.1.2 对大自然崇拜敬畏之心

在我国西南地区许多少数民族的起源神话里，都有着这样情节高度相似的故事：人类遇到洪水泛滥的灾难，被“木桶”“木柜”“竹筒”所救，从而使得人类的祖先得救，人类此后才能繁衍生息。这样的故事本质上体现了树林在少数民族心目中的重要地位，它是少数民族赖以生存的家园，得到人们的重视与尊敬。神林文化普遍存在于我国西南地区的少数民族中，其中包括彝族、哈尼族、白族、苗族、傣族、瑶族、水族等，这样的文化使他们都有一块充满神秘色彩的树林，而这些树林大都在村寨的后方或者附近，村民们都将其作为崇拜的对象，它们也有自己的专属名称，如“密枝林”“龙树林”“神林”“祭龙林”等，往往与民族的自然崇拜与祖先祭祀有着密不可分的联系（马旭，2007）。

#### 5.2.1.3 破坏生态会遭惩罚的观念

在被称为纳西族传统文化百科全书的东巴经中，许多神话故事都体现了人类对自然的敬畏，人类对自然树木的破坏、对动物的残忍杀戮、对环境的污染等不良行为，都会被“孰”（生命神）严厉惩罚。其中甚至不乏人类与“孰”发生纠纷后达成和解的故事（李学术，2007）。“任意捕杀野生动物会受到自然界的惩罚”，这是东巴经中屡见不鲜的观点（白兴发，2003）。此外，在苗族古歌里，还有对滑坡等自然灾害的生动描绘，体现了自然界不为人类所控制的一面，教育先民要怀着敬畏之心对待人与自然的关系（马旭，2007）。

### 5.2.2 自然崇拜中的生态意识

传统少数民族的自然崇拜文化主要体现在对自然物质资源的崇拜上，主要包括水崇拜、山崇拜、树木崇拜、动物崇拜以及图腾崇拜等。

#### 5.2.2.1 水崇拜

毋庸置疑，人类的生存离不开水，水带给人类的利益是多方面的。同时，如果人们不能正确合理地利用水，水也会将灾难奉送给人类，这样一来也导致人类产生了对水的依赖与恐惧感。少数民族先民大都傍水而居，因而水成为少数民族的自然崇拜之一。

人类对水的崇拜首先是对水进行人格化和神灵化，对水的崇拜在直观上表现为对水体的直接崇拜，即对水体祭祀祈求。人们体现水崇拜的活动主要有祭水神、祭水沟、祭龙潭、祭水井等。在祭祀中，包含了爱护水源、保护沟渠、祈求风调雨顺等生态伦理意识和思想（袁国友，2005）。少数民族对水的崇拜大致可以分为两类：

（1）对水的种种神秘力量的崇拜。这是一种纯宗教信仰的水崇拜。在湘西土家族的每一个自然村中，都有共用或独用的若干个水井，有水井就有水井神。每年除夕前，土家族群众带上祭品到水井边祭水井神，然后把家里的水缸装满水，称为“神水”或“腊水”，认为用这种水泡糍粑不臭不秽。在初一的凌晨，他们就会到这个共用的水井处给水神“请安”，他们将这样的活动称为“抢银水”，而挑回家的水也被视为“吉利水”。他们会先用这样的水给祖宗敬茶，然后财神、土地神和观音菩萨，而后烧水洗脸，认为这样可以洗掉一切不如意的东西，最后剩下的“吉利水”会被洒在屋子里，取“银水满室流，吉祥处处有”之意（李迎春，2012）。

（2）对掌管水的神灵的崇拜。人们往往对这些神灵施行仪式，祈求丰收。傣族人认为，人从水中来，死回水中去，所以傣族人非常崇拜水，在佛寺里的雕塑中，释迦牟尼之后便是司水女神“南托腊尼”，每年农历五六月将水沟修缮完毕后，举行“开水”仪式来祭水神，之后开渠放水，对水沟修缮情况进行检查，这些活动都是为了祈求沟堤稳固，沟水畅通，满足灌溉的需要。哈尼族每年举行祭水活动前，都会先疏通清洗村寨中的水井、水槽，认为必须用清洁的水来祭祀，否则就会玷污神灵，这些祭水活动实质上是整修和维护水源的行为。

#### 5.2.2.2 山崇拜

在少数民族自然崇拜中，对于山及山神的崇拜占有重要地位。生活在高山地区的少数民族，在仰望苍天的时候，也敬仰高山，加之山林中的动植物，为人类狩猎和采集提供了丰厚的生存来源，也引发他们坚信这是山的主宰、神灵给予的恩赐。根据大量的民族学资料可以看到，在少数民族原始的自然崇拜中，山崇拜是最普遍的自然崇拜之一，尤其是在大山之中生存的少数民族。

自从有人类以来，生活在地球的人类对山有一种特殊的情感，崇山峻岭不仅被人类赋予了神性，而且其主宰者（山神）也受到了人类的景仰与崇拜。青藏高原上的很多高山都被藏族人民视为神山，藏族人民怀着虔诚的敬畏之心，会定期对其进行祭祀，以祈祷风调雨顺、诸事顺利。对神山的朝拜成为藏族人民的一项不可或缺的宗教活动。神山在藏族人民的眼中是充满神奇与灵性的，藏族人民认为绕着神山走一圈就可以洗清一生的罪恶，绕神山十圈就可以免受地狱的折磨，绕神山百圈就可以在今生成佛，在绕山的过程中生命终结则是一种福分。藏族人民对山的膜拜体现了他们对自然界的认识，神山被赋予的神性在无形中影响着他们的一切活动，他们约定俗成神山上的动植物不允许被丝毫破坏，从而自然形成了以神山为中心的自然保护区（李军，2010）。此外，西双版纳的傣族、布朗族、哈尼族等民族也都是具有山崇拜信仰的民族。

#### 5.2.2.3 树木崇拜

在山地少数民族的传统文化中，对树的崇拜也十分普遍。少数民族对神林的尊敬、景仰、膜拜，是因为他们将神林及各种树木均视为与人的生活紧密联系的事物，对树木（或神林）的崇拜体现了各少数民族的传统生态伦理思想[①]。

我国西南地区的壮族、傣族、彝族、纳西族、苗族、布朗族、德昂族、哈尼族、拉祜族、傈僳族、佤族、侗族、独龙族、怒族、普米族、羌族等民族都有神树神林崇拜。一般而言族长会在离村寨不远的地方，指定一片葱郁的山林作为本村的风水林或水源林，作为神山森林加以膜拜，村寨中或神林中的树木被视为树神，不允许破坏或砍伐。他们认为神林神树可以使村寨和村民得到庇佑，一切对其进行破坏的行为都将受到惩戒（肖雅锟，2009）。例如，云南石林县的彝族撒尼人通常把村寨周围的树林（称为密枝林）赋予神性和神格。撒尼人认为，密枝林中的一草一木都有神性和神力，是神圣不可侵犯的神林和圣地，对密枝林若有冒犯，必遭森林的保护神密枝斯玛的严厉惩罚。因而，不许任何人破坏和伤害密枝林中的动物和植物，也不允许将死者埋在密枝林中，而且撒尼人每年都会举办隆重的活动来祭祀密枝林，祈祷密枝斯玛对人们庇佑（袁国友，2005）。

虽然神林在不同的民族被赋予了不同的称谓、含义，但都和原始崇拜和祖先祭祀有着千丝万缕的联系。一般来说可以归纳为 3 种类型：①守护村寨的神灵；②掌管风调雨顺的神灵或神龙所在地或化身；③祖先长眠之地（谭正琦，2011）。在这些民族地区，至今仍保留着许多保护神林、神树的神圣戒律，在他们的观念中，神林和神树是圣洁不可侵犯的，日常打猎或随意行走是绝对禁止的，更不允许进行放牧。源于神性崇拜的神林崇拜活动过程中，实际上产生了生态保护的作用，在对区域环境的保护，也发挥了举足轻重的作用。

#### 5.2.2.4 动物崇拜

以牧业或狩猎业为生计方式的少数民族，特殊的生活环境使他们与动物具有不可分割的关系。人类生活依赖于动物又恐惧动物，从而对动物加以神化，形成动物崇拜（表 5-2）。

很久以前的藏区，野牦牛是数量最多的凶猛动物，藏区人民既希望将其驯化又心存畏惧，久而久之，把它加以神化，认为它是神灵的化身或仆从，对其膜拜。在青海藏区的一些山麓中，随处可见摆放着与额骨相连的牦牛角，在一些寺院也陈列着牦牛干尸，藏族人民希望以此祛邪避凶（袁国友，2005）。

---

① 肖雅锟：《云南少数民族传统生态伦理思想及其现代审视》，河北师范大学硕士学位论文，2009 年。

表 5-2 各民族自然崇拜信仰

| 水崇拜 | 山崇拜 | 树木崇拜 | 动物崇拜 |
| --- | --- | --- | --- |
| 傣族、土家族、哈尼族 | 藏族、傣族、布朗族、哈尼族、侗族、鄂伦春人 | 壮族、傣族、彝族、苗族、纳西族、布朗族、傈僳族、哈尼族、德昂族、独龙族、拉祜族、普米族、侗族、怒族、羌族、佤族 | 藏族（牦牛）、傣族（大象、孔雀）、哈尼族（蜂猴）、鄂伦春人（熊）、佤族（狗） |

在傣族地区，大象、孔雀被认为是象征吉祥的动物，任何人都不能伤害它们，所有人都要保护它们。傣族居住区，佛寺和村寨大都养着孔雀，大象仅被饲养在靠近森林的少数村寨。傣族人们对大象和孔雀的崇拜，还体现在日常行为中。傣族人往往会在他们的佛寺、庭院门口、水井、墙壁上雕画大象、孔雀的形象，用以表达他们对这两种动物的敬畏。因此，在世世代代傣族人传承下来的保护观念影响下，大象、孔雀在西双版纳得到很好的繁衍生息（李军，2010）。

哈尼族是蜂猴最忠实的保护者。哈尼人认为蜂猴是与神灵关系密切的生灵，遇见蜂猴是不吉祥的事，所以人们都会避免进入其栖息地和活动区域，以免触犯神灵不吉利，从而在人们心目中对蜂猴敬而远之，绝不会去捕杀它。多见于北方渔猎游牧民族中的萨满教图腾崇拜，则是将熊、狼、麋鹿、鹰、鸟、蛇、青蛙等奉为神灵，从而使它们免于受到迫害，这些都对人类赖以生存的生态资源保护起到了积极的作用。

少数民族人民泛灵论的观点源于自身与自然相处的认知和情感，他们认为世界上的万事万物都有着自己的思想和感情，动植物在他们的观念中有着和人同等的“人格”，动植物和人的生命被赋予了同等重要的价值，这种认知与当今人们保护动物与环境的理念不谋而合（肖雅锟，2009）。

#### 5.2.2.5 图腾崇拜

图腾崇拜是某一族群（家族、宗族或胞族、氏族、部落等）认为与一种或几种动植物存在血缘关系，用它给族群命名，或将其作为族群的标志或象征，其中包含着许多传说、信仰和禁忌（李钰，2011）。许多少数民族都有着属于自己的图腾崇拜，它往往与动植物崇拜、自然崇拜、鬼魂崇拜、祖先崇拜等相互交织，自然物和动植物是这种特殊感情的载体（刘玉鲜等，2009）。崇拜的图腾大多是与人们的生产、生活息息相关的自然物。各个民族图腾崇拜的自然对象不是某种东西的个体，而是整个种类，如崇拜牛、狗、熊、鸟等针对的是所有的同类。

少数民族的图腾崇拜体现了他们对自己所居住的自然环境的认识和感知，他们认为本族的图腾和本族人民之间存在着一种胜于“亲属关系”的“其他特殊关系”。这种关系与他们的种族能否顺利地繁衍发展紧密相连，从而影响着他们的生产生活方式，在日积月累的认知过程中，使他们对图腾中的动植物产生了一种特殊的情感。他们不仅不允许自己的族人伤害动植物，也会竭力制止其他人对它们的伤害和破坏（雷祖娇，2012）。如克木人以 16 种动物、2 种植物为其氏族祖先的图腾崇拜物，包括虎、豹、野猫、猴、松鼠、水獭、马鬃蛇、白头翁、八哥、犀鸟、秧鸡等（黄映玲，2004）。因为这些动植物是崇拜的图腾物，上述这些民族聚居区周边的自然环境得到了相当好的保护。

### 5.2.3 少数民族传统文化生态观价值解读

若从自然崇拜、宗教崇拜等的观念层面来理解的话，可以认为少数民族先民的主观目的是取悦自然界、维系种族发展，但客观却实现了对生态的保护，它体现了少数民族的生态智慧，表达了他们发自内心一种了解自然、把握自然的愿望（李军，2010）。而且，一直延续到今天，我们认为少数民族传统文化生态观可以从如下几个方面来解读。

#### 5.2.3.1 顺从自然体现了少数民族先民对自然规律的初步把握

对自然的原始崇拜，从心理和行动层面都体现着少数民族人民最基本的道德要求，它是生态伦理发展的源泉，体现着维护人类活动与生态系统之间平衡关系的智慧，他们将根植于内心深处的道德伦理观念融入生态领域，渴望能够与自己赖以生存的自然融为一体。少数民族生来就与自然有着紧密的联系，他们敬畏自然，深知顺应自然的重要性。他们更清楚，了解自然是顺应其发展的重要基础，因此他们很注重观察自然界中的各种事物，包括星辰变化、树木生长、动物繁衍，并且他们调节自己的行为活动以顺应其发展，例如在动物交配繁殖的季节禁止对其打扰，并且将违反这种规定的行为视为触犯神灵，并且以触犯生灵而带来灾难这样的诅咒来从道德上约束人们的行为（刘玉鲜等，2009）。

#### 5.2.3.2 顺从自然体现了少数民族与自然和谐相处的主观愿望

在少数民族人民的思想观念中，大自然是他们生命中不可分离的一部分。他们认为“万物有灵论”，只要与大自然保持和谐的关系，就可以在自然的神灵那里得到好处。少数民族的自然崇拜，积极地促进了人与自然的和谐相处，也是人们敬畏自然、顺应自然的思想与行动表现，其结果就是他们生存的地方形成了良好的生态环境系统。少数民族人民懂得只有在适宜季节种植的果树才会结出鲜美的果实，庄稼才会丰收，只有一年中雨水适度、阳光充足才会获得丰收，非常清楚大自然的兴衰在很大程度上影响着人类的生存，只有顺应大自然的运行人类才能衣食丰足。从而他们对给自己提供衣食之源、生存所需的动植物、水及土地等怀有感恩之心，仁爱之情，绝对不会对大自然过分掠取，这也是为什么大多数的少数民族能够维持他们生存地区良好生态环境的缘由，他们深知只有在青山绿水的环境下，本族人民才能够幸福地繁衍生息，长远发展①。因此，他们将对自然的崇拜之情转换成实际行动，有意识地调整自己的生产生活方式，使之顺应自然界的运行规律（刘玉鲜等，2009）。

#### 5.2.3.3 顺从自然体现了以群体意识为核心的伦理传统

少数民族意识到了自然界的兴衰关系到人类的生死存亡，动植物等自然资源是人类生存发展的需求之源，自然之事是与族群每个人的生死利弊关系密切的大事，保护生态环境的责任应该由族群全体成员一同承担，于是形成了族群集体的依赖感，在长久的历史积淀当中，也逐渐形成了以族群群体意识为核心的伦理传统。一方面，体现了人类对受到自然力威胁而形成的理性反思结果；另一方面，这也是传统生态观的表现形式和重要内容，在生态环境的保护过程中扮演着重要角色②。

## 5.3 少数民族传统文化中的生态化事象

少数民族传统文化中呈现的生态约束，主要表现在乡规民约当中，即当今生态制度。制度文化属于强制性的文化规范。理论和实践不断证明，微观主体的行为与社会目标之间往往不是完全相符的。因此，制度约束有着十分重要的作用，就算是民风淳朴的少数民族地区也不例外（李学术，2007）。在中国少数民族法律、人生仪礼、节日庆典等制度文化中，都蕴含着丰富、独具特色的生态化事象。

---

① 白葆莉：《中国少数民族生态伦理研究》，中央民族大学博士学位论文，2007 年。

② 白葆莉：《中国少数民族生态伦理研究》，中央民族大学博士学位论文，2007 年。

### 5.3.1 乡规约束中的生态约束

法国学者布律尔说："还未产生文字的原始社会必然生活在习惯法制度下"（亨利•莱维•布律尔，1987）。进入阶级社会后，习惯法仍普遍存在，流行于我国贵州侗族地区的"乡条侗理"、广西瑶族村寨中的"石牌律"、青海土族的"插牌"、苗族的"榔规"、仫佬族"会款"及其他民族的乡规民约等，都是调整民族内部关系的重要习惯法（徐中起等，1998）。历史上，我国各少数民族未制定"森林法"，但他们的习惯法中有许多保护森林资源的规约，主要包括3个方面的内容：一是禁止乱砍滥伐森林，二是保护动物，三是建立护林执法体制。

#### 5.3.1.1 禁止乱砍滥伐森林

历史上，许多民族制定有禁止乱砍滥伐森林的规约。

侗族是一个十分注重生态保护的民族，其款约（侗族的习惯法）中有关保护森林的条款也特别丰富。广西三江侗族自治县马胖乡光绪元年（1875 年）制定的乡规中规定：妄砍竹木、私买柴火和偷盗柴火者，罚1 200文（侗学研究会，1991）。侗族每家都有自己的柴山（薪炭林），不得偷砍其他家的柴山，否则要受惩罚。

生存在贵州榕江县的侗族人民对这项行为就有严苛的规定和惩罚制度，要是砍别人家的柴被发现了，就要将其罪行公之于众，他们会令偷柴者背着柴木敲锣喊寨，让全寨的人都知道自己做错了事，使之从心理上受到更深层次的约束。侗族有歌唱曰："山有山规，寨有寨约，不管谁人，不听规约，大户让他产光，小户让他产落[①]。"

纳西族东巴经文《开卷经》中较全面地记载了该族的环境保护法规，该经文既有不可砍伐森林的规定，同时又指出这是针对那些不以狩措樵采为生的人群，说明纳西族在处理人与自然的关系上，既考虑到人的需要，又考虑到自然的需要。经文还对人的贪欲进行限制（"粮谷丰，勿垦荒"）。另一东巴经文《香曲术埃》中说："水边树木不能砍，石上青蛙不能杀。"几乎所有的纳西族村寨都制订了保护生态环境的村规、山规。现存的1948年乡规民约石碑指出："任意拨石挖土采樵放牧……年深日久，每遇水潦，时有倾地以改山谷暴露。"因此，普遍规定集体山林不得任意砍伐，对水源林、风景林更是严加保护（李群育，1994）。纳西族有封山育林期，

① 石艳云：《少数民族环境保护习惯规则研究》，贵州大学硕士学位论文，2009年。

一般每年农历四月初一禁山，直到八月十五开山，期间不能砍山伐木。

历史上，北方游牧民族注重对牧场的保护。早在成吉思汗时期，蒙古族就有着一套严格的规章来实施对牲畜和牧场的保护，如果在牧场上随意杀生、挖掘土地，或者遗落火种造成牧场火灾的人，要“诛其家”。同时，严禁宰杀羔羊和札羊，以保护牲畜繁殖。

#### 5.3.1.2 保护动物资源

动物是人类从古至今的重要食物来源。人类曾经历过渔猎经济的时代。进入农业文明时代后，渔猎经济仍然长期是农业经济的重要补充。为了使渔猎业能够可持续发展，一些民族制定了保护动物资源的法规。比如广西壮族自治区金秀沿河十村茶山瑶，他们会在“春社”之时组织居民进行“料话”，从而形成关于春耕生产的相关规定，其中有关捕鱼的规定描述得非常详细。

公约规定了每年中可以捕鱼的特定时间，即从二月春社以后到八月秋社；任何时间都不能撒网捕鱼或者用药来毒鱼；家里如果有人生病了，需要用鱼来祭祀驱鬼，也只能抓几条鱼，不允许多捕；家里如果有老人去世，可以捕鱼一天，虽然数量不限制多少，但是只能用塞摊捕和摸鱼两种方式（苏钦，2005）。水族也有类似的规定，他们绝不允许对自然界中的动物进行生态破坏性的伤害，如果发现有人用毒药来毒鱼，就会让他用一年的收获量来赔偿。纳西族东巴经《香曲术埃》中也对保护野生动物做了相应约束。

一些少数民族具有爱鸟护鸟的传统，制定出相应的保护法规。如西双版纳傣族禁约规定，禁止捕杀飞入村寨的鸟类：“用枪去打停在别人谷堆上的鸟，罚银四两八钱四分”；“用枪去打停落在已割的稻谷上的鸟，罚银三两六钱三分”；“用枪去打停落在别人屋顶上的鸟，罚银三两六钱三分”（柏贵喜，1997）。贵州锦屏县侗族则有不打益鸟、不拆毁鸟窝的习惯法。云南蒙古族视燕子为吉祥之鸟，禁止捕杀。彝族有不能打布谷鸟、鹰等动物的禁忌。

#### 5.3.1.3 建立护林执法乡规

一些少数民族还建立起独具特色的护林执法乡规，如云南丽江纳西族“每个村寨都有自己的‘管山员’，专司山规民约的检查落实，对违犯者进行处罚。管山员在执行规约时，若遇到违犯者人多势大，只要吹响牛角号，村民听到召唤，马上赶到现场，齐心协力平息事端”（李群育，1994）。

总体而言，少数民族管理森林资源的范围主要是村寨集体林，村寨是基本的和主要的管理单元。有的民族，本村寨人要砍伐集体林，没有时间限制，但必须得到护林人的允许；有的民族，本寨人平日不能砍伐，必须在指定的日期砍伐。外寨人必须经过本寨头人的同意方可砍伐（范宏贵，1990）。但是距村寨较远的公有林，则缺乏高于村寨行政单元所制定出的相应管理办法，因而可以自由砍伐开垦。这一点不利于大区域森林资源的保护，也从侧面反映出这些民族生态文化的原始性和滞后性。

### 5.3.2 人生礼俗中的生态化事象

人生礼由生育礼俗、婚恋礼俗、丧葬礼俗 3 部分组成。人生礼俗的形成，与人们的功利目的和认知水平紧密相连。历史上，南方少数民族形成了丰富多彩的人生礼俗，尽管受认知水平的制约，他们的人生礼俗被抹上了一层浓淡不一的宗教或巫术的色彩，但是在保证种族繁衍目标的引导下，他们的人生礼俗在潜移默化中逐步形成了很多科学、合理的部分，其中还包含着许多有趣并且内涵深刻的生态化事象[①]。

#### 5.3.2.1 生育礼俗中的生态化事象

（1）生孩子种树拜树。人类自身的“生育”，也算是人类的一种生产活动，直接决定了人类种族的传承和繁荣，就像人类的生产活动离不开自然资源一样，人类自身的生产也与自然资源有着紧密联系。我国传统少数民族多生活于丛山密林中。因此，他们与自然环境之间的联系更加密切，认识更加直观，比如少数民族中流行的“为生儿女种树”仪式，便是这种观念的具体体现。

贵州黔东南州万柱、锦屏等地的侗族、苗族流行着这样的习俗：“孩子出生之后，家人就会为他在山坡上栽种 100 棵杉树，并且对其进行精心的养护管理。18 年后，孩子长大成人，杉树也长大成材。到了姑娘该出嫁的时候，家人便上山砍伐这些杉树卖了，给姑娘置办嫁妆。到男儿娶亲的时候，家人便用这些杉木，为他建造吊脚楼。这种杉树，侗族称为‘女儿杉’；因杉苗要 18 年方能成材，所以也叫‘十八杉’。侗、苗民谣生动地描绘这种习俗‘十八杉、十八杉，姑娘生下就栽它，姑

---

① 肖金香：《苗族传统生态文化与生态智慧》，中南民族大学硕士学位论文，2008。

娘长到十八岁，跟随姑娘到婆家’。[①]”

湘西苗族有种“增岁树”的习俗：“不论谁家生了小孩，都必须种一棵树，以后每增一岁，再种一棵树，到了结婚时，这些树很多已成材，也就成了他们的财富”（丁传礼，1995）。

黔东南苗族则有将杉树苗当贺礼的习俗：谁家新添了成员，族人就会将杉树苗当作贺礼，这样的贺礼被称为“祝米”，而孩子的父亲会将族人送来的“祝米”郑重收下然后专门开辟一片地来种植这些树苗，精心培植呵护（何前斌等，2009）。

上述民族虽然生孩种树主要是在财富观念或经济利益的驱动下进行的，但通过种树陪伴着孩子长大成人，然后才将所种之树砍伐变成嫁妆，显然对生态环境的保护和恢复有很大帮助。另外，虽然一些民族生孩种树明显带有巫术习俗的性质，其目的主要是祈求孩子平安、健康地生长，但却对人们种树护树、敬树崇树观念产生潜移默化的、持久的影响。如海南黎族中，当孩子做满月酒时，外婆会精心挑选两株椰树苗作为给孩子的贺礼，寓意孩子像椰树一样茁壮成长，这两株椰树苗被称为“满月椰”（吴道南，1994）。孩子的父亲对这两株椰树苗细心培植。布依族对于独子有着特殊的照顾，他们会在家门前专门栽种一丛竹子，并且规定任何人不能对其进行砍伐，让这丛竹子守护着独子健康成长，直到独子长大，若要砍伐此竹，也要在举行仪式后由独子亲自开始砍伐第一棵竹（杨知勇等，1992）。

（2）倡导节制生育。人口爆炸是造成当今生态危机的一个重要因素。正如英国罗伯特·兰姆在《没有树木的世界》中写道：“一般说来，世界上森林覆盖率和生物量减少的速度，恰好等于人口增长的速度。所以，最大的损失量是在过去一个世纪中，即人类技术和人口大发展中造成的。”事实上，人口压迫生态的历史由来已久。历史上许多民族的迁徙便是“生态迁徙”。如果说游耕、游猎、游牧民族在人口数量超过环境容量后尚可通过改善生态环境使文明得以延续的话，那么，作为定居民族，要维系一种固有的文明，就必须在人口与自然之间寻求一种相对稳固的平衡点。要获得这个平衡点，人类要从两方面入手：一方面种树护林，珍爱自然，保持或扩大环境容量；另一方面节制人口，减少或不增加所在村寨环境的压力。两者要齐头并进，不可偏废。在人口超过一定限度后，节制人口甚至比保护自然更为迫切。瑶族、侗族、傣族等便是“两手都硬”的民族：既注意保护自然环境，又注意

① 肖金香：《苗族传统生态文化与生态智慧》，中南民族大学硕士学位论文，2008。

控制人口膨胀。

泸沽湖畔的摩梭人长期处于母系社会，他们认为生男生女都一样，一般只生两个孩子，没有男子传宗接代的观念，生男生女都不受歧视，尤以生女孩为荣（拉木·嘎吐萨，1998），避免了非得生男孩而连续多生的现象，故人口增长缓慢。迪庆藏族传统习惯中有老大继承家业习俗，老大无论是男是女，都必须在家继承家业。这种习俗使人们对生育男婴的刻意追求几近于无，其实际结果能够达到控制人口增长的目的。近千年来藏族人口呈递减趋势，与此俗不无关系（齐扎拉等，1999）。

#### 5.3.2.2 婚恋礼俗中的生态化事象

一些生态化事象也融入到了少数民族的婚恋礼俗中，比如侗族姑娘在选意中人的时候，“造林能手”会更受青睐，因为在他们民族里大片杉林代表着拥有可观的财富，也是象征着拥有者的劳动和智慧。

贵州布依族寨上谁家的新媳妇第一次在夫家过年节（称“坐家”），夫妻二人要来淘洗水井，修整从村中到井边的小路，并在井旁共同种植一株柏树和一株柳树，象征他俩的爱情似柏树常青，如柳树多情。人们称这两株树为“夫妻树”“常青树”“金银树”“保寨树”等。

#### 5.3.2.3 丧葬礼俗中的生态化事象

在我国许多少数民族的观念里，人类是从森林中走来的，森林也是人类最终的归属，等到死后也要埋葬于森林中，即代表了灵魂回归森林，与先祖们汇合团聚了。由于坟山林是祖先灵魂栖居的地方，因而坟山林有着和寨神林、风水林一样神圣不可冒犯的地位，受到严格保护。许多少数民族还有在坟山、墓地植树种竹的习俗。

水族有着在坟山种植枫树的风俗，他们认为，茂盛葱郁的树木可以使风水更好，后人也能得到更好的荫庇（何积全，1992）。仫佬族在人去世后，要将被称作“风水树”的泡木树、柏树、黄杨树、松树栽种在老人的坟墓前以表纪念（范宏贵，1990）。土家族老人去世后，要在坟上种坟竹和“千年树”，这些树木和竹子随着时间的推移会成长繁殖，象征着家族开枝散叶、生生不息（彭官章，1991）。

#### 5.3.2.4 传承植树护林节

对于树木的重视和崇拜在各少数民族中非常普遍，他们通过树木的种植而观察其生长特性，从而对林木的生长有着较深的认识，久而久之在一些少数民族区域会固定在某一特定时期种植树木，并传承下来就成了植树护林节。

云贵高原的少数民族布依族将正月初四至初十定为植树节，侗族将立春后的第一天定为植树节。每年到了植树节，家中的老人就会带领小辈们上山种树，所种之树多为杉木，意为“立春种杉，成林发家”，山上的杉木若能长得茂盛，就寓意着家庭的兴旺[①]。除了立春后第一天的开张种杉，春雨之后，侗族人还会大规模地种植杉树。每年正月初一至十五，是藏民族种树的日子，藏族人认为：种一棵树可为人增寿五年，反之，损一棵树会折损五年的寿命，于是形成了植树的习俗（何星亮，2004）。

在许多少数民族还有各种各样的祭山林活动，把对林木的崇拜与护林结合起来。祭山林由最初的祭山神或护寨神的宗教节日，后来逐步演化为具有多重功能的综合性的民族传统节日。随着人类社会的发展，节日宗教色彩越来越淡，但其具有的教育功能、娱乐功能和生态功能却日益强化和显现出来，尤其是生态保护功能越来越得到世人的重视。大山和森林除了给人类提供各种可食的动植物资源，出产药材、木料，还具有调养气候、孕育水源和滋养人类的功能。许多民族的祭山林节定于三月初，更加具有护林防火的意义。因为三月是风高物燥，容易出现火灾的季节。可以说，少数民族在固定的时间、地点举行的一年一度的祭山林活动，以节日的形式，起到了强化森林保护的作用，使所祭山林成为草木茂盛的自然保护区。因而，祭山林节就成了实际意义上的“护林节”。

## 5.4 少数民族生产方式中的生态智慧

在我们祖先筚路蓝缕数千年的开拓进程中，南方的少数民族逐渐形成了四种主要的农业生产方式，即山地刀耕火种农业、林粮兼作型农业、坝区稻作农业和梯田稻作农业（么加利等，2007）。虽然不同民族和地域的生产形态不完全相同，但它们却有一个共同的特征，那就是每一种文明都以其旺盛的生命力在岁月的长河中生生不息，从未间断。虽然可以从多方面解释这一历史现象，但其本质上是因为在中国南方少数民族的生产文明中，存在着一种调节人类活动与生态系统平衡的可持续发展机制（廖国强，2001）。或许是由于地理地貌原因，北方少数民族生产方式中的生态化实践没有南方民族那样引人注目，主要以畜牧型农业为主。

① 石艳云：《少数民族环境保护习惯规则研究》，贵州大学硕士学位论文，2009 年。

## 5.4.1 山林刀耕火种型农业中的生态智慧

农耕类型多种多样，现代人们在看待传统的农耕农业生产方式时，其中一种十分广泛地被认为是粗放型且对生态系统破坏严重的农耕形态，那就是山林刀耕火种型农业（袁国友，2001）。但有些研究者认为，其实并非如此。尹绍亭先生（2007）对云南西双版纳地区的生产方式进行调查研究和深入了解后发现，他们刀耕火种的生产方式实际上是以森林生态系统的良性循环为基础和前提的，作为一种“森林孕育的农耕文化”，它取得良性发展的本质在于顺应森林系统，使之处于平衡状态。

### 5.4.1.1 保护生态整体稳定性，实行适度开发

通过与森林长期的密切相处，许多实行刀耕火种农业形式的居民都熟悉了森林、生态以及生产之间相互依存、不可分割的紧密联系，并且采用的许多办法使自己的生产方式符合它们之间的生态链系统。首先他们会考察森林的种类、生产状况以及在农业生产中处于怎样的地位，然后根据这些情况判断并规定哪些树林是可砍伐的，而且砍伐行为不能跨越社区这一界限。例如基诺族就对各村寨的森林资源以及居民私有的农业耕地、茶园林地进行了清晰的划分，并规定每户人家只能在自己所属的范围内实施砍伐和耕作。他们将森林资源分成 6 种类型，即寨神林、坟林、村寨防山火林、山箐水源林、山梁隔火林、轮歇耕作林。除了轮歇耕作林之外，其他的林地都不能实行刀耕火种（高立士，1999）。可见，刀耕火种还是非常有序和具有科学依据的。

### 5.4.1.2 实行有序的垦休循环制，有序保护自然的生产力

人类的需求只有和自然需求达到对立统一的状态，人类文明才能世代延续传承，南方山地民族在生存繁衍的过程中清醒地明白这一规律，刀耕火种“砍”和“烧”的过程决定了它对森林资源破坏作用的大小，少数民族运用他们的智慧巧妙地利用刀耕火种的破坏功能来调节林木的更新和生长，顺应自然优胜劣汰的发展规律。通常来说，他们恢复森林生态系统主要通过两种方式：一种是游耕，另一种是轮歇。以云南沧源县单甲乡帕结佤族村为例，全村的轮歇地被划分为 17 片，这些地的耕作都有其固定的顺序，每年只有其中一块地可以用来耕作，这样的顺序在几百年的漫长岁月中都不曾被打乱，村民们甚至形成了用这个周期来记年龄的习俗。

刀耕火种少数民族通过有序的垦休循环制使得森林植被得到了很好的保护和恢复，这种方式不仅能保持水土的肥力，而且轮歇休闲地的动物生存环境得到了很好的保护，食物链较为完整，为刀耕火种民族提供了很好的狩猎资源，形成了良好的生态系统循环链（许建初等，1997）。

#### 5.4.1.3 重视自然植被的恢复并采用人工造林

许多刀耕火种民族在耕作的程序中十分注意哪些环节有利于森林植被的恢复，例如怒族和独龙族砍树时留下二尺高的树干，这样树干就更容易发芽，为了避免树根被晒死，他们还会用枝叶覆盖在树根周围。虽然我国一些少数民族运用了很多智慧、采取了很多措施来使刀耕火种的生产文明得以延续，但还是要受到必要条件的限制——那就是人均森林资源要足够充裕。随着人类人口的不断增长，森林面积也在不断地减少，人类活动对生态资源的威胁和破坏日益加剧，导致森林资源枯竭而难以自我恢复。

其结果，终将导致刀耕火种的农业形式无法延续。在生产实践过程中，许多民族都在尝试用新的方法来解决问题。其中比较有效的一种方式就是种植速生树种，其目的是减短休闲期。如云南的佤族、景颇族、独龙族、怒族等，在休闲地上栽种速生树种——水冬瓜树，目的是在较短的时间内形成良好的植被[①]。这一做法在少数民族的生态环境保护过程中具有里程碑式的意义，因为它标志着人类不再单纯地依靠生态的自我恢复，而是开始积极主动地探索维持和调节人类生产活动和生态系统稳定之间的关系。上述民族种植速生树的行为表现出了人类开始对自然力的支配，这种行为也潜在地维系了刀耕火种文明的延续[②]。

### 5.4.2 林粮兼作型农业中的生态智慧

在广西、贵州、湖南、广东等地的侗族、壮族、瑶族、苗族中，广泛存在着一种可称为“林粮兼作型”的农业生产方式。这种生产方式充分体现出这些民族卓越的生态智慧，堪称生态化的典范。

---

① 廖国强：《云南少数民族刀耕火种农业中的生态文化》，载《广西民族研究》2001 年第 2 期，第 76～80 页。

② 廖国强：《中国少数民族生态观对可持续发展的借鉴和启示》，载《云南民族学院学报（哲学社会科学版）》2001 年第 5 期，第 160～164 页。

#### 5.4.2.1 林粮兼作型农业生产技术

据研究者对贵州锦屏县魁胆侗寨新中国成立前林业小产的调查，林粮兼作型农业的生产过程包括 5 个主要环节：开荒备地、育苗栽树、林粮间作、抚育管理、采伐运输。其他民族历史上的林粮兼作农业技术与此大同小异。

历史上的经济林木以杉树为主，较为单一。杉树系优良树种，经济价值高，但生长期较长，一般要 18～20 年成材。为了追求更大的经济效益，更充分地利用地力，侗族、瑶族、壮族等民族又在林粮兼作农地中，种植了油茶、油桐等经济价值高、见效快的树种，使林粮兼作地的地力得到充分利用，季节性的生产也得到充分利用。如广西龙胜各族自治县的壮族也娴熟地掌握了套种技术：头两年开生地种旱粮作物，并间播桐茶籽，产生了“两年粮，三年桐，七年茶林满山红”的良好效益。这一林粮兼作技术的推广，结束了刀耕火种的生产方式（蓝基椿，1994），从而满足了人口不断扩展的生存需要。

#### 5.4.2.2 林粮兼作型农业的生态意义

林粮兼作型农业与传统的刀耕火种农业不同。刀耕火种农业是一种自给自足的自然经济形态。独龙族、景颇族等族种植速生树种不是要进入市场，而是为了缩短休闲期，使之焚烧化为地力，是刀耕火种农业中的一环，林业并未从农业中分离出来。森林只能以土地为中介实现自己的经济价值，未摆脱作为农业和土地附庸的地位。而林粮兼作型农业则大异其趣。从其生产过程可以看到，头 3 年左右旱作农业与林业交叉，以旱作农业为主，第 3 年（或更长一点）后，旱作农业退出生产领域，林业独立发展。树木成材后不是像刀耕火种农业中那样被砍伐焚烧，而是进入市场直接实现其经济价值。森林不再是土地的附庸，而是依靠自己的力量实现了生态与经济价值的完美结合。因而，林粮兼作型农业是一种商品化农业，是商品经济发展到一定程度的产物。

首先，林粮兼作型农业是一种以林为主、立体开发、综合利用、长短结合的生态经济型农业。其次，在从事林粮兼作农业的少数民族中，植树造林是一种生存方式，具有集体性、传承性等特点，这对于营造大流域的良好生态环境具有特别重要的意义。最后，林粮兼作型农业逐渐成为少数民族保护生态的优良习俗、生态意识也随之和造林护林经验逐步积累。

### 5.4.3 梯田稻作农业中的生态智慧

历史上，哈尼族、苗族、壮族、土家族、侗族等南方山地民族在将刀耕火种农业与坝区水稻农业相结合的基础上，创造了“梯田稻作农业”。一千多年，各民族在梯田稻作农业中建立了一套智慧独具的生态调适机制。

#### 5.4.3.1 保护森林，涵养水源

李子贤先生称水是哈尼族“生命与文化之源”（李子贤，1996）。白玉宝先生称水源是“梯田文化的血脉”（白玉宝，1994）。梯田稻作民族深刻洞悉森林—水源—梯田稻作之间的生态链关系，创造出一套保护森林、涵养水源的方法。

聚居于滇南哀牢山区的哈尼族在梯田建造过程中，不是盲目地、肆意地开山造田，而是遵循生态规律，统筹规划，将大生境大致分为三部分，即山的上部为神山，山腰建村立寨，山腰及以下部分开辟为梯田，形成三段式开发格局。神山为莽莽苍苍的原始森林，被视为凡人不能进入的圣地。“人们根本不敢进入其中，更不敢砍伐其中林木或在林中垦殖耕地”，从而“大范围内非常有效地保护了本民族生存区域的原始植被不被破坏，实际上就是保护了作为梯田文化血脉的水源”（白玉宝，1994）。高山上根生叶茂的森林是无数溪流和水潭的水源地，这些水潭溪流“被哈尼族人民引入盘山而下的水沟，流入村寨，流入梯田，梯田连接，水沟纵横，泉水顺着块块梯田，由上而下，长流不息，最后汇入谷底的江河湖泊，又蒸发升空，化为云雾阴雨，贮于高山森林这个绿色水库”（王清华，2003）。从而形成了“山有多高，水有多高”的生态环境，使梯田稻作文明得以代代相沿。其他梯田稻作民族采取的水源保护方式与哈尼族相类似。

#### 5.4.3.2 合理利用水资源

哈尼族等开辟为梯田的每座山的山腰，开挖出无数道纵横交错的水沟，将原始森林中涵养的潭水溪流引入梯田。管理水源、兴修水沟是全族性的大事，由集体完成。每年冬季，各村社员全体出动，疏通沟渠。护养沟渠、保护水资源蔚然成风。高山泉水在沟渠中顺流而下，沿着层层梯田，由上而下灌溉梯田，上一块梯田溢满，才流入下一块梯田，这样既满足了水稻用水之需，又避免了水流对坡地沙土产生较大的冲刷力（王清华，1998）。哈尼族在沟水入田处设计有沉淀高山流水夹带而来的沙石水坑，对防止梯田的沙化和碎石堆积有很好的作用，保证了灌溉水流的畅通

无阻（王清华，2010）。此外，哈尼族还创造了独特的梯田施肥方法——冲肥。一方面，山顶原始森林中大量腐殖质和动物粪便顺沟冲下，流入梯田；另一方面，家畜家禽粪便、垃圾等农家肥也由沟水导入梯田（王清华，1995）。由于水资源的合理利用，保证了梯田农业生态系统的良性运转。

#### 5.4.3.3 建造梯田，保持水土

梯田稻作农业的出现，是人类进化史上的一次重大飞跃。人类找到了一条既促进社会经济发展又可保护自然资源的可持续发展之途。

刀耕火种农业由于要毁林开荒，容易造成植被破坏，水土流失。如前所述，在刀耕火种的头几年中，水土流失的情况是很严重的。虽然可以通过轮歇耕作、种植速生树种等自然生态方式进行弥补，可以帮助刀耕火种山民的植被和地力得到很好的恢复（余湛，2008）。但这里有一个前提，那就是地广人稀，土地可以实现定期的轮歇。然而，由于持续增加的人口，进一步缩短了土地的轮歇周期。因此，早期刀耕火种所带来的土地衰竭、严重的水土流失问题便凸显出来。刀耕火种民族面临抉择：或举族迁徙他乡寻求新的生存空间，或任凭事态恶化而最终导致文明崩溃，或对旧有的文化进行改良甚至变革。哈尼族、壮族等民族选择了第三条道路。哈尼族自隋唐开始了由刀耕火种旱地旱稻、杂粮栽培文化向山地梯田稻作文化的重大文化转型（李子贤，1996）。部分壮族、侗族等少数民族和汉族也或先或后地完成了这种转型。表现梯田文化的杰出代表为哈尼族的哀牢梯田和壮族的龙脊梯田。

哈尼族、壮族等垒建梯田的技术十分高超。在梯田建造中，各族人民利用每一寸土地、每个角落，精垦细耘，开垦出大小不一、数不胜数的梯田。哈尼族的哀牢梯田，大者十亩八亩，狭窄地段只能容纳一头牛。壮族的龙脊梯田最大一块不过一亩，多是只能种一二行禾的“带子丘”和“蚂一跳三块田”的碎田块。为了使梯田能永续利用，各族人民还采取一些维持土地肥力的措施。哈尼族除采用前述的“冲肥”外，对秧田施绿肥，他们认为在秧田中施绿肥有两个原因：一是秧田肥是保证秧苗健康生长的前提，而第二批秧苗紧接着前一批秧苗需要更多的养料；二是撒秧田时还没有到能够形成山洪的雨季，不能带来秧苗所需的肥料，需施绿肥保证养料供给①。

---

① 李学良：《文明的历史脚步——建国以来滇南少数民族农地利用模式的变迁》，中央民族大学博士学位论文，2003 年。

### 5.4.4 坝区稻作农业中的生态智慧

南方以傣族、壮族为代表的坝区稻作民族，在长期的生产实践中，同样创造出一套生态调适机制。

#### 5.4.4.1 恢复和维持土地肥力

从事坝区稻作农业的民族都是定居民族，要世世代代在一个相对固定的地域上生息繁衍，恢复和维持土地肥力是他们进行生产的重要保证①。历史上南方坝区稻作民族主要采取了以下几种恢复和维持土地肥力的措施。

（1）休闲肥田。据郭家骥先生对西双版纳傣族稻作文化的研究，在 20 世纪 50 年代以前，西双版纳傣族地区地广人稀，形成一年种一季，其余时间放荒休闲的耕作制度。当地属于热带季风气候，温度高湿度大，微生物生长迅速，在土壤频繁活动后转化为自然肥力，加之当地水稻多为高秆品种，收割后留桩甚高，在冬季这些休闲稻田多作为傣族农民放养水牛、黄牛的牧场，经过牛群的反复踩踏将田里的野草、谷桩和牛粪踏入田土之中，这些都为傣族的“卫生田”补充了天然肥料（郭家骥，1998）。

（2）施绿肥。与西双版纳傣族种“卫生田”的传统不同，许多坝区稻作民族采取施绿肥的方式恢复或增加地力。如广西的壮族，在每年农历四月，稻田耙过一次后，就去山上砍一些蕨类、枫叶、芒草等，一捆捆挑到田里，铺在已经翻过的土地，再用田泥盖好，这样过个十天半个月，等树枝树叶都腐烂后，再耙一次田，便插种稻秧。等到农历八月，禾苗抽穗时，再施一次绿肥。由此可见，壮族的稻作农业堪称“生态农业”“有机农业”的典范。

#### 5.4.4.2 保护森林，涵养水土

作为坝区稻作文化代表的傣族认为：“有林才有水，有水才有田，有田才有粮，有粮才有人”（李忠斌等，2010）。傣族人将森林置于人与自然关系的首位，因此十分注重森林生态系统的建构和维系，这一系统由垄林、坟林、佛寺园林、竹楼庭院林、人工薪炭林、经济植物种植园所组成（高立士，1999）。这些林区，均不能开辟为水田或旱地。由于傣族具有保护森林的良好传统，使西双版纳成为北回归线附

① 李建华：《西南聚落形态的文化学诠释》，重庆大学博士学位论文，2010 年。

近唯一保存最好的一片热带雨林区，被誉为“植物王国皇冠上的绿宝石”。而遍布各地的大片原始森林不仅可以涵养水源，而且可以肥田。原始森林中堆积着上百厘米厚的枯枝落叶和二三十厘米厚的腐殖层。这些东西沿小溪河流和人工沟渠进入稻田中，成为上等天然肥料，从而达到灌溉和肥田的双重功效（郭家骥，1998）。

#### 5.4.4.3 珍爱水资源，建立较完备的水资源管理规则

傣族中流传这样的谚语：“大象跟着森林走，气候跟着竹子走，傣族跟着流水走。”该族被称为“水民族”，将水视为珍贵的资源，并形成一套健全的水资源管理规则。关于西双版纳傣族的水资源管理规则，许多研究者作了深入的调查和研究，郭家骥先生（1998）将之归纳为 3 个主要方面：①有一套严密的垂直管理系统；②有组织地定期维修水利设施；③公平合理地分水用水。

### 5.4.5 畜牧型农业生产方式的生态智慧

我国的草原主要分布在黑龙江、吉林、辽宁、内蒙古、宁夏、甘肃、青海、新疆、西藏等少数民族聚居区，在这里居住着 43 个少数民族，其中有 19 个民族的生产以牧业为主，如蒙古族、藏族、哈萨克族、裕固族、塔塔尔族、塔吉克族、柯尔克孜族以及部分鄂温克族和达斡尔族。他们在长期的生产实践中，创造出了畜牧型农业文明生产形态（麻国庆，2005）。

传统的畜牧型农业生产方式建立在天然草场的基础上，与刀耕火种文明一样，对自然资源同样具有严重的依赖性。它的良性发展是以草原生态系统平衡和良性循环为前提的，只有保持放牧地区草原生态系统的动态平衡，畜牧型生产方式才能得以可持续发展。为此，就必须寻找一种有效的调适方式，在二者之间保持一种平衡机制。对于这一问题，传统的畜牧生产通过转场（游牧）和分群放牧、节制放牧的方式来进行解决。因此，传统的畜牧业本质上属于“逐水草而居”的游牧业，游牧可以让传统畜牧业把对生态环境适应和利用发挥到极致，而蒙古包、毡房等都是游牧民族生态文化的主要内容和重要表现（袁国友，2001）。

#### 5.4.5.1 转场：对放牧草地的保护性利用

畜牧业生产是通过人的干预将植物生产的各种植物成品进一步转化为各类动物产品的过程，草地及其植物是畜牧业生产的基础。在长期的生产生活中，为了使牧场资源得到科学合理利用，使牲畜在一年四季都能获得充足的饲料供应，以及保

障牧草的持续生长，我国北方各游牧民族掌握了牧场的四季变化情况和生态环境特征，根据牧草在不同季节的生长特性和牧草被牲畜食用的情况进行牧场迁移，即“转场”的放牧制。这种根据不同季节、草场质量、水源条件进行轮流放牧的转场制度，有效降低了“滥牧”“抢牧”“牲畜盲目集中”等现象发生的频率，这是蒙古族等游牧民族生产方式的一个伟大成就（麻国庆，2001）。

#### 5.4.5.2 分群放牧与节制放牧

早在 16 世纪，土默特蒙古族就以分群放牧方式作为合理分配草场资源的手段。在分群放牧中，游牧民族根据牛、马、羊、骆驼等不同动物的食性、生理特点以及对环境的要求采取了因地制宜的放牧、饲养、管理方法（吴人坚，2008）。

分群放牧除了有满足不同牲畜的生理需求和保证其健康成长的作用之外，还有保护牧场生态的意义。一方面，让牧场上的植物一部分被牲畜吃掉，另一部分得以保留下来，保证牧场的植物不至于被“斩尽杀绝”；另一方面，通过不同种类牲畜放牧的时间和空间差有利于不同植物的恢复性生长，从而促进了生态平衡（吴人坚，2008）。另外，蒙古族等民族对各类牲畜放牧群的规模也做出了一些科学的规定，如马群以 200～500 匹为宜，不宜过大也不宜过小。规模过小，则所耗费的劳动过大，提高了经营成本。而马群规模过大，一是不便管理，再多的好草也会被壮马抢吃光，那些瘦弱的马会吃不到好草或吃不饱；二是过度放牧会破坏牧场的植物资源的恢复。

## 5.5 传承少数民族传统生态文化的意义

作为人类创造的精神和物质成果，文化总是在不断变化发展的。少数民族在生产生活过程中所形成的多种多样的生态文化，尽管没有建构成一个完整的科学体系，但是这些传统文化却体现了保护环境、保持生态平衡，维护人与自然的和谐关系，谋求长远发展的生态思想。若去掉宗教神话色彩后的少数民族传统生态文化思想，还是能发现与现代的生态伦理规范及内涵有着许多相同之处，对于化解人类与生态环境的矛盾，具有普遍意义和当代价值（丁菊英等，2012）。

## 5.5.1 少数民族传统文化生态思想的当代价值

### 5.5.1.1 为我们构建现代生态伦理提供养料

构建现代生态伦理是解决生态危机的内在要求。少数民族传统文化生态思想的形成和维系源于对自然的敬畏，由于这种力量在代际间的不断强化，其传承通过教育和熏陶等“内化”途径得以实现。我国很多少数民族普遍比较重视孩子生态意识的培养，将与生态相关的知识编成生动形象的故事讲述给自己的孩子听，诸如生态环境给民族带来了什么、破坏环境的惩罚等，代代相传下来。这种以民族生态意识传承生态思想的方式，对于现代生态伦理观念建构有着重要的借鉴意义。

### 5.5.1.2 对处理人与自然关系提供了范式

在处理人与自然关系方面，少数民族的生态思想提供了可供参考的答案，并促使当代人反思自己的行为。早在 100 多年前，恩格斯就警告人类：“我们不要过分陶醉于我们对自然界的胜利。对于每一次这样的胜利，自然界都报复了我们。每一次胜利，在第一步都确实取得了我们预期的成果，但是在第二步、第三步却有了完全不同的、出乎意料的结果，常常把第一个成果埋没掉了。美索不达米亚、希腊、小亚细亚以及其他各地的居民，为了想得到耕地，把森林砍完了，但是出乎他们意料之外，这些地方今天竟因此成了荒芜不毛之地，因为他们使这些地方失去了森林、也失去了集聚和贮存水分的中心。”而我国的少数民族，在长期与自然调适的过程中，探索出许多行之有效的生活生产方式，他们能在有限度地开发和利用的同时，充分考虑环境的承载力，将调节与自然环境的关系放在首位，把民族与生态融为一体，实现“利用与保护”“索取和再生”有机地结合，如游牧民族的“转场”“分区放牧”“节制放牧”，壮族的“施绿肥”，哈尼族的“速生树”种植等，这些为今天人类生活生产的活动提供了范式。

## 5.5.2 少数民族传统文化的生态观给实施可持续发展战略的借鉴和启示

自 1972 年“可持续发展”这一概念提出以来，已得到各国政府的积极回应。江泽民同志在党的十四届五中全会的报告中指出“在现代建设中，必须把实现可持续发展作为一个重大战略”，标志着我国政府已经把可持续发展作为一项重大的决策。中国许多少数民族在原始社会向农业社会演进以及创造农业文明的漫漫历程中，建立了一套平衡人与自然关系的物质技术手段、生产生活方式、制度措施、思想观念和价值体系，为我们保护环境、实施可持续发展战略提供了一些有益的借鉴。我国的少数民族在漫长的岁月里从原始社会过渡到了农业社会，并在这个过程中创造了属于自己的农业文明，为了实现人与自然和谐相处的目标，他们形成了一系列对保护环境、实现可持续发展战略很有现实意义的生产生活方式、物质技术手段、制度措施、价值体系和思想观念。

#### 5.5.2.1 为农业、林业有机组合可持续发展提供借鉴

（1）林农复合经营。在许多少数民族看来，“林”和“农”是一个有机组合，不可分离。傣族对其有独特的见解：“有林才有水，有水才有田，有田才有粮，有粮才有人”（林庆，2003）。他们不会以破坏森林为代价来种植粮食，因为他们知道生产粮食所需的水源和地力都会随着森林的破坏而折损、消耗，最终无法实现粮食的正常生产。因此，历史上少数民族根据这种思想摸索出了林农复合经营的种植模式，“林粮兼作型”农业就是其中的典型代表。此外还有以牧为主的牧林型、以渔为主的渔林型。这种复合生态系统基本可以概括为土地、环境、林业成分、农业成分（农、牧、渔等）和人类经营 5 个方面。在这样的经营模式下，各方面的资源都能物尽其用，而且可以使收益更加稳定和持续，经济效益、生态效益和社会效益都远高于单一的土地利用方式。

（2）实施森林资源分类管理。虽然我国的少数民族并没有形成系统化的森林资源分类管理理论，但是却有着十分丰富的实践经验。禁伐林、限伐林、可伐林是他们对森林资源的大致划分，不同的资源类型对应着不同的管理方式。一般而言，禁伐林指寨神林、神山林、密枝林、坟山林等宗教林及龙潭林、水源林，它们类似于我们现在常说的“生态公益林”，它是全寨居民共同所有的，与村寨的发展存亡息息相关，因此不允许任何人对其进行破坏（胡冀珍等，2008）。限伐林主要指轮歇地林。可伐林主要指薪炭林、用材林和商品林。这一块森林可供人们满足日常木材需要。这种对森林的分类管理方式，是少数民族人们在生存发展过程中，在与森林的互动过程中，依靠自己对生态自然规律的洞察和认知，自己总结摸索出的一条森林可持续发展之路。

（3）种植速生林木，缓解森林压力。美国科学家经过调查研究发现：“速生林木作为一种生态保持工具可能同高产小麦和水稻一样威力强大”，速生林木能使美

国森林面临的砍伐压力减少 50%，它在保护生态方面拥有巨大的潜力（杨明艳，2011）。中国许多少数民族没有当今美国人的先进科技，却对自然有着极强的敏锐性和洞察力，他们在长期的生产实践过程中，发现并培植出多种多样的速生林木。如云南佤族、景颇族、独龙族、怒族等，将速生树种水冬瓜树种植在休闲地上，使得土地的休闲期得以缩短，减轻了林地压力。此外，竹子以其旺盛的生命力和强大的再生能力成了许多少数民族优先选择的速生植物，竹子成林时间只要 3～4 年的时间，只要砍伐的时间和数量适宜，便可以永续利用（杨明艳，2011）。因此，许多少数民族都在屋前村后种植竹林，有效地减轻了对天然林的砍伐压力。

#### 5.5.2.2　为构建衔接可持续发展战略的“内源调节机制”提供借鉴

历史上，许多少数民族中存在一种“内源调节机制”，依靠这种机制，即使在没有先进的现代技术以及健全的环境保护法律法规的条件下，仍然在生态保护方面取得了令人羡慕的成绩。这个机制可以从以下两个方面反映出来：

（1）克制贪欲的价值观。许多少数民族将对贪欲的节制看成是一种美德和习俗，将贪婪看成是一种恶行。他们往往不以拥有财富的多少作为一个人价值的评判标准，相反的，那些坐拥大量财富却自私、贪婪、品行不端的人往往成为他们丰富多彩的民间故事中最常见的素材，其中的许多精彩故事都是对他们的讥讽与抨击。像比尔·盖茨那样的富翁永远不会成为少数民族崇拜的民族英雄，他们真正崇拜的是那些为民族利益做出贡献和牺牲特别是惠及子孙的先辈们。当然，这样的价值观形成于特定的社会经济形态。很多少数民族长期生活于采集狩猎时代，过着定期或者不定期迁徙的生活，这样的流浪生活方式无法实现财富的有效积累，从而有力地降低了人们对剩余物品的掠夺意愿；而长期定居生活在封闭的自给自足的生活环境中的少数民族，实现商品交换的程度比较低，因此他们对利益的追逐意愿也不强。这种节制贪欲的价值观不仅体现在对财富的追求上，也体现在对自然资源的开采上（谢勇，2011）。如纳西族人认为：“非猎户，勿捕虎；非射手，勿擒鹤；非樵者，勿伐木。”这体现出一种“代内公平”原则，即每个职业族群都有属于自己的资源区域，并且各自对自己的资源区域拥有享用权利，其他职业族群不得侵犯和侵占。纳西族人还认为：“粮谷丰，勿垦荒。”这体现出一种“代际公平”原则，即包括当代及下一代在内的每一代人都只拥有享用属于本代人自然资源的权利，这种权利仅属于这一代人，当代人则不可侵犯下一代人的享用权利，造成下一代人的资源匮乏。

（2）敬畏和尊重自然的强烈意识。这种强烈的意识主要源于少数民族的一些原始信仰，在之前的 5.3 节已经进行了详细论述，在此不再赘述。钱箭星（2000）说道：人类学家认为宗教具有除心理功能、社会功能以外的第三种功能——生态功能，这种保护生态的功能通过对自然神灵的顶礼膜拜而发挥作用。“万物有灵”的观念使人们破坏或伤害自然界生灵的行为受到良心的谴责，而图腾的崇拜，从生态角度来看，由于各个民族所供奉的图腾多种多样，因此所受到保护的动植物也就非常广泛，避免了人们竞相斩杀同一物种而导致某一物种的灭亡。虽然，少数民族对自然的敬畏是处于一种对自然的不了解而带有恐惧性质的敬重，但亦有助于协调人与生态环境的关系。而生态伦理观则是和谐发展的自然意识的另一个源头，既然大自然是我们赖以生存的环境，是我们的家园，动植物是我们的朋友，人类难道就不应该像亲人一样去尊重自然、关爱自然吗？

## 5.5.3 传承少数民族传统生态文化的现代使命

少数民族生态文化为我们构建现代生态伦理和实施可持续发展战略提供了借鉴，我们应该将现代科学理念与少数民族传统生态思想相融合，在生态环保方面根据各民族地区的具体情况因地制宜，主动顺应自然，形成人与自然和谐发展的现代生态文化。

### 5.5.3.1 传承和提升少数民族生态意识

少数民族生态文化的合理继承可以为构建和谐民族奠定基础。虽然，少数民族生态文化思想不乏许多科学的观念，但其科学成分中却包含着一种直观朴素、感性的认识，无法深入解释和处理人与自然的关系。而随着现代文化的日益更新，少数民族的生态文化思想已经无法适应现代社会以追求经济效益最大化为目的的大规模物质生产活动的要求。因此，我们在传承少数民族生态文化的基础上，还要用现代科学理论将其提升和发展（石长起，2012）。

### 5.5.3.2 建立生态、经济、社会效益同步的生产生活方式

现代的少数民族，由于所处自然环境本身的特殊性，生活条件相对落后，并且少数民族之外的现代社会环境也对其生存环境产生了不利影响，造成了生态发展的不平衡。因此，为构建少数民族地区和谐的社会环境，必须用集约型生产方式替代传统的粗放型生产方式，使经济建设与生态建设相辅相成，生态保护与脱贫致富同步发展。

我国现阶段正是传统农业向现代农业的转型阶段，由于人口的快速增长，传统农业已经无法满足人民日益增长的物质需求，而过度的生产又会超过环境的承受极限；再加之现代农业由于大量使用化肥、农药，也会造成对环境的破坏且给人类生存发展带来威胁。因此，高效的生态农业才是解决上述问题的必由之路[①]。以广西恭城县为例，当地瑶族群众在农业生产中引进了许多现代科学技术，养殖、沼气、种植三位一体的生态农业成了许多农户的生产经营模式，对种植业和养殖业都起到了很好的带动作用，推进传统粗放型农业向规模化、集约化转变，在很大程度上改善了居民的生活，成为全国生态农业发展的典范（许进品，2005）。

#### 5.5.3.3 建立现代化的生态保障机制

少数民族的村规民约、习惯法等制度文化作为当地生态伦理的重要组成部分，对于保护自然资源和生态环境发挥了重要的作用，成为调节和维系少数民族生态思想的重要保障机制。但是，这些制度文化是在当时生产力水平低下的背景下发展起来的，虽然包含着一定的科学性，但同时也具有一定的局限性，不能满足现代少数民族社会经济发展的要求。而且，村规民约、习惯法远不能满足现代制度文化对规范性、系统性和准确性的要求。因此，必须按照现代制度文化的标准来提升制度文化的层次和水平，实现对传统制度文化的发展和超越。

（1）应使制度规范化。把国家环境保护的相关法律纳入地方性法规中，增加地方性法规的权威性和科学性。同时，对于少数民族地区局部的生态保护和生态建设规范，应该由当地民族区政府结合当地实际情况进行规定和实施，以增加地方性法规的可操作性。

（2）进一步规范乡规民约、习惯法。乡规民约、习惯法作为少数民族地区群众法律意识和法制观念的启蒙，在维护少数民族地区的生产生活秩序方面具有无法替代的作用，是我国地方法律制度的有益补充，同时也能够弥补国家环境法律的疏忽和不足，能对国家环境法治产生积极的影响。鉴于其存在的价值，应严格进行规范，消除当中的缺陷，使其不致与国家现行的法律法规相抵触。

（3）增强生态效益补偿机制建设。我国西部民族地区，以高山、荒漠为主，环境恶劣，当地民族的贫困生活与生态恶化恶性循环，不仅给西部也给中东部地区生态环境建设、经济发展和社会生活带来极大的负面影响。西部地区作为众多河流的

① 白葆莉：《中国少数民族生态伦理研究》，中央民族大学博士学位论文，2007 年。

源头，对全国生态有着非常大的影响。虽然国家规定对退耕还林还草工程有明确的资金补贴，但是较低的补偿标准与西部生态环境的重要地位及西部的巨大牺牲不匹配，因为民众实行退耕还林还草，其返贫现象屡见不鲜，对生态的保护与建设产生了极为不利的影响。因此，国家应该制定更为合理的生态效益补偿机制，同时对当地人民进行现代农业技术推广与指导，用现代生态农业替代传统农业，使生态效益和经济效益都能最大限度地实现平衡。

## 5.6 本章小结

本章系统地阐述了我国少数民族传统文化的生态特征与生态智慧。我国少数民族居住地十分分散，依托不同的生态环境，在历史的长河中，通过劳动实践，数代人的经验积累，创造、发明的人类文明成果，推动着人类文明社会的不断进步，充满了各种适应自然的生产和生活方式，值得现代人去挖掘和继承并发扬光大。本章主要从观念、制度和生产领域 3 个方面分析了少数民族传统生态文化的特征：①在少数民族的传统观念中，包括许多崇尚人与自然和谐发展的因素，这些观念主要以神话传说、宗教信仰和自然物崇拜等形式表现出来；②制度中的民族传统生态文化，主要包含在乡规民约、禁忌、人生仪礼和节日庆典等约定俗成的文化系统中；③在生产开拓的民族文化历史中，我国少数民族创造了丰富的农业文明生产形态，包括山地刀耕火种农业、林粮兼作型农业、坝区稻作农业和梯田稻作农业等。我国少数民族的传统生态思想，与现代的生态伦理规范有很多的相似之处，这种思想在解决人类现存的生态危机具有普遍意义和现实意义。

# 第 6 章

# 生态文化的当代价值

在面临人类生态危机之时，人类所具有的超越其他物种的思维意识，使人类看到未来面临毁灭的危险，所以人类会想方设法化解这种危机，生态文化的产生就是应对这一危机局面的灵丹妙药，生态文化的兴起凸显了其当代价值。

## 6.1 促进发展观念的生态化变革

人们之所以会对传统的发展观产生怀疑，主要还是因为生态危机的步步紧逼，人们在反思的过程中提出了可持续发展理论。可持续发展观从根本上来说属于生态发展观，它的产生让人们更加深刻、理性、科学地认识到人类社会应该如何发展，尤其是在道德价值方面，只有将其与效率原则相结合，才能实现人类幸福生活的美好目标。

### 6.1.1 传统发展观从单一经济增长到综合发展的生态化倾向变革

传统发展观的主要特点是它的狭隘性与片面性，以追求经济增长为目标，具有单一性的显著特点，单纯重视经济增长速度和数量，而忽视了经济增长的质量和结果、忽视了经济增长与资源合理利用的并重、忽视了整个社会其他领域的协同进步。此外，该发展观是以自然资源的衰竭和耗尽、环境质量的日益恶化以及牺牲人体身体健康为严重代价的经济发展方式，最终造成了人与社会片面不和谐的发展关系。由此可以看出，传统发展观是一种线性的单一发展观念，只是要求一味的经济增长，其唯一的衡量标准就是财富，认为社会发展就是提高经济增长的速度、扩大 GDP 的数目。然而，通过人类对现实社会问题的反思，渐渐地发现了这种传统观念的局限性，在经济增长取得长足进步的同时，也使得生态恶化、环境污染、资源枯竭、矿物燃烧产生大量的温室气体引致全球变暖等的一系列问题。同时，这些问题已经开始威胁到人类的正常生存和发展。正是基于以上种种问题，人类开始思考采用一种新的发展方式来取代传统发展方式。

综合发展观与传统发展观最大的区别在于，其视角不仅仅局限在经济增长的目标上，而更多地考虑整个社会领域的协调发展、共同进步，尤其强调对自然环境的保护、资源的有效配置与合理运用。将科学发展观与可持续发展观纳入经济增长的过程当中，转变传统经济发展的衡量标准，将焦点放在经济增长的质量和外部效应上，要以绿色 GDP 来衡量经济增长的质量，以美化人类生存环境为终极目标。可见，综合发展所推崇的是一种与传统发展观相反的非线性发展观，该观点把事物放在整体环境中来考虑，认为客观事物是复杂的，由多因多果共同作用组成，从本质上来说，世界是非线性的①。这种非线性是相对于线性而言的，可持续发展观与科学发展观就是非线性的典型代表。就可持续发展系统而言，在这个系统当中存在很多的要素，这些要素本身之间、要素与环境之间，又或者要素与系统之间都具有非线性的相互作用，它们之间相互影响，强调发展的整体性和持续性。科学发展观是自新中国成立以来，在反思我国经济发展所走过的道路而提出的一种当代经济发展观。较之传统的发展模式，它更加关注“人”本身，且从全局出发，统筹社会、经济、环境各方面，是一种可持续的发展观念，它强调在保证经济增长的同时，不能忽视资源的合理开发与有效利用以及环境保护的协调发展。

综上所述，人类在经历了不同社会形态更替、不同文明交流碰撞以后，生产力水平在不断提高，经济发展速度也越来越快，经济发展方式也越来越科学。从以物为本向以人为本转变、从传统的线性发展观向非线性发展观转变、从不均衡发展向均衡发展转变、从掠夺式发展向生态式发展转变，这一系列的转变反映了人类社会的不断进步、对生态意识的逐步加强，逐步实现传统发展观向综合发展的生态化倾

① 《邓小平文选》第 2 卷，北京：人民出版社，1994 年版。

向变革。

### 6.1.2 可持续发展观实现了发展观向生态化的变革

20世纪60年代，全球生态危机的加剧对人类的健康和经济社会的发展产生了极大的威胁，生态环境的恶化、资源的不断枯竭，使得现代工业发展模式的弊端越来越凸显，人们开始将经济社会的发展、资源环境的保护、人类的永续健康发展等一系列问题进行全面系统的研究和思考。探讨生态问题与人类社会永续发展之间关系的“可持续发展”理论毫无疑问为人类此时的发展提供了一条正确的道路。

联合国大会于20世纪80年代制定了《世界自然保护大纲》，进而第一次提出了“可持续发展”的概念。此后，可持续发展的概念在1987年得到了进一步发展，在以挪威首相布伦特兰夫人为主席的“世界环境与发展委员会”发表了影响全球的题为《我们共同的未来》的报告，报告对可持续发展做出了如下定义，即“既满足当代人的需要，又不对后代人满足其需要的能力构成危害的发展。”而我国学者对可持续发展做了如下补充，认为可持续发展是不断提高人群的生活质量和环境承载能力的、满足当代人需求又不损害子孙后代满足其需求能力的、满足一个地区或一个国家需求又未损害别的地区或国家人群满足其需求能力的发展。这些对可持续发展的定义都体现着一个核心，就是人与自然、人与人之间和谐相处。

可持续发展逐渐形成一套完整的理论体系，包括“增长极限论”“无极限的增长论”“循环经济理论”等诸多理论。它要求资源的消耗不能超过环境本身的承载力和恢复能力。同时也强调要在人与自然中确立正确的主体地位，实现由“人类中心主义”观念向“人类相对中心主义”观念的转变，既承认人与自然的平等与互惠，又尊重自然生态规律。由此可见，“人类相对中心主义”才是人与自然最值得提倡的相处之道。邓小平同志曾从经济、社会、生态3个方面对可持续发展观进行了解释。这反映出可持续发展提醒着人类在关注经济效益的同时，也要考虑生态的和谐，且人与人之间的公平也不可小视。可持续发展的本质是长期性、永续性，不仅维护当代人的利益，还关注子孙后代的利益。环境保护越来越成为当今社会热议的话题，人类对自然资源索取太多，以至于已经超过了自然所能承受的能力，要改变这种不良的发展状态，就必须走可持续发展道路，改变原有的不合理的经济发展方式。

总而言之，可持续发展观理论较之传统的发展观具有很大的进步之处，它首先将生态系统的好坏纳入了发展的评价标准，使人们认识到我们不应该是自然的征服者，而是应该与自然协调发展、和谐共生。它指出发展所包含的不应该仅仅是经济，而应该是经济、生态、政治、社会等各个方面。同时，以环境的破坏和牺牲所换取的经济增长是绝不可取的，反之必须以保护环境为前提。倡导经济发展方式由粗放型向集约型转变，减少资源浪费或者有效利用资源。单纯强调经济增长的传统发展观已是过去式，可持续发展观才是世界未来永续长久发展下去的保障。

基于对可持续发展的含义、特点以及同传统发展观的比较可以看出，可持续发展观更加注重对人与自然、人与人之间的关系的研究，明确了人类社会的发展与生态系统之间的相互依赖性，指出了人类经济社会发展是受生态环境制约的。这种思想超越了传统发展观的狭隘性，是发展观向生态化的突破，是科学进步的新观念。

### 6.1.3 科学发展观强化了发展观的自然生态取向

科学发展观是我党以胡锦涛总书记为核心的新一届中央领导集体，顺应新世纪新阶段的实际情况，努力找寻发展的宏观规律以及丰富的发展内涵，以开拓发展思路、破解发展难题为目标，在传统发展观基础之上的科学、理性的发展观。

早在改革开放之初，邓小平就提出了发展的概念。他认为能否改善人民生活现状，能否提高社会生产力是反映政治领导是否成功的重要表现。并指出四个现代化的实现与否决定了我国的发展命运和民族的未来[①]，以及中国要实现现代化需要从多方位入手，协调各方，统筹全局的科学论断等，最终确立了以经济建设为中心的发展路线。时至今日，科学发展观经历了我国党和政府的一贯坚持，科学发展观得到了更为明显的强化。如“建设生态文明”在党的十七大报告中第一次被提出，并被纳入全面建设小康社会的奋斗目标中。在党的十八大会议上，更加强化了生态文明的建设方向、具体目标和路径。

生态文明建设与科学发展观有着异曲同工之效，凸显中国的发展不是经济的“黑色发展”，而要做到经济的“绿色增长”。这种“绿色增长”反映了科学发展观强调全面、协调、可持续的发展观念。我国现在已经进入到了后工业发展时期，经济成果显著，但是环境污染严重，这要求我们树立生态文明的科学发展观，使人与

① 《邓小平文选》第 2 卷，北京：人民出版社，1994 年版。

自然和谐相处，使物质、精神、政治、生态四方面统筹一致（赵立永，2013）。同时，生态文明的科学发展观也追求经济发展成绩，但前提是更加关注人与生态环境之间的协调关系。总体来说，人与自然和谐相处是科学发展观的内在要求，并以实现经济、社会、环境三方面效益的综合发展为未来发展的目标。可见，科学发展观强化了发展观的自然生态取向。

### 6.1.4 经济模式生态化转型的文化意蕴

经济模式的生态化转型代表了人们的价值观、信念、态度和行为方式的生态化转向，也是生态文化的具体体现。当今国内与国际社会的经济发展方式均以满足人类的各种利益作为努力奋斗的目标，在很大程度上是以实现财富的不断增长作为人类幸福的象征。但实际上，如果总是不断地以耗竭性方式攫取地球资源的话，终有一天地球上的资源不能够满足人类的需要。因此，经济模式的生态化转型，就是告诉人类要摒弃耗竭式攫取地球资源的经济发展方式，而以生态经济或者绿色经济发展方式作为我们人类社会经济发展模式的首选，生态文化成为人类社会的主流文化。

## 6.2 推动政治过程的生态化转变

从表面上看，生态问题的产生源于生态系统遭到破坏，其功能逐渐衰减，从而产生了对人类及其他生命生存和发展不利的变化，与政治的关系不大。但如果我们深入寻找生态环境变化的起因，就会发现人类目前所面临的生态危机很大一部分是由国家政府追求目标导致的。政府出于种种原因有意无意地对大自然的破坏性征服、经济人追求利益最大化的无节制的索取、人类对自然界不合理的改造，都是引发环境恶化、生态危机的罪魁祸首。而人类的这一系列活动都与政治当局的经济、社会制度密不可分，与其政治观、价值观、公共决策等因素密不可分。因此，社会生产发展的方向、社会生产对环境造成的影响都取决于政治当局的制度框架。这将成为国际政治未来发展的必然选择。

## 6.2.1 政治过程生态化与传统政治的差异

在世界各国“绿党”的参与以及民众生态政治运动不断扩大的推动下，生态在国家政治生活中的地位、影响日益增强，使得政治过程呈现生态化的趋势。传统的政治发展在生态危机的影响下，开始向生态政治转变，并且人类的全部政治活动都将逐渐与人与自然和谐共生观点及生态学理念相结合，形成了生态政治概念。对生态政治内涵的剖析可以从其产生的时间和根源着手，其概念表述如下：生态政治是在政治学中引入生态学的观点，借助政府的手段和力量，自上而下地建立符合生态价值观的体系框架，这其中既要有制度层面的硬性规范，又要有指引人们正确处理与自然环境之间关系的指导思想，以此缓解因违背自然规律而产生的环境问题对人类及其他生物永续健康生存而产生的威胁。生态政治中政治实践与理论的绿化突破了传统，是政治领域的一次创新实践。生态政治围绕生态这一主题，不断进行理论和实践的探索，并且在政治中给予自然高度关注和广泛讨论，这样促使人们更深刻地审视人与自然、自然与生态之间的紧密关系，进而在政治层面上制定有效的措施，成功地应对自然环境的问题。

### 6.2.1.1 政治过程生态化改变人们对待自然环境的思维模式

生态政治体现了人类政治文明的进步，它是以普遍联系的政治哲学观和公平正义的社会价值观为基础的，以生态学为支点，关注人与自然的关系，致力于解决经济社会发展与生态利益冲突之间的矛盾。传统的政治模式局限在人类社会范围内，将整个社会看作是一个与自然界无关的孤立的系统，将人放在与自然对立的位子上，认为人类可以征服自然、改造自然，可以一味地向自然索取和掠夺，甚至以超越自然的承载能力为代价片面地追求经济的增长。这样的思维模式存在很大的盲目性和局限性，因此会激发许多矛盾，最终影响生态环境的正常运转和人类社会的永续发展。而生态政治依据事物之间普遍联系的哲学观，秉持公平正义的社会价值观，体现对生态环境的人文关怀，认为在人与自然的相互作用中，既要关注人类的生态利益，也要尊重自然存在的“利益”，建设环境友好型社会，以人与自然、人与生态环境的和谐发展，未来的可持续发展作为重要目标。

### 6.2.1.2 政治过程生态化增加了参与主体的广泛性

人类是政治发展过程中的参与主体，传统的政治往往是少数人参与，而生态政治的参与主体却十分广泛，除了政府机构及其人员，还有各类社会组织及行动者。生态政治的权利中心不再是政府，而是行为得到认可的各界私人及公共组织机构，他们都是政府生态政治建设的监督与推动力量。自德国“绿党”参政以来，世界的NGO 组织参与政治的倾向越来越明显，在世界范围内保护环境与揭露生态环境事件起到了十分重要的作用，如日本的“海豚湾”事件，每年绿色环保组织抗议“捕杀鲸鱼”的游行示威等。

#### 6.2.1.3 政府决策的生态化是对生态环境的客观保护

政府可以通过制定政策法规直接对环境进行保护，也可以通过制定政策影响人们的行为方式间接实现对生态环境的保护。因为生态政治拥有最广泛的公共参与基础，能有效改变过去由于生态效益所具备的外部性特征而带来的“只求经济发展，不顾生态环境，最终由政府出资治理环境问题”的消极观念，这种公共政治参与意识的增强对从根本上改变我们的生态环境意识有着十分重要的帮助，从而也更有利于解决生态环境问题。同时，随着全球经济一体化，环境问题也成了全世界各国面对的问题。因此，政治决策区域化、国家化、国际化也十分重要。这与马克思主义主张在本质上是相同的，即东西方文化不应该相互对抗，意识形态应该是多元化的。不论是自由主义、保守主义还是社会民主主义，只要认同生态政治的价值观和主张的都应该为生态政治的建设所用，而不应该局限于它属于何种政治派别。总之，未来政治的重要任务之一就是重塑生态的和谐。

#### 6.2.1.4 政治过程生态化可避免强权政治和霸权主义的任意扩展

霸权主义、强权政治引发的战争和冲突无疑是对生态环境最大的污染和破坏。中东地区石油资源、水资源的争夺所带来的不断战火正是源于“狭隘生态利益”。而生态政治则与之截然相反，它能够促使地区、国家之间和谐、平等、和睦相处，避免了政治的斗争性，有利于化解生态环境危机。联合国里约热内卢环境与发展大会秘书长莫里斯·斯特朗曾经说过：“20 世纪 90 年代后，由环境带来的困扰蔓延至世界的各个角落，这不但影响了各国的经济、社会发展，更重要的是它引起了人类对于其和自然之间关系的思考”（张海滨，1993）。因此，政治过程生态化将可避免强权政治和霸权主义的任意扩展。

## 6.2.2 政治过程生态化的环境外交特点

### 6.2.2.1 环境外交内涵与背景

环境外交是在 20 世纪 70 年代才发展起来的。国内外学者对其还未形成统一的定论。有学者认为“环境外交是指主权国家之间以处理环境问题为内容，运用外交手段进行的一系列活动”（张海滨，1998）。也有学者主张“环境外交是国际间各组织或地区用以协调跨境环境纠纷和资源分配争端，制定国际公约、协定等的一种外交活动”（蔡拓等，2002）。还有学者认为“环境外交是国家和其他外交主体通过谈判等和平形式，以调整国际环境关系的各种活动的总称”（吕杰，2003）。

目前，国际环境外交对气候变化的关注度持续上升并付诸实践。IPCC（联合国政府间气候变化专门委员会）第四次评估报告明确证实了“人类活动是导致全球变暖的主要原因”。1997 年签订的《京都议定书》，2007 年召开的印度尼西亚巴厘岛气候大会，以及 2009 年签署的《哥本哈根协议》，都是针对全球气候变暖问题所做的谈判。全球变暖问题如果一直得不到解决，其对世界社会经济和自然生态的影响是全方位而深远的，尽管世界各国都在积极开发低碳和无碳的新能源，但化石能源仍将长期作为主要能源，无碳时代的来临还需做出巨大努力。因此，国际社会对气候变化给予了极大的关注。

英国外交大臣玛格丽特·贝克特自 2006 年 5 月上任后，不断利用各种机会，大打“环保外交”牌，宣传英国新的“外交主张”。其官方对气候变化的研究，为其气候外交提供了科学有力的支持。美国在外交过程中也采取了相应的举措。在温室气体减排律法的影响下，美国国会正在建立和完善适用于全美的气候变化法案。尽管这项举措涉及美国制造业的最大利益，美国的四大汽车制造巨头还是拥护和支持该项立法，其中包括福特汽车，他们都对减排问题表示支持。

### 6.2.2.2 环境外交特点

由上述背景和内涵可以看出各国环境外交在生态保护方面的一致性和认同度。而随着环境问题跨越国界，涉及范围不断增加，政治过程生态化不断演进，环境外交逐渐呈现出新的时代特点。

（1）维护国家和国际社会的和平安定日显重要。针对一些发达国家以保护生态环境为理由对发展中国家发展经济的种种苛责；向发展中国家施加压力，提出不合理的环境义务要求，如转移有毒有害废物；影响中东和平进程及中东国家之间关系而由此带来的关于石油资源及水资源的纷争等，可知生态环境冲突在所有国家之间都有可能产生。因此，需要通过环境外交谈判来达成某些政治上的冲突，并引起世界人民的关注，进而阻止这类把污染物以及各种有害物质向他国转移的做法，减缓甚至消除因资源问题带来的纷争。可见，政治过程生态化的环境外交成了维护国家安全和国际社会和平、可持续发展的重要砝码，在外交谈判中日显重要。

（2）法律化、公约化特征日趋明显。如今国际社会对环境问题的探讨已经不只停留在议论和发表宣言的阶段，而是开始签署具体的国际条约、协议，颁布具体的政策、法规，表现出了法律化、公约化的特征。这一进步是避免和解决地区、国家和国际间的环境冲突、政治冲突以及经济冲突的重要砝码，由此也产生了现代国际法的一个分支——国际环境法。国际环境法对调整国家和其他国际法主体之间由保护、改善和合理利用环境资源所形成的国际关系有着重要的指导意义。

（3）科学技术性愈来愈强。鉴于环境外交产生的背景，是人类环境意识和环保意识不断增强，是为了人与自然的和谐相处、未来的可持续发展，是为了处理当代人类所面临的生态危机，可知环境外交不仅取决于国家政治的发展，也深受科学技术的影响。如臭氧层外交、跨国酸雨外交、海洋环境保护外交、全球气候变暖外交、生物多样性外交等当代热门外交问题，都是以现代科学技术的发展为前提的，离开了科学技术，就没有当代的环境外交活动。

（4）公益性特征十分显著。环境外交不仅维护国家利益，还非常重视兼顾别国的环境权益及未来子孙后代的利益。在当代环境外交的舞台上，不同社会制度、不同国力发展水平、不同文化传统、不同宗教信仰的国家代表能够聚集在一起不断地讨论研究国际环境事务和协调国际环境关系，很大一部分原因正是出于对整个地球居民利益和命运的关心。这说明在生态政治理论的指导下，人们开始更多地关注人类共同的利益，具有明显的公益性特征。

## 6.3 促进社会生活方式的生态化变革

既然生态文化是一种文化现象，也就代表了整个社会的价值观、思维模式和行为方式，仅强调生产方式生态化，是不可能达成生态文化最高阶段目标的实现，需要全体公民均能够认同和履行生态行为，才能形成整个社会的生态文化氛围。因此，很明显真正的生态文化是能够促进社会生活方式的生态化变革。

### 6.3.1 促进社会消费观及行为生态化改进

诚然，人类的生存发展始终要以消费物质产品为基础，但这种消费应该是适度合理的，而不能是过度甚至奢靡的。过度奢靡导致工业社会为满足不断膨胀的社会消费需求欲望，以“高投入、高消耗、高排放”刺激经济的发展，满足物质生产的需要。根据消费心理学，现代市场经济中的生产是受消费影响的，生产结构、生产方式和生产理念是受消费结构、消费行为和消费观念所引导的。实际上，很多物质需要并非有着实质上的需要，更多的是为了展示权力和炫耀金钱，满足人们虚荣心理的需要。这样的消费市场心理需要，很显然会误导人类的生产方式。生态文化的当代价值之一，人类必须转变消费模式，倡导以物质消费为主的消费方式逐渐转向精神消费的发展。要求以生态学为指导的消费主张引领公民生态消费方式，然后通过这种消费方式的变革形成消费结构、消费行为、消费理念的生态化，促进资源节约型用品、耐用品、大众用品、环保与健康产品、精神文化产品的大幅度需求。因此，真正的生态文化能够促进社会消费观和行为生态化改进。

### 6.3.2 促进公正民主的生态和谐社会自觉形成

我国生态文化建设的宗旨就是构建社会主义和谐社会，本质上不仅要实现人与人、人与社会相和谐，还需要实现人与自然的和谐。这两种和谐关系的基础都是以人为本，关注人在促进社会与自然发展中的作用，更加科学地推动社会各方的共同发展。它的建立离不开公平、公正、民主这一前提，因为社会的发展进步、生态的保护、环境的治理都需要人们的共同行动与参与。公平原则是生态文化建设的最高要求，包括代内的横向公平、代际间的纵向公平、人与自然之间的公平和有限资源在国家和地区之间的分配公平，尤其是在发达国家和发展中国家之间公平分配。

如前所述，人类进行的社会生产不再局限于满足物质需求，而是追求对物质财富的最大化生产。这种超出社会承载范围的生产方式使得贫富差距拉大、产生两极分化，从而引发社会矛盾，不利于人类社会自身的和谐要求。那么，为了阻止社会矛盾的进一步发展，达成人与人之间的和谐目标，这就需要我们应用生态科学的原理，制定相应的制度，约束两极分化程度的扩大。这就需要站在公正的立场上，采用民主的方法，兼顾各方利益，引导富裕阶层主动回馈社会，达成调控国家、省市之间的经济发展速度和资源利用速度。通过这样公正、民主的生态化方式调节，不仅可以解决当代人之间的利益分配问题，还能够缓解代际之间的资源利用以及利益分配问题，社会矛盾随之也会得到缓解，人与人之间的关系也会非常融洽，从而逐渐自觉地采取维护公正民主的行动。同时，还可以通过各种生态教育方式引导人们改变生活方式，通过建立一系列自上而下的体系，监督、抑制政府的不规范行为和决策，培养公民的民主意识，增强公民政治参与的能力，使人类社会发展按照自然的客观规律前行，促使全体公民养成维护社会和谐的自觉行为。

## 6.4　促进科学技术的生态化转向

“科技是第一生产力”，科学技术是推动社会进步的决定性力量。但同时我们也要注意到“科学是一把双刃剑”，当技术的进步超过社会发展的当前阶段，或者说科学技术还未被大众真正了解，那么人类对于技术进步的盲目自信带来的是无尽的欲望、资源的枯竭以及环境的污染等威胁人类健康、社会发展的严重后果。资源稀缺、人均占有量少是中国的基本国情，而传统过时的工业科技又往往以稀缺性或污染性的资源为开发对象，不可能取得持续的发展。因此，为解决当前的危机，我们必须探索一条新的可持续发展之路，即科学技术转向生态化。

### 6.4.1　科学技术生态化是社会发展的内在要求

科学技术生态化是指将生态学、生态经济学、生态管理学等生态科学、系统科学的原理渗透到人类的科学技术活动中，用人、社会、自然协调发展的观点去思考、认识、指导、实践科学技术活动，实现地理的最优化。

#### 6.4.1.1　社会需求是科学技术生态化转向的动力之源

科学技术的发展最终是社会需要所推动的。每一项科学技术的产生都源于人们对某种价值的追求，它是人们解决问题和实现目标的一种方式。任何一种生产技术的产生和变革，都是为了得到能够满足人们生产生活需要的技术产品。在技术的应用过程中，人和整个社会乃至自然界都会受其影响。所以，人类在开发先进技术的过程中，不仅要考虑它是否能够实现预期的价值目标，还要考虑合理协调技术之间的关系，如社会技术、思维技术与自然技术之间的关系，更要考虑促进人类社会与自然界的长久和谐。在生产技术更新变革、产品生产的过程中，除了社会和经济的价值需要考虑之外，还需要考虑生态价值，力求最大限度地提高自然资源的利用率，避免给自然界带来不良的影响。现阶段人类社会的发展有着不同于工业化生产方式的要求，正是这种要求使得科学技术的研究和发展不断向生态化转变。

#### 6.4.1.2 技术的应用体现社会发展的目标

科学技术总是为实现社会的发展目标而进步，其技术应用的终极目标就是为了满足人和社会的价值目标追求。过去的社会发展目标比较单一，主要是满足人们对生存基本条件的需要，工业革命以后，人类社会的发展目标有所改变，最开始是为了不断增长对物质占有欲望的需要，后来发现这种社会发展目标存在很大问题，给人类赖以生存的地球生态系统带来无法弥补的灾难性后果。因此，国际上有识之士开始了对人类的社会发展目标进行了检讨。时至今日，形成世界范围内的共识，认为人类的社会发展目标应该是在公平、公正、民主的基础上，共享自然资源和科学技术成果，实现人与人、人与自然的和谐相处，应持有不违背自然生态系统的价值观和伦理观。因此，一项技术如果违背了公认的价值观和伦理观，其发展和应用就会受到极大的限制，如克隆技术。而一些顺应社会发展，能够为我们解决社会环境问题的技术则会受到大力支持，如开发和利用太阳能的光热、电热技术能缓解资源枯竭、能源短缺和环境污染等问题，是值得我们人类社会欢迎的科学技术，也得到了世界各国政府的鼓励和支持，得到了人类社会的共同认可。由此看来，生产和社会发展的要求和技术之间的影响作用是相互的，生产和社会发展需要技术推动，同时也会对技术的发展有所限制。

### 6.4.2 科学技术生态化是协调人与自然关系的有效手段

科学技术解放了人类的物质与精神，是协调人与自然之间关系的有效方法。传统的科学技术观念以人类为中心，以征服自然为目的，认为自然界应该受人类的主宰，虽然给生产力的发展做出了巨大贡献，但也破坏了人与自然的和谐。要改变破坏自然界的科学技术旧模式，就应该探索不破坏环境的新的生态科技之路，这也是形成适宜人类发展的生态社会环境的长远之计。

#### 6.4.2.1 生态科技能够推动社会的持续发展

旧时的生产方式，以最大化创造财富为目的，追求经济的高速发展，强调财富创造力。生态科技将人类社会的发展和自然的发展放在了同等重要的高度，认为自然是人类社会的组成部分，向自然界排放污染物最终受损的是人类社会自身，生态科技所推崇的是对自然界低污染甚至无污染的技术发明与创造。自然、社会的和谐共生是科技生态化的目的所在，人、社会、自然三者的共同发展是科技生态化的价值追求，秉承的是可持续发展的理念。有了正确信念的传导，社会经济可实现快速平稳的发展，环境生态也能保持在良好的水平，人类社会也能保持人与人以及人与自然和谐共生的安稳局面，从而推动社会的可持续发展。

#### 6.4.2.2 生态科技可以促进社会全面进步

旧时的生产力代表着工业文明的发展，在那个时代，工业得到高速发展，物质财富迅速增加，社会经济迅速膨胀。生态科技指导下的生态生产力代表着生态文明时代的先进性，注重社会的全面进步。它不仅仅强调人类社会的发展，还重视人、自然、社会三者之间的共同发展，并且将自然环境的保护作为人类文明进步的标准。在这样的社会里，科技文明成果不会得到滥用，也不会出现违反自然规律、违背人类伦理的创造发明，因为这些不属于生态科技的内容。而且人类会不断反思加强自身的发展，包括学习能力、适应能力、创造能力等，在促进人自身全面发展的同时，实现人—社会—生态系统的持续发展，推动社会的全面进步。

#### 6.4.2.3 生态科技能够提高人民生活水平

传统的生产力虽然也带来了巨大的物质财富，提高了人们的物质生活。但由于环境的污染、自然生态破坏等因素，人们日常呼吸的是浑浊的空气，喝的是被污染的水，吃的是有化学药物的蔬菜和肉类，这些都表明人类生活质量其实一直在下降。生态科技倡导人们要以“绿色技术”为主，强调人类最少地干涉自然，允许生物按照自然的原有规律自行生长。这样生产出来的生态产品，对人们生活水平及生活质量的提高具有极大的促进作用，可以减少疾病，提高生活品质和幸福感。目前，有学者总结出在 7 个重点领域推进科技生态化：①智能化微制造技术；②生态化农业技术；③生物工程技术；④循环经济技术；⑤清洁化的新能源技术；⑥新材料技术；⑦健康与环保技术（杨立新等，2008）。

## 6.5 本章小结

本章重点探讨了生态文化的当代价值。通过全面深入地分析，可以发现：①生态文化推动了发展观向生态化方向转变，从传统单一的经济发展观向人、社会和生态多赢的综合发展观转变，加强了科学发展观的自然生态化倾向。②生态文化促进经济模式的生态化转变，低碳经济和循环经济是生态经济发展目标实现的重要手段。③生态文化推动政治过程生态化转变，主要表现在生态政治旨在寻求人与自然的和谐发展，将生态学的观点引入政治学中，通过借助政府的权威和力量，自上而下建立一系列关注人与自然、人与生态环境的制度框架，解决因社会无序发展而导致的日益严重的自然生态和环境问题，从而发挥了政府决策行为可以保护生态环境的客观作用。④生态文化促进社会生态化改进。社会的生态化，包括社会消费观和行为生态化、公正民主的生态化。⑤生态文化促进科学技术的生态化转向。科学技术的生态化是指将生态学、生态经济学、生态管理学等生态科学、系统科学的原理渗透到人类的科学技术活动中，从而能够有序地推动社会的持续发展，促进社会的全面进步以及提高人民生活品质和幸福感。

# 第7章 我国生态文化建设的践行路径

中国是世界上人口最多的发展中国家，在这种情形下开展生态文化建设，符合我国现阶段的发展要求，也是顺应世界生态文化发展的新趋势。新的生态文化创新不仅是对我国经济发展成果的总结，更是社会文明整体的进步。它扩展了中国特色社会主义理论的内涵，是保障中华民族长久繁荣的重要方式。因此，我们需要把世界生态文化相关理论同我国具体国情结合起来，构建具有“中国特色”的生态文化理论和实践路径。因此，我们提出了如下的生态文化建设的践行路径。

## 7.1 培育公民的生态观践行生态行为

若要在我国全面加强生态文化建设，需要改变过去推崇单一经济发展的价值观，需要引导国民建立生态观，通过全面反思和检讨我国过去以及现存的经济发展方式，传承中华民族传统生态思想与生态智慧，融合当代文明成果与时代精神，努力实现人与人以及人与自然的和谐共生，推进我国生态文化的繁荣发展。

### 7.1.1 全面反思和检讨我国的经济发展方式

改革开放30多年时间里，由于追求经济的高速发展，以损害环境和资源为代价，通过资源的高消耗来实现经济的高增长，并对环境造成污染和破坏。我国以粗放型增长方式为主的经济发展模式弊端显露，已不适应世界经济社会的发展潮流，高投入和高消耗得不到高效率的回报，相反产生了高排放、高污染、难治理等环境问题，主要表现在资源和环境两个方面。

（1）在资源方面，我国自然资源总量丰富，但由于人口基数大，人均资源少，资源短缺表现得日益严重。其中人均矿产资源、耕地面积、水源和森林积蓄量分别是世界人均占有量的 50%、20%、25%和 10%。此外，能源问题正在成为困扰中国经济发展的一大难题。中国石油对外依存度逐年增加，单位 GDP 能耗比发达国家高出很多。而且我国的能源生产、消费结构不合理，以煤炭、石油、天然气等为主的能源消费，不仅容易造成环境污染，而且这些能源不可再生；相反，新能源和再生能源的开发和使用比例偏低。因此，节能降耗、提高能源效率和开发新能源对我国经济发展模式转变尤为紧迫。

（2）在环境方面，环境容量有限且环境污染严重，主要表现在大气污染、酸雨污染、水环境质量恶化、工业固体废弃物以及城市农村生活垃圾排放量急剧增加；生态系统十分脆弱；森林资源总量不足，土地肥力下降，全国水土流失严重。这些源于生产和生活的污染在损害环境的同时，我国公民也在为此付出代价，其生产和生活也受到了严重的危害。

因此，要采取强有力的措施，引导全民建立科学的生态观，全面反思我国多年来耗竭式的经济发展方式，亟待将过去追求单一经济的发展模式转变为人—社会—生态综合发展的生态经济模式，对传统的经济结构进行战略性调整，摒弃过去那种先污染后治理、以环境代价来获得经济效益的价值观，以达到经济增长与生态保护的双重目的，共同实现经济、社会、生态效益的多赢目标，借此推动生态文化的繁荣发展。

### 7.1.2 努力传承我国传统文化的生态思想

中国传统的生态文化与当代生态文化建设的内在要求基本一致。中国传统文化中的儒家、道家、佛教都有着丰富的生态思想。儒家文化作为我国传统文化的主流文化，对我国甚至东方社会都产生了极大影响，它从观念、行为、尺度 3 个方面分别提出了天人合一、兼爱万物以及中庸的主张，这些主张对此后的社会发展起到了重要的作用。道教也从这 3 个方面提出了其独特的观点，道法自然是道家的基本观念，遵道贵德是道家的行为准则，无为则是其行动的尺度。道家的理念为生态意识的培养奠定了坚实的基础。佛教中有关生态方面的思想理论，是我国传统文化的重要组成部分。首先它提出了物质的二重性，即凡事均是其本身也均不是其本身，其佛性统一的基本观念、众生平等的行为准则和慈悲为怀的心境影响了一代又一代的佛教信徒，教诲他们善待他物就是善待自己，佛教所遵循的不杀生的理念也从侧面保护了生态物种的多样性。

可见，儒家、道家、佛教蕴含的生态思想，直至今日也仍然是我们可以传承的文化遗产。除此之外，传统文化中的生态习俗、乡规民约、各种禁忌图腾均蕴含了很多的生态思想和生态智慧。所有这些均为我们进行生态文化建设、解决生态危机、积累生态文明成果奠定了良好的思想基础，也为我国建设具有“中国特色”社会主义生态文化提供了很多有价值的理论观念，我们要珍视我国传统文化遗产，并结合当代中国的具体实践把它发扬光大。

### 7.1.3 坚持马克思主义的生态哲学观

马克思主义的生态思想对于我国建设生态文化有着重要的启示，也是指导我国进行生态文化建设的基本思想。马克思主义的生态哲学观，认为要辩证地看待人与自然的关系。①他提出了自然对人的先在性观点，认为人类应该在尊重和保护自然的前提下，在实践中与自然共同进步、共同发展；②提出应该遵循自然界的普遍规律以实现人与自然的和谐发展，同时要注意处理好人与人之间的关系；③认为要用生态理论指导人们的实践活动，要求正确处理人口、经济发展同生态自然保护的关系。

同时，生态学马克思主义研究者在继承马克思生态哲学的基础上，提出了更为鲜明的生态社会主义主张。这些研究者认为应当通过所谓的“红与绿”（社会主义和生态学）相结合的革命来实现生态社会主义，把社会生产建立在生态学的基础之上，通过克服异化生产和异化消费，改变资本主义的生产方式。生态学马克思主义提出的这一观点远远超出现代资本主义社会的范围，它对于正处在社会主义初级阶段、不断发展工业文明的现代中国来说，同样具有借鉴作用。

另外，马克思主义生态哲学，在我国得到了更好的传承和延伸，我国历代领导人共同坚守的“坚持以人为本，全面、协调、可持续发展的科学发展观”，就是对马克思主义中国化的最新注解。它以世界各国发展历程以及经验教训为前车之鉴，在吸收了人类先进文明的成果的基础上，提出了科学发展观，并以此作为建设中国特色的社会主义的重大战略思想。因此，我国要继续坚守马克思主义的生态哲学观，进一步根据中国的实际情况建构生态文化体系，将我国建成资源节约型、环境友好型、社会安定型、可持续发展的生态文明国家。

### 7.1.4 提高全体公民的生态意识

所谓生态意识是指人们对人类生存和发展的理性思考的现代文化意识，它是从人与自然的整体优化来看待人类社会发展的，是经济社会发展到一定阶段的必然产物。在价值取向上，生态意识强调人和自然的平等相处、相互依存，并通过这种和谐的关系来规范人们的行为方式，最终实现人与自然的良性循环与和谐发展。在现代社会发展中，它表现为人类追求社会政治、经济、文化发展与生态和谐的美好愿望。公民的生态意识主要包括：公民对生态知识的了解程度，对建设生态文化的态度、意愿倾向及评价，对生态建设的参与程度。公民对生态内涵的深刻把握，是树立公民生态意识的标志之一。①对生态内涵的深刻理解，有利于人类在开发利用资源的时候，意识到自然资源的稀缺性，有所节制，并充分利用。人们有了生态意识，才能在实践中正确处理人与自然的关系，不断调整自身行为，使人类能在自然生态系统中保持生存和不断发展。②公民对生态的科学认知和评价，以及认同并参与的态度和价值取向起着关键作用。这些从根本上是由生态意识决定的，也就是说，意识是基础，只有打好基础，上层的制度建设及发展模式才会筑牢。③当公民主动投身生态文化建设时，不仅体现了其社会责任感，更有助于社会整体共同建设社会主义生态文化，这体现了公民生态意识的成熟。

提高公民生态意识的最为重要的手段之一，就是加强生态教育。可以通过全社会的生态教育，对公民进行正确引导，帮助其树立正确的生态价值观。生态教育包括生态学知识与理论、生态哲学、生态伦理、生态道德、生态艺术、生态美学、生态文学以及各种生态法规等。通过从不同层面、采用不同方式对公民进行系统性的或分散性的生态教育，可以提高公民的生态意识和对生态世界的理解，也就能够善待自然、善待人类自身，从而养成自觉的生态行为。当然，生态文化建设是一个复杂的系统工程，涉及社会各个方面、各个领域和各方利益。因此，生态教育是一项长期而艰难的工作。所以在生态教育中，要增强公民的体验性，通过切实感受影响公民的价值选择。具体来讲，要在教育过程中让全社会认清我国生态环境的现状，以及我国在生态文化建设中面临的问题等，要想方设法使科学发展观、建设资源节约型和环境友好型社会以及发展循环经济的理论得到公民的高度认知和认同。另外，还要拓宽公民的视野，引导形成生态全球观，即生态问题并不仅仅属于一个城市或地区，它是一个涉及国家甚至国际层面的问题，需要全世界共同努力，统一思想，全球一致对抗，只有这样才能缓解环境问题给我们带来的困扰。可见，提高公民的生态意识极其重要。

### 7.1.5 构建生态经济发展文化新范式

生态经济发展范式强调范式的不可通约性，它是全新的一种二元模式，从生产方式和生活方式上进行转变。传统的生产方式以牺牲生态环境为代价来获取经济的增长，工业文化影响下的生活方式则是刺激高消费致使资源浪费来获取奢侈型消费需求，从而在双重非生态化的经济发展范式影响下，导致了国家和地区面临严峻的生态危机。为此，我国生态文化建设的主要任务就是要改变传统的生产和生活方式，即要减少经济增长对环境产生的负外部性，摒弃高消费和浪费，实现经济发展与生态环境保护的共赢，建立当代生态经济发展文化的新范式。

#### 7.1.5.1 建构生态化生产新范式

生态化生产新范式，主要是在生产过程中，要尽量采用生态技术和环境技术减少污染物的排放甚至零排放，这些技术的共同特点就是循环技术和低碳技术的应用，同时为了取得经济、社会和生态的综合效益，还应努力推行生态资源产业化范式。

（1）循环技术生产新范式。循环技术生产范式是指在遵循自然规律的基础上，采用有利于资源循环再利用和清洁生产的一种生产方式。可以说，面临严峻的生态环境问题，当今世界的一个主要任务就是寻找适于解决生态危机的方法，生态化的生产方式就是解决当前生态问题的基本途径。传统的生产方式忽视了人与自然的关系，忽视了人类自身的生产、生活方式对生态环境造成的负外部性，造成了社会经济生产和自然的分离；生态化的生产方式把自然再生产纳入人类社会的整个生产体系当中，把人类的经济生产活动和自然界相融合。因此，生态化的生产方式不仅要求改变生态价值与经济价值相互分离的观点，这种观点认为在人类的生产、生活实践中，自然生产为经济活动的外部因素；相反要求人类将生产实践与自然的物质再生产有机地结合起来，把人类社会的物质生产循环同自然界的物质能量循环结合在一起，实现生态价值和经济价值的双赢。

循环化的生产方式，从某种程度上来说，它强调的是生产系统内的生态循环。而生产系统内的生态循环主要的衡量标准是人类生产系统的资源循环与自然的物质循环是否相协调。与物质循环再生的经济模式是在自然的物质、能量大循环的框架下实现的，要实现社会经济系统与自然生态系统的共生与协调发展，人类的工业、农业生产就要遵循生态化生产方式。生态农业就是农业生产遵循生态化生产方式实现资源、物质循环的平衡，其中资源循环体现在资源在自然、人类、社会、经济之间的循环达到动态平衡，物质循环体现在物质、能量在生产者、消费者、分解者之间的循环达到动态平衡，从而提高整个生态系统的生产能力、消费能力与转换能力。我国发展生态农业应当建立多层次、多结构、多种类的生态农业开放体系，因地制宜地设计、组合、调整和管理农业生产的系统工程体系，以不破坏食物链为原则，拒绝使用化学肥料，提倡使用有机肥料，拒绝农药、除草剂等，主要依靠秸秆还田、作物轮作等生态方法实现农业循环生产，注重利用传统农业经验和现代科技成果，发展粮食与多种经济作物生产相结合，通过人工设计生态工程形成生态上与经济上两个良性循环，实现经济、生态、社会三大效益的统一。

（2）低碳技术生产新范式。低碳化的生产范式主要是指节能减排降碳技术在工农业以及服务业生产过程中，其目的就是最大限度地减少二氧化碳以及其他温室气体的排放，主要是应对大气变暖、海平面上升的生态环境问题。

工业的部分节能减排技术来自于国外，国内对其技术应用还只停留在引进使用的阶段，对于其核心技术掌控缺乏，导致国内相关节能减排降碳技术难以突破“瓶颈”，再利用技术的同时造成了较高的成本。因此企业在意识到绿色化的重要性时，应培养自主创新意识，培养其专业技术人才，实现技术创新。通过收集现有的部分节能减排技术汇总于表 7-1 中。

而农业方面更多的是凭借“循环模式”来达到节能减排降碳的效果。服务业和生活方面则以培养绿色意识为主，通过对日常行为进行规范和约束来节约能耗，减少温室气体的排放。

表 7-1　节能减排技术汇总（部分）

| 行业 | 节能减排技术 |
|---|---|
| 钢铁 | 干熄焦技术（CDQ）、第三代炼钢技术、高炉喷吹废塑料技术、煤调湿技术（CMC）、余热余压回收技术、薄钢带连铸技术等 |
| 水泥 | 新型干法水泥生产工艺关键技术、高效磨粉设备及技术等 |
| 发电 | 脱硫脱硝技术、超临界发电技术、超超临界发电技术等 |
| 交通 | 电池技术、混合动力技术、整车轻量化技术、高标号国 V 清洁汽油新技术等 |
| 建筑 | 半导体照明技术（LED）、建筑维护结构保温技术、区域热电联供技术、地源热泵技术等 |
| 农业 | 滴水灌溉节水技术 |
| 通用技术 | 二氧化碳捕集与封存等 |

（3）生态资源产业化新范式。生态资源产业化就是将生态资源转化成经济效益，其中市场、企业和消费者是必不可少的重要环节。坚持以效益为中心，以科技为支撑，引入市场机制，推进生态资源使用的产销联动。①放宽市场准入，制定积极的财政、金融和土地利用政策，鼓励和吸引私营资本、社会资本向生态领域集聚，形成投资主体多元化发展，增强生态领域投资活力。②明晰产权主体及其责任。政府是生态资源产权的主体，政府以资源为生产要素，以租赁、转让、参股、联合等方式，按照“谁投资、谁受益”的原则，积极培育和壮大生态资源产业化龙头企业，逐步增强其竞争、辐射和带动能力。加强政府宏观调控的作用，将生态成本纳入企业生产经营全过程，将生态资源的外部性经济利用好。③发挥价格机制的作用。按照“谁治理、谁得益”原则，推动“政府采购行动计划”，将生态资源产业作为公共服务产品，用政府采购或生态补偿方式加以购买，根据废水净化质量、垃圾处理、回收利用情况等进行合理定价购买，激发更多的资本投入循环经济、节能环保产业。④着力推进农户经营企业化发展。总之，要使生态资源的生态价值通过市场机制得到充分体现，不能够无偿使用和无偿占有，所有的生态资源应归于国家。

#### 7.1.5.2　推广健康绿色的生活方式

全社会不仅要建立生态化的生产方式，还应当推广与生态文化要求相适应的健康生活方式。因为，生产和消费相互作用推动了经济的发展，生产决定消费，但消费对生产也具有反作用，健康的消费方式有助于实现经济发展模式的转变。因此，生产方式变革，随之带来的必然是生活方式的变革。随着生产方式由粗放型转为节约型模式，生活方式也相应转变为绿色、高效、附加值高且富有意义的绿色生活方式。通常来说，生态健康的生活方式，主要从下面几个方面做起。

（1）建筑设施绿色化。①有效推进建筑设施节能降碳，要贯彻执行《国家绿色建筑行动方案》。因地制宜，优先支持节能玻璃、陶瓷薄砖、节水洁具、高性能混凝土、部品部件、绿色化学建材、绿色墙体材料、外墙保温材料等绿色建材发展。根据全国各省市的地形地貌、气候特征，大力推进既有建筑节能改造，重点改造建筑门窗、屋面、外遮阳、自然通风等，合理利用土地，杜绝空间闲置现象，推进"绿色机关""绿色校园""绿色医院""绿色饭店"建设；切实抓好新建建筑节能工作，新建建筑严格按照绿色建筑标准执行，推进"绿色城镇""绿色民居"建设工作。②基础设施的绿色化建设是推动城市绿色化进程的基础。在进行基础设施绿色化改造时要注意两个方面：一是城市整体布局应合理，对不同部门的公共管道、线路进行集中建设和管理，便于协调和维护，城市排水系统应重点布置，做好污水回收、过滤，垃圾处理等工作，同时要将城市改造成为"海绵城市"，防范严重的内涝现象频繁出现。二是加强防灾减灾体系建设，提高气象、地质、地震灾害防御能力。

（2）生活消费绿色化。绿色消费是生活方式绿色化的重要标志。随着我国经济的不断发展，人们的购买力不断提升，消费绿色化的问题也逐渐凸显。绿色消费指消费者在消费过程中承担保护环境的社会责任，从而采用的一种理性消费方式。消费绿色化是可持续发展的内在要求，也是生态文化建设的必然要求。

- ☞ 要加大力度宣传绿色理念，培养居民绿色消费观念。目前，由于我国在关于绿色消费方面的宣传投入较少，公民的绿色消费行为尚未养成，在居民日常的消费行为中难见"绿色"身影。因此，一方面，要通过新闻媒体、学校、网络等多种渠道对我国公民进行宣传教育，培养其绿色消费的观念，认识到绿色消费的重要性，激发其对绿色消费的热情。另一方面，要督促企业推行绿色消费，强化企业的绿色管理，吸引消费者进行绿色消费。除此之外，还要以奖惩的方式鼓励使用绿色服装、绿色饮食、绿色居住、绿色出行、绿色休闲等生活消费绿色化行为。
- ☞ 追求适度消费的生活方式，提倡节俭的生活方式。在每一个具体的消费行为上，要倡导"光盘行动""拒绝食用野生动物"……只需要自我一点一滴的改变，整个社会便能形成良好的消费风尚。养成良好的绿色消费习惯需要从最基本的家庭生活开始：不把空调温度开得太低或太高，淘米洗菜的水用来冲厕所，按照明面积选用瓦数合适的灯泡，拒绝过度包装、一次性餐具以及装有油烟过滤装置的餐厅进行消费；购买产品时尽量选择具有绿色认证标志的生活物品进行购买。总之，生活方式的绿色化需从每个居民做起，需从点点滴滴做起，从而使绿色消费成为社会时尚，成为人们的自觉行为。

（3）交通出行绿色化。交通出行绿色化一方面要求交通运输业的绿色化，另一方面要求人们依赖交通出行行为的绿色化。

交通运输业的绿色化。①促进交通绿色化发展首先应提倡低碳材料的使用，无论是车辆还是交通基础设施都应该采用低碳材料制造。②鼓励车辆使用清洁能源，减少污染气体排放。③重点推进城市公共交通体系改革，加强生态公交、城市自行车租赁建设，逐步改造城市道路，构建干线、支线和微循环线立体公交网络架构，并要求使用新能源公交车，诸如混合动力公交和电动公交应尽快推广使用；同时，合理规划公路道路安排、尽快建设 BRT（快速公交系统）提高运输效率。另外，还要提高燃油品质，加强机动车氮氧化物排放控制。完善机动车排气检测体系，开展机动车定期环保检验，严格运营车辆燃料消耗量准入。加快淘汰老旧机动车，全面实行机动车环保标志管理。④结合“互联网+”，以信息化的方式管理交通，建立信息公布平台，便于市民出行查询，也有利于交通调度。提倡拼车出行，鼓励专车服务，提高汽车资源的使用效率，避免资源闲置而造成的浪费。

交通出行行为绿色化。其中一个重要的措施就是鼓励居民出行使用公共交通，减少私家车使用。目前很多城市都配置了城市交通系统，如地铁、公共汽车、BRT 等公共交通工具，有的城市还配置了规定时间内的免费借用或出租自行车低碳环保类交通工具。如广西的公共交通发展较为完善，以省会南宁为例：公交车系统发达，拥有超过 150 条线路，绝大部分线路运营时间从早上 6 点至晚间 22 点 30 分，足以满足绝大多数居民日常生活、工作的出行要求。同时地下轨道交通也在建设中。2013 年年底，南宁建设 50 个自行车租赁点，投入 1 000 辆公共自行车用于绿色出行，2014 年又增建 56 个租赁点，增投 3 000 辆公共自行车，2015 年更是新增 500 个租赁点，投入 16 000 辆公共自行车完善整个便民公共自行车项目。如此大的投入力度换来的是居民的使用方便。据统计，公共自行车的日均使用量由 2014 年的 5 000 余次增长到 2016 年的 66 212 次。使用量的大幅增加反映的是居民绿色出行意识在不断提升，依此可以看出广西南宁低碳环保型的公共交通发展较为良好。若能长期继续保持这种绿色出行方式，对广大民众养成绿色出行行为有着非常好的作用。

## 7.2 构建保障经济社会科学生态化的制度

为了在我国全面培育公民的生态观，为使生产和生活方式生态化，必须要求政府建立与其相适应的制度体系，实施相配套的保障措施。通过构建这些完善科学的生态制度体系，能够更强有力地保障我国的生态文化发展更加科学和健康。

### 7.2.1 建立健全生态补偿制度

#### 7.2.1.1 建立生态补偿基金

按照“谁投资、谁受益，谁污染、谁补偿”的原则，最大限度地体现公平效率原则，在中央政府出面解决跨省水资源的生态补偿问题，省级政府出面解决县际间流域生态补偿问题。跨省流域生态补偿资金主要通过中央政府向省级下游征收水资源使用费和水污染排放费，跨县流域生态补偿资金主要通过省级政府向各下游县市征收水资源使用费和水污染排放费。其水资源使用费率与污水排放费率的征收比例，依据水资源的稀缺程度、水环境容量以及水污染综合治理的难度进行测算征收，征收部门则由环保部门和国税部门联合征收。利用所征收的这些费用建立生态补偿基金，根据水资源使用强度和水污染综合治理的难度分别制定补偿标准，并定期或不定期地由上一级部门主持召开协商会议，进行适时的调整。同时，依据该原则和方法同样可征收造成大气污染、矿产资源采挖业主等的资源使用费和污染物排放费用，筹集资金建立相应的生态补偿基金。

#### 7.2.1.2 多种生态补偿方式并行

①资金补偿方式。该补偿方式就是通过补偿金、赠款、信贷、税收政策以及财政转移支付和贴息等方式来实现对受偿方的补偿。主要针对跨省、跨县区流域下游受益方对上游受损方的涵养水源区、各类公益林、自然保护区等区域进行相应的资金补偿。对于企业排污方，则要求排污企业对周边地区生态环境造成伤害的当地政府、居民等进行资金补偿。②政策补偿方式。要争取上级政府对受偿方给予相应制定政策的权利和机会。各个省要利用这样的权利和机会，制定适合于本省一系列的创新性有别于其他省份的优惠政策，如在招商引资、项目投资、产业发展、财政优惠政策等方面，要制定极大地有利于本省生态经济发展的政策。③产业补偿方式。

要求下游对上游进行适度的产业转移，并在产业技术和产业人才方面进行无偿援助和支持，这是一种帮助地方政府和百姓为保护江河流域上游良好生态环境所做出牺牲的可持续性补偿方式。④协作补偿方式，也就是受益方地区（如广东）要对受偿地区（如广西）进行帮扶，包括技术支持、大众教育、人才培养等。

#### 7.2.1.3 推行生态补偿制度实施试点

虽然生态补偿制度已经讨论多年，也在逐步实施，但是从我们了解的资料来看，实施情况并没有达到预期的效果。为加快地方生态经济的发展，促进地方经济发展方式顺利转型为生态经济发展方式，必须尽快推行区域性的生态补偿制度有效实施的试点。该试点区域，通过设计科学合理的生态补偿机制，公平、公正地确定赔偿的标准、赔偿的范围、赔偿的对象、赔偿的主体以及赔偿的时段和时长，要求有事前、事中、事后的评估机制，还必须做到公开、透明，有相应的监督机制，并要求生态补偿制度的一致性和一贯性，最大限度地减少随意性和非一致性。另外，还可试点发行生态补偿基金彩票，建立生态补偿慈善基金试点等。

### 7.2.2 构建支撑生态经济发展的财政金融体系

#### 7.2.2.1 大力推行“绿色资本”市场

在建立绿色国民经济核算制度和各类资源有偿使用制度的基础上，要加大力度推行“绿色资本”市场，试行“绿色银行”积分奖励和绿色行为信誉档案，在银行设立专门的“绿色信贷”部，对生态环保型企业给予更多的优惠信贷政策倾斜。在证券市场以及债券市场，对低能耗、高端制造设备等新型优质企业提供更多的融资机会，并积极推动该类企业上市。同时，编制非绿色产品负面清单，推进绿色政府采购制度，规定每年有一定比例的绿色产品采购计划，强化对绿色环保产品的采购和支持。并且要鼓励保险企业积极探索绿色保险机制，试点设计环境污染责任保险以及多类别绿色保险险种。

#### 7.2.2.2 建立分类污染物排放权交易市场试点

虽然我国现在已经有北京、天津、上海、武汉等 7 个碳排放交易市场，但是其活跃程度十分欠缺，需要整合激活，但其他污染物排放权完全没有建立起来。因此，我国需要在“十三五”期间进行试点各种类型支持生态经济发展的交易市场，尝试性地建立各类排污权交易市场，借鉴国内外经验，探索性地推进化学需氧量交易、二氧化硫排放交易、碳排放交易等主要污染物排放交易市场，同时还应试点建立水资源使用权交易以及矿产资源使用权交易市场。同时，还要对部分生态环境资产作为抵押物进行贷款的分类试点，如污水和垃圾处理收费权、非公益性生态项目企业特许经营权以及林地、矿山使用权等。

#### 7.2.2.3 创新 PPP、BOT、BT 等多元化的融资模式

根据生态经济学原理，生态经济发展模式的前期投入和运行成本远高于那些传统发展模式，同时生态经济的目标定位是一个长期稳步发展的过程，不可能快速地在短期内回收投资，具有一定的公益属性。很显然，发展生态经济型的产业需要大量的资金投入，而且需要政府以及公益性组织的支持才有可能得以顺利进行。因此，对于那些需要资金量大、低能耗、排污小甚至零排放的企业或者产业，要创新融资模式，尽快引入 PPP 融资模式，形成企业、政府和非营利性组织协同发展生态经济。对于安全饮水、沼气、文化设施、村庄绿化等生态经济转型重点工程建设项目，要鼓励多种形式的 BT、BOT 融资模式参与，其融资主体包括各级政府、社会资金以及民间资本；同时，还要鼓励社会捐赠，建立生态经济发展基金，并引导金融信贷等各类资金参与生态经济转型，形成发展生态经济的多元化融资模式格局。

#### 7.2.2.4 制定生态经济发展的财税优惠政策

由传统经济向生态经济发展模式转型，需要大量资金，前期投入大，初期回报少。因此，政府财政部门要主动出台生态经济发展的各种税收优惠政策，对于节能环保项目要落实 3～5 年的企业所得税减免政策，采用财政支付转移的方式对节能环保研发、技术应用项目和企业进行支持。同时，针对生态经济转型资金筹措机制要进行大胆创新，通过设立生态经济转型专项资金，加强财政资金对生态经济转型的企业和个人给予奖励、补助。另外，还要鼓励金融机构设立支持园区循环化改造、生态恢复项目、气候应对项目、去除重金属污染土地项目等有利于生态经济发展的低息贷款项目，对于社会和民间资本、外来资本和金融信贷参与生态经济转型，要进行积极引导和相应的鼓励。同时，对于不同主体功能区要实行差别税率制。

## 7.2.3 建立严格的绩效考核制度和问责制度

### 7.2.3.1 修改完善干部政绩考评指标体系

虽然我国中央和地方政府经过多年的探索发展，已经有了发展生态经济的思考，并且在中央和地方政府层面均出台《"十三五"生态经济发展规划》，但政府部门的绩效考核指标基本还是以 GDP 大小来衡量其政绩。我们建议各级党政机关要建立新的干部考核指标体系：①考核指标要全面，包含政治理念指标、社会进步指标以及治理环境指标；②要体现为民办事的要求；③要体现政府履行职能范围之内的指标。体现政府秉持执政能力和抓好民生的指标要素有清正廉洁、社会治安、公众满意度、社会和谐度等；体现经济业绩的指标有 GDP 和 GDP 增长速度、投入产出率和资本收益率、财政收入和财政支出等；体现社会治理业绩的指标有社会保障、公共安全、医疗卫生、义务教育等；体现生态环境治理的指标有资源能源使用率、循环化改造成效、降碳率、垃圾处理率、城市乡村清洁程度、清洁能源使用率等指标要素。

### 7.2.3.2 合理设计分类政绩考核指标要素的权重系数

对于不同发展类型区域和不同主体功能区的政绩考核，采取相同考核指标要素但不同考核权重系数，根据区域发展类型、主体功能区的功能定位，通过考核指标要素权重的分类设置，明确不同功能区的发展方向，引导干部正确履行自己的职责。四大指标（政治业绩、经济业绩、社会治理业绩、生态环境治理业绩）在不同主体功能区，其考核的重点要有所差异。在重点开发区，其指标权重系数向经济指标业绩和社会治理业绩指标倾斜，重点考核经济效率和质量、城镇化水平、就业率水平等，其系数按 2∶3∶3∶2 比例分配；在优化开发区重点考核产业集聚水平、产业的自主创新能力、产业的转型升级等，其指标权重系数向社会治理业绩和生态环境治理业绩指标倾斜，其系数按 2∶2∶3∶3 比例分配；在限制性开发区，主要考核农用耕地保护、优化土地利用结构、提高农业生产效益、保障农产品安全等，其权重系数按 2∶1∶3∶4 比例分配；在禁止开发区，主要是考核良好生态环境保护水平和生态恢复治理水平，因此其考核系数按 3∶0∶3∶5 比例分配。

### 7.2.3.3 建立严格的监管和追责制度

在分类政绩考评制度建立的基础上，还要建立严格的监管制度和严苛的追责制度。政绩考评，不仅仅是政府主管部门自己内部进行考察评定，而且通过一定的政治程序，充分尊重民众以及社会舆论的评价意见，让社会民众参与政府的政绩考核。同时，要建立严格的监管制度，及时了解政府各级干部是否有违生态经济发展规制的行为。政府对于那些隐瞒真实情况、虚构业绩、造假环境统计数据的领导干部，要采取“一票否决制”，实施严苛的问责制度，降职、免职、开除或者追究法律责任。

## 7.2.4 建立生态经济发展水平评价与统计指标体系

### 7.2.4.1 建立科学的生态经济发展水平评价指标体系

一方面，通过设立研究课题，以公开招标的方式或者委托方式，对指标体系构建的原则、内涵、内容、指标要素等进行深入的研究，从而建立一组科学、合理、适用于全国生态经济发展水平的评价指标体系，及时地跟踪和了解全国生态经济发展的现状和存在的问题，及时把握需要解决的问题以及未来的发展方向。另一方面，建立常规化的生态经济发展水平评价制度，以生态经济发展水平作为衡量地方生态文明建设水平的具体内容之一。该指标体系的指标要素需具有科学性、合理性、可操作性以及前瞻性，该指标体系还要具有覆盖面广、适用性强的特点。同时，该指标体系的构建过程，需经生态经济智库中不同学科背景专家的反复、充分讨论，并需征询相关部门以及企业、民众的意见之后，才可发布实施。

### 7.2.4.2 建立客观、真实反映生态经济内涵的统计指标体系

①要在全国范围内从制度上建立一系列的国家层面的节能、减排、降碳、资源循环利用、土地重金属污染、水污染等统计指标，该统计指标体系必须能够全面、系统、客观地反映各项能源利用和污染物排放的程度、监测结果。②这些统计数据的统计口径要求具有统一性、连续性和一致性，要求遵循实事求是的原则，不能够为吻合某项要求而进行不符合实际情况的向上或向下调整，更不能够为达到约束性指标要求，拍脑袋进行虚构统计数据。③要遵循公开透明的原则，要求相关统计数据的报送和公开能够及时有效，前一年度数据要求在后一年度的中期向外界完整、全面地公开，供政府、业界、学界、民众随时查阅，随时监督和质疑。④要在统计局官方网站建立专门的窗口用于该类统计数据的公告，以便于需要者查询。

#### 7.2.4.3 建立严格的能源审计制度和审查制度

为保证追究环境责任的时效性和客观性，并进行严格的监督，①要建立科学的统计监测和实地实时监测制度，坚决杜绝各级地方政府的统计主管部门和能源主管部门瞒报生态、环境事件，虚报相关的统计指标数据；要求各级环保部门以及相关部门履行相应的职责，设立相配套的统计监测部门和实地监测部门，建立常规化的监测制度和发布制度。②要建立一套科学可行的统计监测指标体系，该统计监测指标必须结合当地自身的基本情况，能在各个区域、行业和领域的环境治理、污染物排放、生态环境变化进行有效的监督性监测。③要在定期、及时、准确发布能耗和节能等相关信息的基础上，建立民众监督和举报制度，充分利用社会和大众的舆论监督作用，防止违反生态经济规律的现象出现。对于民众举报的生态环境破坏事件，要建立严格的审查制度，发现一起处理一起，绝不姑息。

## 7.3 培养生态科学人才以及强化公众宣教和生态参与

公众生态观的建立以及生产生活的生态化，都离不开生态科学人才，也离不开宣传教育导向和公众的热情参与。因此，我们需要在生态科学人才的培养方面以及对公众的宣传方面做出积极的努力。

### 7.3.1 完善生态科学人才的培养引进机制

#### 7.3.1.1 鼓励培养本土生态科学人才

各地方应借力所在地的大学、社会科学院、林科院、农科院等高校和研究院所，培育发展生态科学方面的本土人才，这些人才不仅包括生态经济、生态管理，还包括各种生态科学技术和环境科学技术人才，实际上涉及各个领域的科技人才，关键在于他们都必须接受过生态知识教育、具有生态观，能够将生态知识应用于他们将来所从事的经济与管理、技术发明与创造、创新与创业当中；建构本科、硕士、博士教育的完整生态经济教育体系和层次。同时，要以多种形式搭建人才智力合作平台，积极申报相关领域人才“小高地”建设项目，通过这样多种类型的平台培养本土人才，促使这些人才能够安心地留在地方，为地方经济社会的生态化做出贡献。

#### 7.3.1.2 积极引进外来生态科学人才

仅仅培育当地的生态经济和科技人才不足以弥补当地的生态科技人才的缺乏，并存在多元化人才不足的缺陷。因此，需要积极引进外来的生态经济和科技人才。不仅要引进来自于一流学校或者中国科学院、中国社科院等高等院校和研究院的高端人才，还应引进在大型环保型企业和外资企业工作过的科学技术人才和管理人才以及创业人才；还需要引进来自国外的高科技人才和经济管理人才。当然，在引进这些人才的时候，需要制定相应的人才政策，不仅能够吸引他们过来，而且更重要的是能够让他们安定下来，除了给出经济上的优惠待遇之外，还应在家属安置、职称评定、人格尊重、发展空间等多方面体现出人文关怀。

#### 7.3.1.3 建立孵化基地提升生态科技人才的能力

作为政府要成为服务生态化的政府，加快区域生态科技创新服务中心建设，要积极主动为生态科学技术人才创业搭建平台，要在地方区域的高科技园区组建生态科技企业孵化器，吸引高校、科研机构人员进入企业研发中心，强化企业技术创新主体地位；还要建立合适的技术市场和科技中介组织，在土地使用、资金筹集方面给予优惠。借助孵化基地，推动高校和科研机构的生态科技成果快速转化并推向市场。同时，政府要积极促进企业的知识技术创新和应用，要提高知识产权保护意识，强化生态科技自主品牌培育，并实施标准化管理；还要鼓励科技人员在发明创造中，提高生态技术、环境技术、生态管理以及环境管理的科技含量和核心竞争力。政府要通过多种途径，多方位提供生态经济发展所需科技人才、经济人才以及管理人才增强和提升能力的场所和机会。

### 7.3.2 强化公众宣教和参与生态化建设

#### 7.3.2.1 充分发挥 NGO 组织在环境保护中的作用

借鉴国外成熟的 NGO 组织的经验，政府相关部门以及环保厅要制定相应的政策，鼓励和激发民间与学校志愿者投身于环境保护的事业中。在现有 NGO 组织的基础上，有序地扩大 NGO 组织的范围，鼓励建立更多、更具使命感的 NGO 组织，引导这些 NGO 组织的活动更为规范并具有可持续性，并支持这些 NGO 开展深入的生态环境调查和研究。在环保厅要有专人负责与 NGO 组织进行对话，定时或不定时地以多种形式开展座谈会、讨论会，广泛听取 NGO 组织的建议，通报重大环境事件和决策，促使 NGO 组织纳入规范化的管理中，并让 NGO 组织充分发挥环境保护的作用，成为加快生态经济发展的中坚分子。

#### 7.3.2.2 组织生态环保设计竞赛

为激发民众积极参与生态经济发展建设活动，需要对广大民众进行生态知识、生态经济理论、生态技术以及环境保护知识等的宣传，但更重要的是要通过亲自参与各种与生态科学相关的活动，加大其宣传教育的效果。因此，建议相关政府部门（如环保厅等）要鼓励报社、网络媒体、NGO 组织、高校、中学以及小学等，每年或每两年组织各类生态环保设计大赛。鼓励参赛者使用废弃物制作艺术品和各种用具、设计环保性产品、撰写生态环境保护调研报告、论文等，这些获奖作品要得到广泛宣传，媒体要及时跟踪报道，获奖者的成果应得到政府、社会、学校以及用人单位的认可，增加生态环保设计成果的含金量，用以激励参赛者的积极性。

#### 7.3.2.3 开展常规化社区环保教育

为促使更多社区民众积极参与生态经济建设，政府的相关管理部门要把社区（包括乡村社区）的生态知识教育、环保知识教育常规化。一方面，要求政府社区办的社会工作者，在自己所管辖的社区内，以通俗易懂的形式向社区居民讲解相应的生态环境保护知识，定期更换相应的宣传栏、板报，出版宣传节水节电、资源循环利用小技术和小窍门的小册子。另一方面，要求社区居民自觉从我做起、从小做起，逐步养成保护生态环境的良好行为。同时，在每个社区放置具有垃圾分类标识的垃圾桶，要求社区居民进行垃圾分类包装，放置在相符合的垃圾桶内。除此之外，还要定期地组织社区居民参与多种类型的环境保护活动，使社区居民将环保理念、生态观逐渐内化为自己的自觉行为。

## 7.4 本章小结

我国生态文化建设的路径可以从 4 个层面来践行。①要培育公民的生态观推动公民践行生态行为，主要通过全面反思我国数十年来的经济快速发展带来的环境问题，同时要传承我国传统文化中的生态思想和生态智慧，并且坚持马克思主义生态哲学观，从多个方面来提高公民的生态意识。②要建立生态经济发展新范式，包括生产和生活方式的生态化，主要可以从生产过程的循环化和低碳化以及生态资源的产业化来实现。③需要构建保障经济社会科学生态化的制度，这些制度涵盖了生态补偿制度、支撑生态经济发展的财政金融财税体系制度、严格的绩效考核制度和问责制度以及生态经济发展水平评价与统一口径的统计指标制度。④提出了培养生态科学人才以及强化公众宣教和生态参与的践行路径，认为既要鼓励培养本土人才，也要积极引进外来人才，同时要建立孵化基地提升现有人才。在公众宣教和生态参与方面，主要通过发挥 NGO 组织在环境保护方面的作用，且要经常性地组织各类生态设计竞赛以及社区环保教育来提升公民对生态科学的认知和支持态度。

# 第 8 章
# 生态文化的实践案例

如前所述，人类面临前所未有的生态危机，而生态系统中的生物只有人是一种能够区别于其他生物具有主动调整自己行为的动物。在这样的背景下，生态文化的产生，是人类社会发展历史进程中人类主动寻求发展、实现与自然和谐相处的必然选择。工业文化最兴盛时期，一些有识之士也看到了背后的隐忧，在 20 世纪 70 年代就对人类毫无节制的快速发展提出了警告，经过数十年的全人类社会生态遭到破坏、环境问题层出不穷带来恶果的认知和得到多数人的赞同。因此，国内外在实践中出现了不少践行生态化变革的案例，这些案例为我国全范围的生态化变革转型可以提供有意义的借鉴和参考。

## 8.1 生态旅游区践行生态行为案例

旅游作为服务业中最大也最具人气的行业，其发展速度有目共睹。过去曾经被认为是“无烟工业”备受人们的推崇，但是最终人们还是发现如果不注意环境保护和不考虑环境承载力，也是会带来很多的环境问题。生态旅游就是充分考虑环境承载力以及注重保护环境的一种生态化的旅游方式，也是生态资源产业化的典型案例之一，同时是生态文化在实践中的具体体现。

## 8.1.1 九寨沟生态旅游景区的生态化方式

### 8.1.1.1 景区基本情况

九寨沟位于四川省阿坝藏族羌族自治州九寨沟县境内，是一处集自然山水、藏族风情、珍稀生物和原始森林等观光资源于一体的旅游风景区。位于川西北高原、东南距四川省省会成都市 400km，属高山深谷碳酸盐堰塞湖地貌，景区长 80 余 km，总面积约 620km$^2$。九寨沟有三条主沟，沟内有森林、瀑布、雪山等景点，其间散落大小湖泊 114 个、瀑布群 17 个、钙华滩流 5 处。因其独特的水色、水形、水质，素有“九寨归来不看水”之说，被世人誉为“童话世界”“人间仙境”。九寨沟分布有各种动物植物 3 634 种，物种珍稀性明显，有珍贵的大熊猫和金丝猴等保护动物和独叶草、红豆杉等珍稀植物。

该区域地质构造复杂，地貌类型多样，以生物喀斯特钙华沉积为主，形成了独具特色的群海、溪流、瀑群、森林、雪峰组成的和谐景观。九寨沟保存有第四纪古冰川遗迹，具有十分重要的科研价值。

九寨沟原住民以藏族为主，历史上由于缺少与外界的沟通，保存有较完好的传统文化。他们信奉藏区本土最原始的本教，认为万物有关，自觉保护自然，与山水和谐相处。

### 8.1.1.2 景区生态旅游开发历程

20 世纪 70 年代，九寨沟被一批伐木工人发现，随后于 1978 年列为国家自然保护区，1982 年这片丛林中的仙境成为国家首批重点风景名胜区。1990 年，在全国 40 佳风景名胜区评比中九寨沟名列新自然景区榜首。1992 年，被联合国教科文组织纳入《世界自然遗产名录》，成为全人类共同拥有的宝贵财富。世纪之交，九寨沟又被国家旅游局确定为我国中西部重点开发的六大旅游景区之一。

九寨沟现已开发日则、剑岩、宝镜岩、树正、长海和扎如 6 个景区，获得“世界自然遗产”“绿色环球 21”“世界人与生物圈保护区”三项国际荣誉称号。九寨沟在“国际化”道路上，着力打造走可持续发展的世界级生态旅游精品。同时作为“童话世界”的九寨沟，经保护性开发，主要景点有九寨十二峰、十流数十泉及五滩十二瀑。2000 年被四川省委、省政府确定为全省六大精品旅游景区的龙头，成为四川省旅游精品之首。在国内被评为全国重点风景名胜区、中国 5A 级风景区和中国旅游胜地40佳之首。

#### 8.1.1.3 景区建设的生态化转型

九寨沟国家级自然保护区与许多其他自然保护区一样，旅游开发并非一帆风顺，走过了一条先污染后治理的道路，这是一个值得借鉴的深刻教训。

20世纪70年代，九寨沟人口密度仅为114人/km$^2$，当地居民居住分散，总人口800多人，且大多在河流湖泊下游从事农业活动，耕作方式落后，农业用地很少，人为活动对环境的破坏很小，因此是我国保存较好的原始生态环境地区之一，在被开发前的九寨沟保持着原始的自然环境。然而，旅游开发初期，由于没有考虑到环境问题，盲目开发，使景区生态环境遭到了严重破坏，景区自然环境逐渐恶化，导致九寨沟地下水位下降、环境污染、森林面积减小、外动力地质作用加剧等。90年代以后，保护区的管理者们开始认识到环境保护在旅游开发中的重要作用，于是下大决心进行环境治理，努力走可持续旅游发展道路——开发生态旅游产品，建设生态旅游景区，使自然保护区的保护和旅游业均出现了较大的转变。主要表现在3个方面：

（1）秉承资源与环境保护是生态旅游景区建设的核心宗旨。九寨沟管理局提出并实施了“保护性开发战略”，经过多年努力，使曾遭大量砍伐、森林面积大幅度萎缩的九寨沟，目前还保持着85.5%的植被覆盖率。其主要做法是：①始终把环境保护放在各项工作的首位，开发之前进行科学规划，减少旅游开发对环境的负面影响，先后编制了《九寨沟自然保护区总体规划》《九寨沟风景名胜区总体规划》《九寨沟科研项目规划》，增强资源保护和旅游开发的科学性与计划性；②在沟内统一使用绿色观光车循环载客游览，以解决汽车尾气对景区大气的污染；③在景区大规模引入了“绿色生态旅游厕所”，解决了环保和游客如厕的矛盾；④从2001年7月1日起，在景区实施“限量旅游”策略，即把游客数量控制在景区环境能承受的范围之内，将每日进九寨沟游客数量限制在1.2万人次以内，减轻了游客活动对环境的压力。

（2）明确建设生态型基础设施是旅游景区开发工作的基础。从1998年以来，到九寨沟旅游的人数迅速增长，2000年达到83万人次，而2001年迅猛突破100万人大关，创下年接待119万人次的历史纪录，旅游高峰期日最高接待人数曾达3万人。如此迅猛增加的游人，尤其是黄金周时期的游客高峰期，对景区的基础设施产生了巨大的压力，高速发展的市场对九寨沟的服务设施也提出了更高的要求。为此，保护区克服重重困难，加大基础设施建设投资力度，经过科学规划，实施以环保为前提、以质量为重点、以环保与旅游同步发展为目的的“保护型建设”原则，仅在 2001 年就投资近亿元人民币，极大地改善了景区旅游的“硬环境”。目前景区的基础设施和服务设施建设已取得明显成效，基本上满足了游人的各种需求。

应该强调的是，九寨沟生态旅游景区推出“保护型建设”，即景区建设以不破坏资源、环境和景观为前提的条件下进行基础设施建设，因此尽管其硬件建设投资上亿元，但均能严格按规划设计施工，并对已有违规违章建筑坚决予以拆除，从而使景区始终为游客保留着原生态的真山、真水和真情（少数民族风情）。

（3）认定科学管理是景区旅游可持续发展的关键。自然保护区能否实现可持续生态旅游开发与发展，能否实现发展与保护相结合的目标，关键是管理。为此，九寨沟制定出“人才是效益、质量是生命、管理是关键”的政策。景区管理层充分认识到人员的素质关系到九寨沟的旅游形象，通过引进国内外先进的组织管理经验，不断提高管理者的管理能力。

具体做法有：①在机构设置、管理体制方面注重发挥人的作用，规章制度的建立和责任的确定坚持以人为本，从根本上提高管理人员的水平；②建立了九寨沟旅游网站，进一步加快旅游行业管理和旅游产业发展的电子化、信息化进程；③妥善处理“保景”与“富民”的关系，解决了景区管理与当地居民日常生活的矛盾，为旅游可持续发展打下良好基础；④在景区内成立森林病虫害监测站，研究水体富营养化状况及其产生原因，对生活污水和工业废水进行及时治理；⑤管理局将景区门票收入的 1%作为科研开发基金，用于支撑智慧旅游的网络技术以及监控人流等设施建设，使景区游人管理、资源管理、环境管理逐步现代化、科学化。

## 8.1.2 王朗自然保护区的生态化建设

### 8.1.2.1 王朗自然保护区概况

王朗国家级自然保护区（以下简称王朗）位于四川省平武县，地处大熊猫最集中的分布区——岷山山系的腹心地带，地理位置十分重要。保护区内，山清水秀，林海莽莽，生境多样，动植物种类繁多，集原生性、复杂性和演化中心于一体，加之大熊猫在保护区内有较多分布，因此长期以来王朗一直成为世界生物学家关注的焦点区域之一。

王朗丰富而独特的自然环境资源不但是国际国内专家学者研究的重点，而且位于四川旅游的黄金区域——九寨黄龙精品旅游圈内，旅游区极其优越，每年都会吸引众多的国际国内游客前往观赏游览。鉴于王朗特殊的地理位置，为合理利用保护区内的自然资源，在保护的前提下实现有组织的生态旅游活动，经王朗管理部门和地方政府的长期努力，以及众多国际组织和规划设计部门的大力支持，保护区的旅游建设最终在《四川王朗国家级自然保护区生态旅游总体规划》的框架内得以实施。王朗开展的生态旅游定义为："作为重要的大熊猫栖息地，王朗发展生态旅游的同时避免使栖息地遭到人为破坏，因此王朗的生态旅游是小规模的，并且当地居民和游客、政府与企业是相互合作的。"

#### 8.1.2.2　旅游开发的生态化内涵

王朗是一个自然保护区，但为了在生态保护和资源利用取得平衡，于 1997 年开始发起生态旅游活动，由世界自然基金会在平武启动综合保护和发展项目（ICDP），其目的主要是建立保护大熊猫栖息地的保护机制，杜绝对大熊猫的偷猎行为，同时增加旅游地居民的其他收入。经过专家的评估和分析，确定通过发展生态旅游、增加旅游收入可以为当地居民和社区以及当地财政提供可持续性的收入来源。这一开发宗旨正是生态文化内涵的具体表现。

开展生态旅游之前，王朗的旅游基础设施严重匮乏，仅能满足游玩一两天游客的一些基本需求；通过可持续性的生态旅游活动开展，王朗的旅游收入大幅增加。在旅游收益中，约 5%被用于环境教育，用于提高当地人的环保意识，20%被用于环境监测和保护，在保护了王朗生态环境的同时又促进了旅游业的进一步发展。

王朗开展的生态旅游，为当地居民提供了替代性的收入来源，带动了周边社区的发展。保护区村民长期以砍伐树木、贩卖木材为生，但四川省从 1998 年开始实施天然林保护工程，当地村民失去了主要的收入来源。一些村民便去保护区偷猎、放牧，对大熊猫的生存和栖息地构成了严重威胁。因此，1999 年，为增加当地人的基本生存收入，世界自然基金会拿出资金重点扶持白马亚者村人的生态旅游接待服务。白马亚者村位于王朗自然保护区的外围。作为王朗自然保护区的周边社区居民，世界自然基金会对该村的贫困村民发放小额信贷，鼓励他们开展旅游接待，通过增加他们的旅游收入作为他们的替代经济来源。这样，村民们有了谋生方式，自然就减少了对保护区自然环境的破坏。

#### 8.1.2.3 旅游生态化的实施成效

（1）取得了社区内外明显的综合效益。通过旅游生态化的转型，王朗与周边社区建立了旅游合作伙伴关系，缓解了历史上所积累的矛盾，促进了社区的经济发展，使来王朗旅游的中外游客受到了环境教育，还为其他类似地区通过发展生态旅游保护自然环境、增加居民收入积累了有益的经验。

（2）生态旅游接待服务设施得到明显改善。将保护区内原有职工宿舍改造为有 10 套（共 20 个房间）约 50 个床位的接待用房，每套房间内都有独立的卫生间，建筑与周围自然环境非常协调，充分考虑到了生态游客的各种需求；在仍然保持泥土路面的情况下改善了保护区内的公路交通状况。

（3）明确了生态科学专职人员岗位以及员工教育培训方向。①招聘了两个国际志愿人员做细化、深化的生态科学导引工作，并兼代短期专家的生态设计工作。由于国际志愿者长期在项目点工作，弥补了短期生态专家不足的缺陷。②对保护区现有职工进行了相关能力培训，并协助引进了相关人才。例如，由于保护区通常地处偏僻的山区，职工工资水平低，很难引进英语人才。而王朗保护区通过培训自己的员工，基本能承担生态旅游翻译工作。

（4）提高了保护区开展生态旅游的能力。通过保护项目，提高开展生态旅游的能力和成效。2001 年，世界自然基金会启动了岷山山系的保护与发展项目，其项目的主要内容：①联合监测巡护的组织与实施；②生态旅游实践活动在岷山山系其他保护区得到推广；③为其他保护区和森工企业培训了一批生态旅游方面的管理人员；④通过生态旅游推动了科研人员的参与和公众环境保护教育项目的实施；⑤通过生态旅游活动提高了社区产品的市场营销能力，使社区的产品进入超级市场。

#### 8.1.2.4 确定生态旅游开展范围

王朗生态旅游开展区域地处保护区实验区，实验区仅有部分景点和固定线路两侧 10 m 内为实施范围，允许游客自由活动，占地面积约为 80 $hm^2$，占实验区总面积的 5%左右。

#### 8.1.2.5 展示生态景观资源美学价值

王朗地处高山峡谷区域，峡谷内有湍急清澈的溪流，森林繁茂，具有自然古老的原始森林，在原始森林中栖息着包括大熊猫等大量珍贵的野生动物。这些溪流、森林、野生动物构成了王朗自然保护区独特的生态旅游资源。主要是展示王朗的裸岩峭壁、清澈见底的小溪、大片的野花草坡、傲然挺拔的云杉、色彩斑斓的桦木、五彩斑斓的杜鹃林。具体来说：四季更替植被与地理地貌相映衬景观、地震遗迹景观、雪峰景观、野生动物景观、溪流景观、高山峡谷景观等。

同时，王朗自然保护区凸显生态景观独特性。王朗由于所处地理位置的特殊性，区域内地形复杂、溪流湍急、气候湿润、森林茂密，为野生动物的栖息繁衍提供了得天独厚的优越条件。区内动植物群落保持着原始的自然生境状态，保持着生物多样性，拥有多种稀有动物，地域具有典型性和自然性，有很高的科学研究价值。

#### 8.1.2.6 构建生态旅游空间格局

（1）设计生态游览线路。为了景区的可持续发展，在游客活动较频繁的地区设立了 1 507.5 $hm^2$ 实验区，实验区采取固定的旅游线路，由导游带领游客参观沿途的野生动物栖息地等景点，并负责返回接待服务区。

（2）明确生态游览范围。生态旅游活动范围包括沿保护区实验区内部固定的游览线路两侧 10 m 区域和部分为游客提供的活动景点，具体实施区域如下：

豹子沟口—牧羊场，游线长度 11.05 km；

牧羊场—大窝凼，游线长度 13.82 km，其中大窝凼景区的金草坡处为游客留有 500 $m^2$ 的活动场地；

珍宝桥—白沙沟，游线长度 15.49 km，其中竹根岔景区的大草坪、白沙沟处分别为游客留有 1 500 $m^2$、2 000 $m^2$ 的活动场地；

生态旅游实施游线总长度为 40.36 $hm^2$，游客活动面积为 80.72 $hm^2$，各景点游览活动面积为 1.08 $hm^2$，总面积 81.80 $hm^2$。

（3）划分生态游览景区。王朗景区划分为牧羊场、竹根岔及大窝凼游览景区。

牧羊场景区：主要景观特色为科普教育建筑及原始森林景观。

竹根岔景区：主要景观特色为濒危珍稀野生动植物、森林草甸及高山峡谷。

大窝凼景区：主要景观特色为水体、气象景观。

#### 8.1.2.7 生态化旅游产品及线路组织设计

（1）生态旅游产品组合。王朗生态旅游产品有如下组合：

精品旅游产品：科普科考游，即王朗特色动植物认知、观鸟等。

重要旅游产品：原始森林景观游赏，回归大自然生态游、红叶观光、森林风光游赏、漫步高山草甸；地震遗迹及高山峡谷观赏等。

配套旅游产品：聆听专业解说、生物多样性保护知识培训等。

（2）主要生态旅游项目。

- 王朗野生动植物观赏认知：针对王朗丰富的珍稀濒危野生动植物资源，由专业导游带领高端生态旅游者，在濒危植物分布地带，辨别和了解珍稀植物种类及其生长环境；在珍稀野生动物的栖息地或者经常活动的区域，观察了解野生动物的种群状况及生活规律，激发旅游者对原始森林的保护意识。
- 王朗野外观鸟：王朗共有鸟类 152 种，其中国家二级保护鸟类 8 种，观赏鸟类亦较多，清晨群鸟出巢觅食，黄昏归巢，午间林中飞翔嬉戏，都是美妙的旅游景观。
- 生态小道知识学习：旅游者沿生态小道通过展示、科技测试、生物信息、提示提问等多种手段，探索不同类型的原生生态系统，学习和了解环境保护、生物多样性、土壤、地质、地理等科学知识。
- 生态教育培训：在科普教育中心，听有关大熊猫的知识讲座，参观知识图片，观看大熊猫的影像资料，探讨如何更加有效地保护大熊猫这一珍稀濒危野生动物物种及其栖息地，从而激发游客主动保护国宝大熊猫及栖息地环境的积极性。
- 地震遗迹探寻：向游客介绍白沙沟地震遗迹，丰富旅游活动内容，增加游客科普知识。
- 红叶观光风情游：增强旅游者保护大自然的意识，通过有针对性地引导高端生态旅游者观赏红叶林，可以培养旅游者的审美体验，观赏彩叶林则可以培养游客对色彩的敏感度。
- 原始森林风光游赏：王朗植物有亚高山寒温性落叶阔叶林、亚高山适温性针叶林高山耐寒性灌丛、灌草丛等 10 个植被类型，18 个群系、每个群系又分为若干群丛组，每个群丛组又包含数个群丛。且保护区内无居民居住，森林环境保存良好，是生态旅游者游赏的绝佳场所。
- 高山草甸漫步游：王朗保护区内的金草坡景点有较高的观赏价值，均为大片高山草甸，以及大草坪景点把草地与森林、沼泽等景观结合在一起，提高了自然生态美对游客的吸引力。

（3）生态游线路组织设计。

- 生态旅游知识培训一日游：入住旅游接待服务中心，参观科教中心，了解生态旅游须知，聆听自然知识讲座。

☞ 大窝凼一日游：漫游原始森林，长坡溪流观赏，游走金草坡，探奇高山流石滩，返回旅游接待中心。

☞ 森林湿地一日游：参现地震遗迹，考察大熊猫栖息地，野外观鸟，森林湿地游赏，摄影王朗野花，返回旅游接待中心。

☞ 牧羊场生态旅游总结一日游：总结生态旅游心得，评选优秀团员，合影留念，赠送生态旅游纪念品。

#### 8.1.2.8 实施生态旅游区保护与监测措施

（1）总体要求。生态旅游活动必须在保护区实验区内开展，其实施范围为牧羊场周边的草坡灌丛、河沟河滩以及公路两边的河谷河滩地，不能随意拓宽生态旅游线路，只能在规定的区域范围内进行旅游活动。

重点要做到保护区内植被茂盛，动植物景观丰富，生态状况保持良好，生态功能发挥正常，在该区域内开展旅游活动，必须对涉及的生态环境进行重点保护，严格管理，科学规划，控制规模建设，保证可持续开发利用。结合保护区的相关管护措施，严格保护区域内的自然生态环境和野生动植物资源，禁垦禁牧禁伐，制止乱采滥挖，制定规定章程进行宣传教育，实施有组织的团队式游览，从而避免对区内生态环境的过多干扰和破坏。完善保护区监测体系，为有效管理提供科学的信息，使大熊猫及其栖息地不受人类的过多干扰、其他野生生物得到有效的保护。

（2）监测、巡护。巡护监测分为监测（固定）、巡护（随机）和旅游监测线路。巡护线路的重点是对人为活动进行有效的掌握、管理、控制，对线路上的动物活动情况进行了解。监测线路的重点是监测大熊猫、金丝猴、牛羚等珍稀动物的活动、分布情况，了解与人为活动、季节等诸因素之间的关系，同时在样线上还要监测人为活动的情况。生态旅游监测线路是针对游客对环境干扰进行监测，侧重于旅游线路上的垃圾、植被破坏情况进行监测，以达到改善和加强保护区生态旅游环境的目的。

（3）主要保护措施。严格按照《四川王朗国家级自然保护区生态旅游总体规划》要求在实验区内组织实施生态旅游活动；制订严密的管理规章制度，规范及控制游人行为；生态旅游区内只建必要的生态游道、接待营地及部分观察站、景点等，在保持自然风貌的前提下，对设施进行适当改造，以满足基本的旅游接待即可，严禁在保护区内部大兴土木；对伤病野生动物进行救治，对原有野生动物暂养场进行改造维修，配备必需的抢救设备；引进或培训兽医人员、加强保护区派出所的设施设备建设，加大保护区执法力度；竹根岔左一支沟是良好而典型的大熊猫栖息地，规划在竹根岔开辟精品生态旅游线路，同时对左一支沟实行季节性封闭措施；旅游形式采用团队接待，禁止散客随意进出保护区；禁止在保护区引进外来物种，对原产于保护区的动植物品种的引进须经过科学评估和论证；严禁在保护区放生动物，禁止游客携带宠物进入保护区。

## 8.2 企业生态文化建设案例①

企业是工作群体聚集人群最多的地方，如果企业能够履行社会责任，实际上，企业的生产方式以及员工的生活方式就能够做到生态化，企业也就有了自己的生态文化。但是，企业要真正履行社会责任，是一件非常不容易的事情。本节以芬兰斯道拉恩索公司的中国分公司如何履行社会责任的过程——生态文化建设方式——作为案例呈现出来，或许能够给我们带来意想不到的启示。

### 8.2.1 斯道拉恩索集团概况

斯道拉恩索是一家全球性生物质材料、纸张、包装和林木制品行业的创想者②，总部位于芬兰首都赫尔辛基，在全球 35 个国家拥有约 28 000 名员工，是全球纸业十强之一，公司股票在赫尔辛基和斯德哥尔摩股票交易所上市。2012 年，集团年产能为 520 万 t 化学浆，1 210 万 t 纸和纸板、13 亿 $m^2$ 的瓦楞包装以及 600 万 $m^3$ 的锯木产品，其中包括 300 万 $m^3$ 的深加工产品，销售额为 108 亿欧元，税前利润（EBIT）为 6.183 亿欧元。斯道拉恩索设有生物质材料、印刷出版、可再生包装、建筑与生活 4 个事业部，人工林主要分布在亚洲和南美洲。客户包括出版商、印刷厂、纸类经销商，以及包装、细木制作和建筑行业。

① 该案例的主要内容源自于一个 MBA 学生李曦（刘亚萍指导）的硕士学位毕业论文，论文标题为《斯道拉恩索公司的企业社会责任文化及行为研究》。

② 2012 年，斯道拉恩索将自己在全球商业环境中的角色定位为“创想者”（rethinker）。

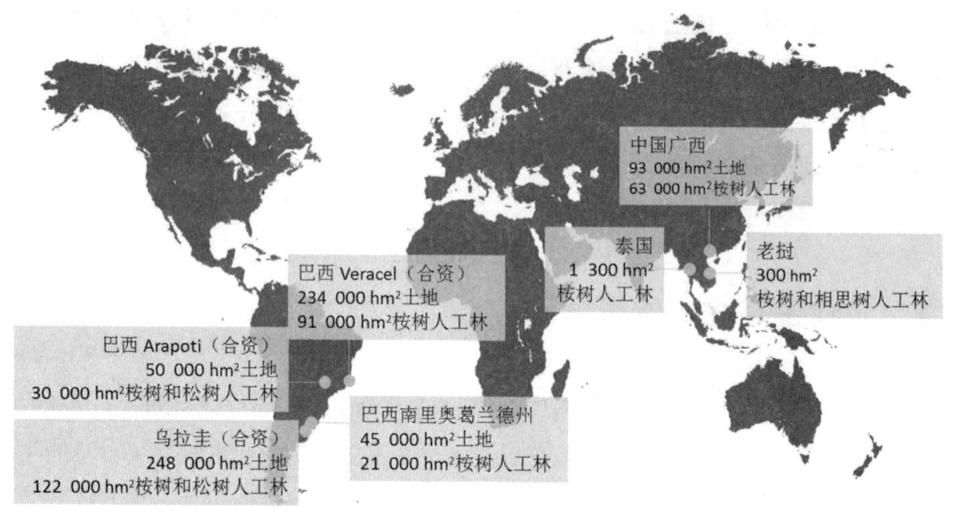


图 8-1　斯道拉恩索人工林分布①

#### 8.2.1.1　发展历程

斯道拉恩索是世界上历史最悠久的公司之一，其历史最早可以追溯到 700 多年前。Stora Kopparbergs 其实是一座矿山的名字，在瑞典语里意思是“巨大的铜矿山”。根据一份日期为 1288 年的历史“股权”文献记录，当时矿山 12.5%的所有权被授予一位名为韦斯特罗斯的主教。1347 年，瑞典国王玛格努斯四世颁布了对这个矿山的管理宪章（Gittleson，2012）。

斯道拉公司（Stora Kopparbergs Bergslags AB）于 1862 年被重组合并，成为一个现代意义的股份公司。19 世纪末，公司开始了多元化变革，从铜矿开采业转向纸浆和纸张生产。公司于 1992 年关闭了铜矿业务，并于 1998 年与芬兰的恩索公司合并成为今天的斯道拉恩索。1997 年，尚未完成重组合并的斯道拉恩索与巴西的 Aracruz 公司成立林浆一体化合资公司 Veracel；1999 年，斯道拉恩索第一次发布公司环境和社会政策，开始涉足企业社会责任的实践；2006 年，Stora Enso Arapoti 合资公司成立，同年，斯道拉恩索公司在瑞士的达沃斯经济论坛上被评为全球 100 家最可持续发展的公司；2011 年，斯道拉恩索设计了新的公司 Logo，并对公司的经营思想和理念做了重新定位。

① 资料来源：《斯道拉恩索 2011 年可持续发展报告》。

斯道拉恩索最早于 1985 年进入中国市场。目前，斯道拉恩索在中国的主要职能包括：进一步发展旗下的苏州工厂、大王工厂、正元包装有限公司以及可恩索在杭州和佛山的纸管芯生产基地，提升集团进口产品的盈利能力，开发和实施如广西林浆纸一体化项目这样具有高附加值的项目，不断满足客户在中国市场日益增长的需求。斯道拉恩索在广西的业务包括桉树人工林项目和浆纸一体化工业项目。广西斯道拉恩索林业有限公司成立于 2002 年 10 月，是集团旗下的独资子公司，其主要目标是在中国广西南部建立 12 万 $hm^2$ 可持续发展的桉树原料林基地，为在建的年产 90 万 t 浆厂项目提供充足原料。

#### 8.2.1.2 企业生态文化体系构建

斯道拉恩索的生态文化体系构建是将可持续发展确定为企业的核心，意即它在履行经济责任的同时，也承担企业社会责任和环境责任。通过内部的文化体系建设，这一核心理念自上而下被融合到企业的文化政策和管理经营方案之中。这种整合，首先体现在公司的企业生态文化建设方面，而企业的宗旨和价值观则是其文化核心的具体凝练和体现。

（1）可持续发展理念。为统一企业内部对某些概念的认识，企业往往从各自的管理需求出发，建立并运用一套自己的概念和定义。斯道拉恩索使用“全球责任”这个术语来统一描述企业社会责任和可持续发展。在斯道拉恩索，“全球责任”是指通过切实具体的行动达成公司的宗旨，要“造福人类，善待地球”，并创造共同的价值[①]。而可持续发展这一核心观念指导着斯道拉恩索的思想、行为和实践，并被落实到日常业务经营的方方面面。

由此可见，斯道拉恩索的企业经营管理遵循的是艾尔顿金提出的“三重底线”理论。此外，公司还运用利益相关者管理工具，与利益相关者进行沟通与对话，以此赢得利益相关者对其商业经营的支持。斯道拉恩索以“可持续发展”作为经营之道，并承诺斯道拉恩索公司：①在任何地方的经营都奉行同样的游戏规则；②只使用来自可持续来源的木材；③致力于减少下属工厂的环境影响；④帮助缓解全球范围的气候变化。

① 斯道拉恩索，http://www.storaenso.com/Rethink-Site/Responsibility-Site/Pages/Strategy.aspx。

表 8-1　斯道拉恩索的可持续发展

| 术语 | 内涵 |
| --- | --- |
| 可持续发展（经营之道） | 斯道拉恩索使用“可持续发展”这一术语来描述在经济、社会和环境方面的负责任经营。要使公司的商业运营获得成功，就要做好这三方面的平衡。斯道拉恩索将可持续发展确定为业务战略中的一个关键成功因素，并确保在实际工作中树立责任感，在经济、社会和环境可持续发展的基础上创造长期价值，以透明、公开的态度与利益相关者展开对话 |
| 社会责任 | 在斯道拉恩索，社会责任是指他们的商业经营实践必须是道德的。公司遵从国际上普遍接受的劳工和人权倡议，无论在什么地方开展业务经营，公司都为他们的员工们建立健康、安全的工作场所。在每一个有公司业务经营的区域，斯道拉恩索对当地社区来说都是负责任的一员 |
| 环境责任 | 斯道拉恩索努力减少因其经营活动所带来的负面的环境影响。通过对原材料、能源以及其他资源的有效利用，不断地改善工厂的环境绩效，并且通过追溯系统和支持森林认证来保证公司所使用的所有木材都是来自于可持续经营的来源 |
| 利益相关者管理 | 斯道拉恩索的经营活动对广大的利益相关者都有着不同的影响。对于公司来说，他们的利益相关者包括员工、投资者、客户、供应商以及他们业务经营活动范围所涉及的社区伙伴。他们倾听所有利益相关者的心声和建议，并与他们一同寻找最佳的解决方案与获得多方共赢 |

资料来源：根据斯道拉恩索网站资料整理。

斯道拉恩索结合自己企业的文化和业务特点，对“可持续发展”“社会责任”“环境责任”“利益相关者管理”等几个重要概念做出了符合其经营管理需要的阐释，清晰简洁地告诉人们，公司是怎么理解它的企业责任，且以什么样的方式来实践并履行他们对公众所做出的承诺。

（2）企业宗旨。斯道拉恩索的企业宗旨是“造福人类，善待地球”（Do Good for the People and the Planet）。面对严峻的商业环境，斯道拉恩索也认识到，地球的自然资源面临枯竭，气候变化日渐成为与人类未来息息相关的一大现实问题。当时的CEO 康佑坤在 2012 年的全 “球责任报告”中说道：“企业宗旨就应该简明扼要、实事求是且兼容并蓄。我们希望斯道拉恩索的每位员工都能充分理解、思考并领会它的含义。总之，新的企业宗旨阐明了我们将如何以及为什么能在这个风云突变的世界中取得成功。”

吉姆·柯林斯在《基业长青》中提到：“对于真正伟大的企业，变化是一个不变的常数。他们明白什么应该永恒不变，什么应该应时而变。”斯道拉恩索通过一种简单的方式来实现它的企业宗旨：改变。斯道拉恩索将这个改变的过程称之为“创想”，并且认为，创想是企业变革的动力，它始终提醒企业及其经营者在一切工作中，都要重新思考旧的做法，并衍生出新的想法[①]。

（3）企业价值观。斯道拉恩索的价值观是“引领时代，行之有道”[②]。CEO 康佑坤对新的价值观做出这样的解释：

“‘引领时代’这一价值观不仅意味着提升我们在商业意识方面的领导力，它还表达了我们让世界变得更加美好，造福下一代的美好愿望。在斯道拉恩索，我们期望改变世界，而非等待被世界改变。我们的个人选择非常重要，这关乎您使用的是不是可再生材料？是否会进行循环利用？

‘行之有道’是一种不同的思维模式，植根于我们的日常工作，并为我们的所有选择提供指导。我们每天都应思考，并检验我们做出的每一个决定。这种思维模式适用于从首席执行官到您身边的每一位同事。并不代表墨守成规，而是要倾听利益相关方的心声，了解他们认为什么才是正确的。在实践中，这意味着我们可能不得不放弃与我们价值观相悖的业务机会。”[③]

斯道拉恩索的价值观归结为：承担环境责任，以人为本、和谐发展，信任员工并给予他们更多的发展机会和空间，同时以创新的方式推动事业的发展。斯道拉恩索使用简单、凝练的语言来表述企业宗旨和价值观，使之简单易懂，便于记忆，联系性强，且实事求是，同时还能用于检验员工自己的行为。斯道拉恩索希望它的员工在思考这个宗旨的时候，也能感受到这是员工自己的个人宗旨，并能在今后的日常工作中，以此作为工作的基本准则，并以实际行动来践行这一宗旨。斯道拉恩索希望它的员工不但能够很自豪地在公司内部讨论这个价值观，同时也应乐于与每一位利益相关方来进行沟通[④]。

（4）行为准则。浆纸行业是历史久远的传统行业，但随着互联网和电子信息技术的迅速发展，全球的纸业市场都受到冲击且正逐年萎缩。这对专注于浆纸业务的传统企业来说，所面临的商业挑战越来越大。尽管如此，斯道拉恩索仍然坚持他们的竞争必须基于诚实、透明且合乎道德伦理的原则。为了让公司的每一位员工都享

① 斯道拉恩索，创想. http://www.storaenso.com/rethink/stora-enso-rethink。

② Lead，Do What is Right。

③ 资料来源：斯道拉恩索，2012 年全球责任报告。

④ 资料来源：斯道拉恩索，2012 年创想报告。

有一个安全、健康且没有歧视的工作环境，2010 年斯道拉恩索制定和发布了公司的第一个“行为准则”手册，并在 2012 年进行了更新和完善，以指导公司每一位员工的行为。发布“行为准则”是为了确保公司遵守所有经营所在社区的法律和法规，并使公司拥有一个超越当地规定和惯例的全球标准。行为准则要求无论何时何地，员工都必须遵循斯道拉恩索统一的价值观来开展运营，每位员工都必须明确其重要性，没有特例。CEO 康佑坤认为：“这是能有效推动工作进展，建立良性循环，从而为经济和人类发展创造价值的唯一途径。”

为确保员工都能学习“行为准则”的内容，公司总部特地开发了“E-Learning”电子课堂。每一个拥有公司电子邮箱的员工都必须在规定的期限内登录“E-Learning”电子课堂，观看“行为准则”的学习视频。对于没有公司邮箱的员工，总部要求全球每个单位的人力资源部要开展以学习“行为准则”为主题的培训，并做培训记录。2010 年的可持续发展报告披露了关于“行为准则”学习和培训记录：到 2010 年底，有 81%的员工已接受此类培训。

2011 年以来，斯道拉恩索所有管理岗位的员工、事业部或工厂管理团队成员、与竞争对手接触的员工以及采购、市场营销和销售人员均已对业务实践做出承诺，致力对各自组织内的员工展开有关该政策的培训。2012 年，公司要求约 1 040 名员工对该政策进行电子签名，响应率达 100%。2012 年，斯道拉恩索开展了让所有员工了解业务政策的学习活动。这些活动主要针对事业部管理团队、工厂管理团队、与竞争对手接触的员工、采购、市场营销和销售人员以及中国、印度和南美的员工。该项目已成为公司日常工作的一部分，用于分析公司业务实践的相关风险。此外，公司还向关键岗位的员工提供更具体的有关反垄断和腐败问题的在线学习培训[①]。

### 8.2.2 斯道拉恩索践行生态文化行为的措施

斯道拉恩索公司，为践行生态文化行为，制定了全球责任管理制度。该制度是指采取具体措施，履行“造福人类，善待地球”的企业宗旨。这意味着承担全球责任是斯道拉恩索每一位员工的职责。全球责任包括：促进共享价值的创造，推动使公司业务更合乎道德和可持续发展的变革，与利益相关方一同采取具体举措改善价

① 资料来源：斯道拉恩索，2012 年全球责任报告。

值链中的环境和社会责任现状。在实践中，其具体做法如下。

#### 8.2.2.1 强化企业管理体系认证

体系认证是斯道拉恩索公司进行可持续发展管理的工具之一。斯道拉恩索的政策和原则通过管理系统中的制度转化为实践惯例。管理系统可以帮助各业务单元发现需要解决的与全球责任相关的问题。这些系统可以用于制定目标和日程、分配任务，以及对环境影响、职业健康与安全、产品安全与卫生、森林与人工林运营方面的绩效表现进行跟踪。这些管理系统大多经过第三方认证。

目前斯道拉恩索公司的各个单位所获得的体系认证包括：环境管理体系认证、商业优化管理体系认证、职业健康和安全体系认证、木材追溯体系认证和森林经营认证。

#### 8.2.2.2 履行社会责任信息披露

全球责任报告是斯道拉恩索用于管理环境和社会责任问题的重要工具。斯道拉恩索的可持续发展报告和全球责任报告都遵照全球报告倡议组织[①]的《可持续发展报告指南》G3 指导原则来编制。可持续发展报告披露的内容包括经营原则、关爱员工、产品与创新、负责任的采购、环境责任五大部分的内容。从 1998 年起，斯道拉恩索开始通过第三方鉴证来增加报告的透明度。

斯道拉恩索在 1998 年实现合并后，从 1998 年至 2000 年，连续三年发布公司年度报告和环境报告，披露公司年度运营状况和在保护环境方面的责任和实践活动。2001 年，集团的年报被细分为 3 个报告，即公司运营报告、财务报告和环境与资源报告。2002 年，在前一年的 3 个报告的基础上，公司又增加了一项披露的内容名为“企业社会责任报告”。2003 年至 2006 年，斯道拉恩索每年都发布 3 个报告，其中将“企业社会责任”和“环境责任”的披露合为一个报告，名称为“可持续发展报告”，用“可持续发展”统一企业的经济责任、社会责任和环境责任。2010 年起，斯道拉恩索增加了一个名为“创想报告”的信息披露报告，这一报告不是公司企业社会责任的披露，而是公司经营思想重新定位的一个披露工具，向利益相关者展示了一个在变革中创想，在创想中持续发展的企业新面貌，同年的“企业社会责任报告”添加了“全球责任”的副标题作为报告主题内容的提示。2011 年开始，斯道拉恩索的信息披露报告都分为公司治理、财务绩效、全球责任和创想

---

① 全球报告倡议组织（Global Reporting Initiative，GRI）是一家致力于在全球范围内推广和传播可持续发展报告的框架应用的组织，开创了世界上使用最广泛的可持续发展报告框架。

4 个主题报告。2010 年至 2012 年三年间，“创想报告”的主题分别为：全球责任、创新和领导力、人与企业宗旨。

#### 8.2.2.3 实施企业社会责任投资

社会责任投资也被称为三重底线投资、可持续和负责任的投资、伦理投资或绿色投资，是一种将融资目的和社会、环境以及伦理问题相统一的融资模式，也是社会资本对社会负责任的投资。它的一套投资策略是用来过滤和筛选那些在环境和社会问题方面表现不佳的股票或被投资人。社会责任投资是基于环境准则、社会准则记忆资本回报的投资模式，通过对投资者的财务、社会和环境绩效评估而做出投资决策，其基本原则是通过资本引导，促进企业对社会负责任的行为。

企业社会责任投资的快速发展说明基于可持续发展和企业社会责任的企业行为已经得到越来越多投资者的普遍认可。在进行投资组合时，投资者首先要了解公司在财务、社会、环境等方面的全面表现。北欧联合银行投资基金（Nordea Investment Funds）的投资主管 Sasja Beslik 说：“北欧联合银行将负责任的投资视为机构投资产品中不可或缺的组成部分，企业在解决气候变化问题上的表现是这类投资决策背后的关键因素。一个公司透明的报告其二氧化碳排放量，会对我们的投资决策产生切实的影响[①]。”

斯道拉恩索对广西林浆纸一体化项目的投资就是社会责任投资模式的典型案例。国际金融公司[②]、汇丰银行及其他的投资者在对广西一体化项目进行评估时，不但关注项目的财务表现，还要求斯道拉恩索严格遵守其“社会和环境可持续发展政策”。

#### 8.2.2.4 争取可持续发展绩效外部认可

社会责任投资成为一种新的投资理念，也促进了投资策略的变革，这对于期望从大的投资者处融资的企业来说，也意味着公司绩效评价模式的变革。斯道拉恩索公司在企业社会责任和可持续发展绩效表现方面，获得了多个外部指标的认可，这些认可项目和指数包括碳披露项目领先地位指数、道琼斯可持续发展指数、森林足迹披露、富时社会责任指数、全球最具道德规范企业。

（1）联合国全球契约（UN Global Compact）。“联合国全球契约”倡议是于 1999

---

① 资料来源：斯道拉恩索，2011 年全球责任报告。

② 国际金融公司（International Finance Corporation，IFC）是斯道拉恩索在广西林浆纸一体化项目的投资者之一。

年的瑞士达沃斯世界经济论坛上发起的一项鼓励全球企业将责任纳入业务运营的联合国倡议，致力于使企业在他们的战略和行动中接受并遵守涉及人权、劳工、环境和反腐败等领域的 10 个普遍原则。企业作为推动全球化的主体，通过参与“联合国全球契约”可以帮助确保市场、商业、技术和资金利用方面有利于经济和社会发展（Mcalcolm 等，2003）。

斯道拉恩索从 2002 年起，加入并支持“联合国全球契约”的十项原则，在运营中始终遵守和倡导这些原则。斯道拉恩索每年的“全球责任报告”都罗列出“联合国全球契约”的十项原则，并标注针对相关事宜的处理方法。2006 年，斯道拉恩索与联合国开发计划署（UNDP）合作对广西的人工林项目进行环境和社会影响评估以促进可持续发展。这一合作被“联合国全球契约”列为“促进合作伙伴发展”的典范案例之一（United Nation Global Compact，2007）。

（2）道琼斯可持续发展指数（Dow Jones Sustainability Indexes）。1999 年 9 月，道琼斯指数和瑞士可持续发展集团（SAM Sustainability Group）一同发起了第一个全球可持续发展指数，用于从投资角度来评估全球最大企业的经济、环境、社会绩效和可持续发展能力。斯道拉恩索是 2011 年和 2012 年唯一入选道琼斯可持续发展指数的欧洲林纸产品公司。在森林可持续经营、产品监护和环境管理方面评分为业内最高。斯道拉恩索现已连续 11 年入选道琼斯可持续发展指数。

（3）富时社会责任指数（FTSE4 Good Index）。富时社会责任指数由伦敦证券交易所和金融时报于 2001 年一起合作创立的可持续发展指数，主要考察那些符合全球公认企业责任标准的公司的运营表现，并使投资者更多的关注和青睐这些公司。该指数专注于环境管理、人权、劳工权利、供应链劳工标准和反腐败工作。这一指数自发布以来被世界各地的社会责任投资者广泛用作投资分析、衡量业绩、资产组合对冲等。2001 年以来，斯道拉恩索连续入选富时社会责任指数。

（4）全球最具道德规范企业（the World’s Most Ethical Companies）。道德村协会是致力于道德、合规、公司治理方面的研究、创造和最佳实践案例共享的非政府组织。2011 年，斯道拉恩索再次被道德村协会（Ethisphere Institute）评选为“全球最具道德规范企业”之一。

（5）碳披露项目（Carbon Disclosure Project）。碳披露项目成立于 2000 年，是一家独立的非营利组织。该指数收集与公司温室气体排放、气候变化相关的风险和机遇的信息，并制定碳披露方法和流程的标准。

2011 年，斯道拉恩索凭在碳披露项目北欧碳披露领先地位指数（Carbon Disclosure Leadership Index，CDLI）方面获得林纸产品行业最高评分①。在该指数中，斯道拉恩索的总体表现跻身前五名。2012 年，斯道拉恩索继续凭借其碳排放报告入选碳公告计划北欧碳公告领先地位指数②。

（6）森林足迹披露（Forest Footprint Disclosure）。森林足迹披露计划是林冠基金会（Canopy Foundation）主办的一个特别计划，旨在增强公司对其“森林足迹”的了解。森林足迹是根据公司使用危及森林的几种主要商品（包括大豆、棕榈油、木材、牛类产品和生物燃料）的情况得出。在森林足迹披露计划的年度评估中，斯道拉恩索 2011 年获评基础材料方面的行业领先者，这是他们连续两年获此殊荣。

表 8-2　外部认可指数

| 名称 | 英文名称 | 标识 |
|---|---|---|
| 联合国全球契约 | UN Global Compact | THE GLOBAL COMPACT<br>WE SUPPORT |
| 道琼斯可持续发展指数 | Dow Jones Sustainability Indexes | Dow Jones Sustainability Indexes |
| 富时社会责任指数 | FTSE4 Good Index | FTSE4Good |
| 全球最具道德规范企业 | the World's Most Ethical Companies | 2011 WORLD'S MOST ETHICAL COMPANIES<br>WWW.ETHISPHERE.COM |
| 碳披露项目 | Carbon Disclosure Project | CARBON DISCLOSURE PROJECT |
| 森林足迹披露 | Forest Footprint Disclosure | GCP |

① 资料来源：斯道拉恩索，2011 年全球责任报告。

② 资料来源：斯道拉恩索，2012 年全球责任报告。

通过分析，我们可以发现企业可持续发展是斯道拉恩索公司始终坚持的价值取向。①企业的领导者认可并倡导这样的价值观；②企业内部对有关这一价值理念的概念做出明确定义，并通过文化体系建设来将企业社会责任理念融入企业的政策和原则当中；③企业再通过践行生态文化行为的具体措施来确保这种理念、文化和价值观，自上而下得到完全贯彻和执行。

### 8.2.3 斯道拉恩索在中国履行企业社会责任的行为

毋庸置疑，斯道拉恩索在中国的分公司依然秉承其总公司的企业宗旨，履行其总公司的核心价值观，建设企业的生态文化，其生态文化理念的具象化则是以在中国履行企业社会责任的行为来体现。

#### 8.2.3.1 建立可持续发展管理体系

从 SEGX（Stora Enso Guangxi）成立伊始，斯道拉恩索就承诺以可持续发展的方式来经营人工林项目。斯道拉恩索在集团和业务单位层面都设立了专职部门来负责企业社会责任和可持续发展管理工作，并建立了一整套可持续发展政策和指南以指导业务单位的经营活动。这一套政策适用于其集团旗下的每一个业务单位，包括中国广西的林业公司。在业务单位层面，公司又通过制定具体的可持续发展工作计划将可持续发展指标整合并融入各个业务部门的日常运作中。

（1）建立可持续发展管理机构。2010 年，斯道拉恩索在集团层面成立了名为“全球责任”的新职能部门，替代原本的“可持续发展委员会”来加强可持续发展工作。CEO 和集团高级管理团队负责集团的全球责任战略、关键绩效指标的确定，并对实施情况进行监督和评估。全球责任部门的责任是发展、支持和跟进斯道拉恩索的全球战略，以确保政策、目标和优先工作事项得到适时的执行和处理。

SEGX 总部设在北海，采用事业部式直线型管理的组织架构形式。机构设置分为运营性部门和支持性部门两类。运营性部门包括土地管理和规划部、营林部、采伐部，支持性部门包括财务部、行政和人力资源部以及可持续发展部。可持续发展部的职责是：根据集团的全球责任政策和原则，制定符合当地业务经营惯例的可持续发展政策和指南；制定公司的可持续发展战略和工作计划，支持并确保公司每个部门都切实执行可持续发展政策，实施可持续发展工作计划，同时对可持续发展工作的进展情况进行跟踪和监督，并做适当调整。可持续发展部门的主管直接对公司总经理负责，向总经理汇报。

根据林地经营范围来划分，总部下设4个生产区域（南宁、玉林、北海和钦廉），实行区域经理负责制，区域经理直接向总经理汇报并负责该片区的经营管理，完成给定的生产经营目标。区域机构设置也分为运营性部门和支持性部门两类。总部机构负责制定公司经营战略，指导和支持片区相应生产运作部门的作业经营等。片区直接从事作业和生产完成总部设定的经营目标。从SEGX的组织架构中可以看到，在片区级别，也设有可持续发展职能，岗位上也设置有可持续发展经理一职。片区可持续发展经理职责和工作属于操作层面，主要职责是执行公司可持续发展工作计划，反馈基层在实施可持续发展工作过程中所遇到的问题，并对可持续发展工作提出意见和建议。行政上，片区可持续发展经理向各自片区的经理汇报，同时接受总部可持续发展部门在业务工作方面的指导。

（2）制定战略目标和工作计划。斯道拉恩索的可持续发展战略是通过一套完整的战略管理系统自上而下进行实践管理的。这套系统包括集团层面的可持续发展战略目标和业务单位层面的可持续发展工作计划。

☞ 战略目标和绩效报告：每年斯道拉恩索都在其全球责任报告书公布集团本年度的全球责任目标、绩效指标，并与下一年的目标绩效进行对比。绩效指标的完成情况都在相应的章节中做了报告。这些绩效指标的完成依靠每一个事业部门和业务单位的执行情况。SEGX根据集团的财务目标、业务目标以及全球责任目标[①]来制定自己的经营战略规划。在这个过程中，公司的可持续发展目标被整合到每一个部门的年度目标考核任务中，形成了公司一体化的经营目标方案。每一个部门在执行其年工作度任务过程的同时，也是在落实可持续发展工作。

☞ SEGX的可持续发展工作计划：2006年，斯道拉恩索和联合国开发计划署（UNDP）合作对广西的人工林项目进行了环境和社会影响评估。基于这个评估报告的发现和建议，2006年下半年，SEGX制定了2006—2009年的可持续发展工作计划。该工作计划包含可持续发展治理和管理、最佳环境实践、最佳社会实践、供应链管理、利益相关者管理和经济影响6个方面。每个方面设定了具体的工作任务和指标，并通过评估任务的重要性确

① 集团层面称为“全球责任目标”，业务单位层面称为“可持续发展目标”。

定其权重，以此确认哪些工作需要投入更多的资源优先完成，哪些可以靠后推迟完成。每一个工作任务通过关键绩效指标 KPI 来进行衡量，有计划的完成任务。2010 年公司又对其可持续发展工作绩效进行回顾并重新制定了新的可持续发展战略。通过对比 2006 年和 2010 年的可持续发展工作计划可以看出，公司的可持续发展工作主要还是围绕公司治理和管理、最佳社会实践、最佳环境实践、供应链管理、利益相关者管理 5 个方面的工作展开，但根据公司建设和发展的需要，在不同的阶段，工作重点有所不同。2006 年的工作倾向于工作框架的搭建和建立，细分领域的工作项目比较宽泛。而 2010 年的工作计划则更偏重于如何将可持续发展要求融入公司的管理体系和日常经营中。

（3）企业管理体系。管理体系认证是斯道拉恩索公司进行可持续发展管理和全球责任实践的手段和工具。斯道拉恩索的政策和原则通过管理系统转化为实践惯例，而管理系统将帮助各业务单元发现需要解决的与全球责任相关的问题。这些系统用于制定目标和日程、分配任务，以及对环境影响、职业健康与安全、产品安全与卫生、森林与人工林运营方面的表现进行跟踪。

SEGX 在 2006 年的战略方案中就明确公司要获得 ISO 9001、ISO 14001 和 OHSAS 18001 企业管理体系（Business Management System，BMS）的认证，并且广西的人工林要获得森林管理委员会 FSC 的森林经营认证。关于管理体系认证和森林经营认证的目标不仅仅是集团对 SEGX 的要求，也是 IFC 对斯道拉恩索广西项目提出的要求。在进行项目融资谈判的最初，IFC 就向斯道拉恩索明确表示获得 IFC 融资贷款的条件之一就是斯道拉恩索在广西的人工林要获得 FSC 认证。

无论是 ISO 的质量管理体系、环境管理体系还是职业健康安全管理体系，基本是以 PDCA[①]为基础的程序循环模式。这些标准要求在制定政策与行动计划时，应遵循一些优先事项排序程序；依据经营方案采取行动计划加以实施；检查、报告并分析进展情况以发现差距和问题；采取纠正措施和预防行动，并对可持续发展政策与项目进行调整；整个进程会往复循环，使绩效得到持续改进。不同的体系对其专业的范畴有一些特殊的要求，但体系的框架要求是类似的。

如果一个企业认为 ISO 9001 或 ISO 14001、OHSAS 18001 的体系标准非常适

① 计划（Plan）→执行（Do）→检查（Check）→调整→行动（Act），简称 PDCA。

合它，这些标准就可以被调整和扩展到可持续发展的其他领域。建立综合管理体系与为申请 FSC 的森林经营认证而建立的管理体系并不矛盾。相反，公司的企业管理体系建立好了，同时也能够加快 FSC 森林经营认证的步伐。因此，公司可以根据将各个需要认证的体系要求整合，建立一个综合的管理体系，并申请体系认证。SEGX 的可持续发展管理也沿用集团的一套经营管理工具。建立一个综合的企业管理体系既是公司内部管理的需要，也是为外部的第三方认证申请做好准备。

为了确保公司的经营管理规范有效执行，并使各个层面的员工有渠道增加对商业运作流程和程序的理解和认识，清楚了解在流程中和各程序中各个岗位的角色和职责，2009 年，SEGX 开始启动建立内部的管理体系，从无到有，建立了一个较为完整的企业管理系统，为公司内部的管理建立了一种共同的管理沟通工具和平台。在 BMS 工作组的指导和组织下，各个部门根据自己的业务范围和职责绘制工作流程图，编写作业指导手册。2011 年 BMS 体系基本建立完成。BMS 作为一个管理工具和平台，在后续的管理和运营中得到不断完善。2011 年 11 月，SEGX 通过了 ISO 9001、ISO 14001 和 OHSAS 18001 体系认证，为公司内部规范和有效管理建立了基本的保障。实际上，包括前期的探索和学习建立 BMS 的时间，SEGX 前后花费了不少于 5 年的时间，最终才把整个体系建立起来并通过体系认证。

（4）森林经营认证。SEGX 实现可持续发展管理的关键步骤之一就是要获得森林认证，通过第三方来监督 SEGX 实行可持续的森林经营管理方式。

森林经营（Forest Management，FM）①和产销监管链（Chain of Custody，CoC）是森林认证的两个基本内容，前者是通过对森林经营单位的森林经营活动进行评估，以证明森林是否实现了可持续经营；后者实际上是针对供应链而言的，是对林产品的整个产销链进行评估，以证明林产品的原料来源。这些产销环节包括加工、制造、运输、储存、销售直至最终消费者。

（5）供应链管理。供应链管理是斯道拉恩索实现可持续发展管理的一个重要工具，在运用这个管理工具的过程中，企业一直秉承负责任的经营这一理念。

☞ 承包商管理规定：在斯道拉恩索，供应商是指为其提供原材料、产品和服务的个人和机构，包括木材、化学品以及其他原料供应商和服务承包商。斯道拉恩索的木材供应商和整个木材供应链都要处于其监管之下，以确保

① Forest Certificate，森林认证是一种运用市场机制来促进森林可持续经营的工具。

公司的木材来自于可持续经营的森林，材料的供应链管理遵照集团的可持续发展要求[①]。SEGX 也必须遵照集团的政策建立供应商管理体系。对于广西人工林项目在供应链管理上的最大的挑战是：如何让当地的承包商理解和遵守斯道拉恩索的可持续发展要求。2007 年 11 月公司管理层批准了公司的"承包商管理规定"，该规定于 2008 年 1 月生效执行。

☞ 承包商能力建设：2007 年，在 IFC 的要求和资助下，SEGX 与 IFC 合作共同探索商务技术援助的合作模式，执行一个为期 3 年的承包商能力建设项目——"承包商培训试点"。整个项目预算成本为 43 万美元，分别由斯道拉恩索公司和国际金融公司各承担 50%。该项目旨在提升 SEGX 的中小型承包商在林业经营技术、可持续发展意识（包括环境保护、职业健康安全、社会责任）以及商业管理和财务技能 3 个方面的能力，并最终保证符合斯道拉恩索的供应链管理要求。培训讲师团队，由三个领域的专家和讲师组成，其中关于林业经营技术方面培训，由 SEGX 负责；职业健康安全、环境责任等可持续发展要求由伊尔姆（ERM）环境管理咨询公司负责；商业管理和财务技能则由 IFC 聘请的商业培训师负责。经过严格的筛选和评估程序，SEGX 最终挑选了 10 个承包商来参与为期 10 个月的培训。

根据项目评估总结显示，此次能力建设项目产生了很好的效果和积极的影响。一方面，参与培训的承包商系统了解 SEGX 的可持续发展要求；将所学的商业管理技能运用到他们的经营管理中；并开始运用商务谈判的技巧与斯道拉恩索公司协商以赢得更多的承包业务。另一方面，SEGX 也通过该试点项目发现了许多内部管理问题，以及在供应链管理方面的漏洞。在项目实施同时，SEGX 正处于管理体系建立阶段，一些关于环境和职业健康安全方面的可持续发展要求和规定并不明确，业务部门之间的职责和范围重叠且界定不清，甚至公司内部的林地管理人员对本公司的可持续发展要求也不够了解，公司对林地经营活动的可持续发展监管较弱。

项目结束后，SEGX 更新了林木生产部林地经理的岗位描述，增加了关于

① 资料来源：斯道拉恩索，2010 年可持续发展报告。

对承包商管理的责任内容，加快了林木生产部启动部门内部的管理系统[①]，促使林木供应部（采伐部）建立了一套用于工时管理的系统工具，为以后的采伐承包商谈判做准备。同时，公司加快了企业管理体系（BMS）建设工作，迅速出台了关于环境和职业健康方面的可持续发展要求。2010 年 8 月，公司正式发布“林地作业综合规划可持续发展要求”，并将可持续发展要求整合到业务部门的作业经营管理中。与之配套的检查工具也同时生效，并应用于林地的可持续发展管理监控工作中。

#### 8.2.3.2 实施环境与社会影响评估

对于全球化的公司而言，赢得利益相关者对公司的信任变得越来越有难度。斯道拉恩索公司很早就开始寻求新的方式以增强公司可持续发展工作的信任度和透明度。

对新投资项目进行环境和社会影响评估是斯道拉恩索公司的惯例实践。斯道拉恩索内部的投资政策规定，当集团要在新区域中投资并开展经营时，必须了解项目的运作对当地社区造成的环境和社会影响。对于可能造成重大负面影响或使当地条件发生显著改变的新项目，斯道拉恩索都会开展环境和社会影响评估（Environmental and Social Impact Assessment/Analysis，ESIA）。环境和社会影响评估既是公司的项目风险管理工具，又是向利益相关者展示公司如何进行环境和社会影响管理的方式。

（1）制定环境与社会影响评估指南。2008 年，为进一步规范环境和社会影响评估指导原则，斯道拉恩索制定了“环境和社会评估指南”。作为集团投资指导原则不可或缺的一部分，该指南的作用是指导斯道拉恩索项目的环境和社会影响评估工作。

ESIA 是斯道拉恩索的可持续发展商业战略和投资风险管理的关键工具，也是公司实际利益相关者参与的重要手段。公司通过与利益相关者共同沟通和磋商，确定项目在环境和社会方面的影响，并提出今后在业务运营过程中应该采取的预防和减缓措施。斯道拉恩索认为，项目的环境和社会影响评估要与项目的投资规划紧密联系，且整合到项目建议书，预备可行性研究方案，以及项目可行性研究等前期投资研究方案中。

---

① 该管理系统后来被整合到公司的企业管理系统 BMS 中。

（2）实施人工林项目的环境和社会影响评估。2003 年，斯道恩拉索公司与驻哥本哈根的 UNDP 北欧国家联络办商讨拓展合作。UNDP 把“联合国全球契约”以及多国合作企业带进中国，借此加强了公共与私营的伙伴关系。UNDP 倡导企业社会责任的理念与斯道恩拉索公司的经营理念不谋而合。最终斯道恩拉索表示愿与 UNDP 拓展在中国的合作。

2005 年 5—9 月，UNDP 对斯道拉恩索的广西人工林经营项目开展了全面的社会和环境影响分析，并于 2006 年 2 月发布了《斯道拉恩索公司广西人工速生林项目环境与社会影响分析》。此次环境和社会影响评估的具体目的是：①确认受项目影响群体；②评估项目对当地社区造成的环境、经济和社会影响；③分析并建议如何加强正面影响，减少负面影响；④建议设立环境和社会影响监测框架；⑤分析发展前景，推荐针对生态系统可持续发展、社区扶贫的活动，设立发展基金的可选方案。

UNDP 认为环境和社会影响评估的核心在于加强“以人为本”的理念，即大型投资项目应采取正确的措施和经营之道以达到人与自然环境的和谐发展。环境与社会影响分析在中国还是相对较新的课题。UNDP 希望该环境社会影响分析报告中的发现和方法能得到广泛分享、探讨和批评指正，并希望环境与社会影响分析能为具有国际标准实际操作提供一个基准，为未来中国国内大型类似的商业以及公共项目编制环境与社会分析报告提供有益的帮助和模式[①]。

（3）进行一体化项目的环境和社会影响差距分析。随着广西人工林项目的顺利推进，以及斯道拉恩索集团对全球商业形式的判断和分析，斯道拉恩索也加快推进林浆纸一体化项目中工业项目的投资。根据集团的投资指导原则，2008 年，斯道拉恩索决定要对林浆纸一体化项目（包含人工林项目和浆纸工业项目）开展环境和社会影响评估。

2006 年至 2008 年，斯道拉恩索工业项目组为工业项目投资做了许多前期工作，包括根据中国的法律法规就新建项目编制项目可行性研究报告、环境影响评估报告等。在正式开展对一体化项目的环境和社会影响评估之前，斯道拉恩索通过与 UNDP 合作，首先以中国的法律法规和国际上普遍认可的可持续发展政策和标准为基准，对当时所有涉及一体化项目建设的前期评估报告做了一次全面的“差距分

① 联合国开发计划署（UNDP）：《2006 年斯道拉恩索公司广西人工林项目环境与社会影响分析总结》。

析”。UNDP 通过国际招标的方式，最终确定了由加拿大咨询公司 Hatfield 来执行这项工作。

根据确定的社会与环境影响差距矩阵，咨询团队逐一审查项目前期评估报告和文件，确认项目在环境和社会影响在哪些方面满足了中国和国际上的可持续发展标准，哪些方面还存在差距，最后提出加强措施。咨询团队包含了国内外社会和环境影响评估方面的 10 位专家。差距分析的目的是，让斯道拉恩索的高层全面了解这个项目的总体情况，知道在涉及社会和环境影响方面有哪些信息还未掌握，哪些工作还未做到位。

（4）编制一体化项目的环境和社会影响评估报告。在完成“差距分析”之后，斯道拉恩索根据差距分析的结果和建议再做了一些补充研究，以进一步了解整个一体化项目对当地社区所产生的环境和社会影响。此后，根据差距分析的结果，在 2006 年人工林环境和社会影响分析的基础上，斯道拉恩索对一体化项目做了一次客观而全面的环境和社会影响分析。《环境和社会影响综合分析总结报告》于 2012 年 4 月完成并发布。

编制《环境和社会影响综合分析总结报告》的目的是将项目此前开展的环境与社会研究整合为一个公开的总结报告。报告通过补充研究寻求解决此前研究中的具体空白。该报告在正式发布之前，还被提交给同行业或者相关领域的国内外专家进行同行审查。

根据目前的资料和信息，尚未有中国企业将环境和社会影响评估作为企业投资项目的风险管理工具或与利益相关者的沟通工具。2003 年中国颁布并实施了《中华人民共和国环境影响评价法》，要求对新建项目进行环境影响评价。然而在中国，对新建项目进行全面的环境和社会影响评估还不是一种惯例实践。斯道拉恩索不仅希望他们在中国的投资项目能够获得成功，也希望 ESIA 的做法在中国能够得到理解和认可。作为合作斯道拉恩索在中国的合作伙伴，UNDP 以斯道拉恩索的 ESIA 研究作为基准范例，为以后其他大型商业或公共项目的环境影响评估提供参考。

#### 8.2.3.3 对外履行企业社会责任的行为

斯道拉恩索除了通过内部的政策和管理体系来实践企业社会责任和可持续发展之外，还通过与第三方合作的实践活动来履行关于全球责任的承诺。

（1）开展公共和私营合作。2006 年，斯道拉恩索深入了与 UNDP 在中国的合作，开展为期 5 年的公共与私营部门的合作。在此期间公司捐助 1 亿美元用于发展 UNDP 在中国的 3 个可持续发展项目：①中国农村科技扶贫创新和长效机制探索项目；②全球环境基金中国南部沿海生物多样性管理项目；③公共私营部门伙伴合作关系项目（用于艾滋病防治项目）。

2012 年编制的《环境和社会影响综合分析总结报告》提出："由于斯道拉恩索在广西的项目可能产生社会影响，因此必须考虑项目地区的社会和社会经济背景。"实际上公司一直都认识到这个问题，并且在减缓社会影响方面也做了许多工作。这些工作包括几个方面：①对农村和社区发展提供支持；②志愿者扶贫助学；③与社会研究机构合作，寻求支持社区发展的方案；④与利益相关者的沟通和协商。

（2）履行社会责任实践。

☞ 社区发展支持行动：SEGX 设有社区发展基金用于村庄的短期改善，如道路修葺和学校建设。从 2004 年起斯道拉恩索开始为周边的社区发展活动提供支持。包括基础设施建设、资助当地学校、健康和卫生建设，支持文化活动和设施以及社区合作等。2011 年，公司制定了新的社区发展计划以促进利益相关方的参与和社区发展。截至 2011 年 9 月底，SEGX 的社区发展基金已经为 142 个社区发展项目提供了资助。

2010 年 SEGX 与北海民间志愿者协会合作，开始为 24 名家里有麻风病康复病人的在校学生和 60 名合浦县农村地区的贫困学生提供生活补助。北海民间志愿者协会是一家致力于改善农村教育、关爱老人、关怀艾滋病人和保护环境的本地非政府组织。

在支持社区发展方面，SEGX 与广西大学商学院合作，通过创新社区发展模式的试点项目，进一步实践和完善社区发展工作，选择 4 个村庄开展试点方案。为了进一步了解当地社区的社会经济情况，2011 年，公司与广西大学商学院启动了一个合作计划，由该机构的社会专家对斯道拉恩索的经营区域开展社会基底信息调查。这项研究调查的结果包括村庄层面的当前人口水平、收入和土地用途等详细信息，为后来的社会经济影响监测提供基线数据，并使公司更好地了解项目地区社区的社会经济发展需求。

2012 年，斯道拉恩索和广西社会科学院开始选择试点区域尝试运行参与式社区发展规划。斯道拉恩索希望通过这项活动增强对长期改善村民生计的可行方式的了解。

☞ 利益相关者沟通措施：SEGX 有专门负责沟通和宣传的部门制作利益相关方沟通简报，向社区提供公司的活动信息和林业经营等信息。从 2010 年初开始，简报每两个月出版一期并分发给社区、国有林场和对斯道拉恩索人工林经营感兴趣的政府机构。根据需要，公司会不定时地和当地社区召开面对面会议以改善沟通。为建立良好的沟通机制，公司还设有沟通热线和邮箱，这些沟通渠道的信息被印制在名片大小的沟通卡上，沟通卡片都会被分发给所有的利益相关者。公司还举行生物多样性照片展，以提高社区对生物多样性价值的意识。

根据《环境与社会影响综合分析总结报告》同行审查提出的意见，在利益相关者沟通和协商方面的工作，SEGX 提出了一些更具体的措施，使利益相关者沟通和协商方案更为制度化。这些沟通措施包括：定期与利益相关方开会（每月或每季度）；通过公共播音员传播信息；在村办公室的黑板上张贴信息；通过简单易懂的小册子向每家每户传播信息。

（3）履行环境责任实践。人工林对当地水平衡和土壤的影响是许多利益相关方关注的重要问题。2006 年的《斯道拉恩索公司广西人工速生林项目环境与社会影响分析》报告列出了一个环境和社会风险管理矩阵，其中提出要对人工林的水、土壤、病虫害以及生物多样性进行监测。斯道拉恩索在规划阶段就已经考虑到这些影响，不会在水文敏感区域营造人工林，土壤条件和水的可用性必须得到严格监控。根据 2008 年《斯道拉恩索（广西）林浆纸一体化项目原料林基地环境影响评估报告》中的环境监测建议，SEGX 确定了环境监测的内容，与生产有关的林业经营环境指标监测由公司内部的环境管理工作来完成，而水质、土壤和生物多样性的监测则通过与外部第三方的合作来实现。

☞ 坚持生物多样性监测：2009 年年底，SEGX 与英国的非政府组织，野生动植物保护国际（Fauna and Flora International，FFI）接触，提出让 FFI 为斯道拉恩索的人工林实施生物多样性监测的合作建议。双方很快达成共识，并着手开展监测方案设计，且于 2010 年 4 月，开始对人工林的监测样点展开基线调查。由于斯道拉恩索的桉树人工林的轮伐期为 7 年，因此双方也确定了一个为期 7 年的监测方案。

监测活动主要分为 3 个阶段。2010 年主要是开展基线调查，设计监测方案，确认永久监测样点同时编制监测指标操作手册。2011—2015 年，FFI

开始进行常规的监测活动，并向斯道拉恩索提交年度监测报告。在连续 5 年的常规监测中，FFI 还要组织关于生物多样性保护的培训和宣传活动，让更多的利益相关者参与监测活动，并提高民众的生物多样性保护意识。2016 年，FFI 项目进行总结，公布累积监测活动中的发现，向 SEGX 提出在人工林加强生物多样性保护的建议，并推广企业与非政府组织合作模式，推动生物多样性的保护工作。自 2010 年以来，通过几年的监测数据显示，北部湾是一个重要的全球鸟类迁徙通道。

☞ 开展水质和土壤监测：2011 年 2 月，SEGX 与广西大学林学院合作，启动了一项水和土壤监测计划。基线数据于 8 月搜集完毕，第二轮测量从 2012 年初开始进行。对桉树人工林进行水质监测的目的是进一步了解桉树人工林对环境的影响程度及原因，也为正确评价桉树的利与弊提供科学依据。监测将涵盖斯道拉恩索人工林项目区范围内的北海、防城港、玉林、崇左、南宁、钦州 6 个城市的具有常规监测断面的河流、湖泊、水库和城市饮用水水源地（包括地表水和地下水）。环境监测团队在广西种植桉树的全部区域，选择典型地点的林分和对照观测点，建立固定样地和监测站，采用定点定时连续动态观测，时间为 5 年（1 个轮伐期）。

（4）跟踪移民安置状况。斯道拉恩索广西的林浆纸一体化项目的工业项目位于北海市铁山港工业区。占地面积为 250 $hm^2$。2006 年，斯道拉恩索高层在考察完项目用地后，提出了疑问：拟建项目用地并不是一块空的土地，规划用地里面居住着许多农民，用地范围内还有大片的作物耕作，以及 200 多座坟墓，要将这样的土地变为工厂，将会涉及移民动迁的工作。斯道拉恩索公司以前从未遇到过这样的难题，因为在巴西、乌拉圭等国家，人口稀少，人均占有土地面积大，而且土地是私有的，不会涉及大范围的移民安置。

尽管政府承诺土地的动迁工作由政府负责，但斯道拉恩索的高层仍然对移民安置可能造成的社会影响表示担忧。在最初期的可持续发展风险评估中，工业项目用地的动迁和移民安置问题成了斯道拉恩索的主要风险。作为业主，斯道拉恩索不能直接参与并影响征地和移民安置工作，许多可持续发展风险也不能掌控。虽然没有直接参与该过程，但斯道拉恩索与受影响者保持经常接触，使他们能够直接地表达他们关注的问题并帮助他们找到解决方案。

2007 年，斯道拉恩索委托第三方广西社会科学院的移民安置专家对工业项目用地的社会情况做了基底调查，并对项目开展了移民安置过程的监测工作。在这方面，斯道拉恩索尽可能参考亚洲开发银行的移民安置政策来对移民安置的过程进行监控。在此期间，专家组多次深入项目区与受影响人群进行沟通，参与移民安置座谈会，收集移民安置工作简报信息等。在广西厂区的初步建造导致 1 200 名村民安置到约 2 km 外的新建宅基地。

2007 年 12 月，委托方向斯道拉恩索提交了对工业项目的“移民安置研究报告”。广西社会科学院开展的社会调查表明，搬迁者觉得他们的住房条件得到了改善，但同时发现补偿不足以及缺乏新就业机会方面的问题。缺少就业机会部分与当时斯道拉恩索尚未做出该工厂的投资决策有关，因为根据人们的预想，这些人应该可以在工厂和建造阶段找到工作机会。该报告只作为斯道拉恩索内部可持续发展风险管理的评估依据，未对外公布。

#### 8.2.3.4 实践中的挑战和困难

和其他外资企业一样，斯道拉恩索在中国的业务经营也面临诸多挑战。中西方的文化差异使 SEGX 的内部管理具有明显的中西方文化冲突的特点。而在企业社会责任实践方面，SEGX 也面临包括内部合作、承包商行为约束、社会责任践行、环境责任践行 4 个方面的挑战和困难。

（1）内部员工践行中的文化冲突。SEGX 的高层管理人员大多数是外籍员工，他们的思维方式和做事习惯与中方员工有所不同。外籍员工在开展工作之前一般会投入较多的时间进行实地调查，了解情况，制定计划，然后实施；而中方员工则更习惯于先开展工作，当过程中遇到问题的时候再逐一解决。因此，中方员工常常抱怨外籍员工做事缓慢效率低，而外籍员工也同样抱怨没有计划就开展工作是不可想象的。

一般情况下，SEGX 的外籍员工在中国的合同期是 2～3 年，合同期满后，如不续约，外籍员工就会返回自己的国家。因此，SEGX 的高层管理人员更换相对比较频繁。由于文化背景、生活习惯和工作方式的不同，外籍员工来到中国后仍需要较长时间来适应在广西的工作和生活。曾有中方员工抱怨，对与外籍员工一起工作已经失去耐心。他们总结，一般情况下，外籍员工只会在中国工作两年，第一年基本上是学习和了解本地情况，第二年的前半年是制定工作计划，后半年才刚刚进入角色并有效开展工作，合同就已到期准备回国。然而，这样的案例并不只是一例，在工业项目最终获得投资批准之前，这种情况一直存在。

面对着在新业务区域管理上的文化冲突和挑战，如何确保企业文化和可持续发展政策能够自上而下切实贯彻和实施是 SEGX 需要解决的问题。为此公司做了许多的努力，如通过制定和完善公司的政策和原则、组织关于企业文化的学习和培训，建立企业管理体系、执行内审机制等多种管理手段来减缓因工作习惯和文化差异而引起的问题。

（2）承包商行为约束的困难和挑战。许多 SEGX 的中方员工不能理解斯道拉恩索的经营理念和行为方式。可持续发展部门在推动对承包商的可持续发展管理方面就遇到了困难。最初，SEGX 曾提出工人工资不能低于当地的最低工资标准；工人在林地里可以饮用干净的饮用水而不是林地里所收集的山泉水；承包商要给每一个工人购买意外伤害保险等要求。

SEGX 的管理人员大多来自广西的林场或其他林业单位，习惯遵循传统的林业经营方式，却不能理解为什么公司总是采取增加成本的方式去经营，而不是尽可能地减少成本。传统的承包商管理方式通常是以议价协商的方式将工作外包给承包商，再由承包商雇佣工人到林地工作。林场或者私人老板等林木所有者仅付给承包商一定的工资，并要求承包商提供相应的劳动服务，而不会理会承包商所雇佣的工人工资支付情况、劳动保护情况、身体健康状况，以及在林地的居住和工作环境情况等。承包商们更是抱怨公司提出的要求不但会增加经营成本，还会将简单的工作复杂化，并拒绝执行这些要求。

为了推进承包商的可持续发展管理，SEGX 投入资金开展承包商管理试点，给承包商购置军用帐篷，配备急救箱，购买桶装饮用水，采购劳保用品等。许多人仍然认为这样的做法是不符合当地实际情况的。然而，斯道拉恩索认为人们观念的改变是一个长期的过程，这与坚持可持续发展原则并不相矛盾，每一个斯道拉恩索旗下的经营单位都无一例外地遵循同一个经营原则。斯道拉恩索认为前期相对较高的投入可以换来后续几十年的持续和稳定的经营，因此，斯道拉恩索还与 IFC 合作开展了旨在提高承包商管理的试点培训项目。

（3）社会和谐实践中的挑战和困难。在业务经营上，斯道拉恩索面临的挑战和困难主要是社会实践方面土地承包和管理问题。曾有林业专家指出，中国的林业问题实质上就是社会问题，而这个社会问题就是林地权属问题。

SEGX 在广西通过租用国有林场林地和社会零散林地来开展人工林的种植经营。最初在获得土地方式上，SEGX 通过当地有影响力并熟悉和了解当地社会情况、土地情况的中间人来获取土地。通常是一些中间人首先从村民的手中承租土地，而后又以较高的价格转租给斯道拉恩索。土地使用权一般都会经过两次或两次以上的流转才最终转到 SEGX 公司。SEGX 会按时给出租人支付租金，但这些出租土地的中间人却不一定将土地租金支付给土地所有者。或者有些中间人在获得土地的过程中采用了不公平的手段，侵害了土地所有者的利益。当 SEGX 在这些土地上开展经营的时候就常常遇到村民的阻挠。斯道拉恩索遵循透明、公平的商业行为，但由于多种原因，在土地问题上，往往难以保证土地流转和租赁过程是公平、合法的商业行为。因此，土地问题被认为是斯道拉恩索在中国负责任经营的最大风险和挑战。

2009 年，SEGX 开展了关于土地承包合同和林业经营方面问题的社区调查工作，调查内容包括：①合同金额的合理和及时的支付或补偿；②土地所有人对土地流转过程的了解；③土地所有权和使用权之间的冲突；④工作机会；⑤运输产生的影响（噪声、灰尘、路况）；⑥劳工权利的保护。通过此次调查，斯道拉恩索意识到需要不断完善其土地合同和承包商管理系统，随后开始对土地承包流程进行修订，以进一步明确土地使用权并提高土地承包过程的透明度。目前，他们正在开展所有林地合同的评估和复查，并与土地所有者展开对话和谈判，以期解决这一根源性问题。

（4）环境保护实践中的困难和挑战。环境保护实践方面，斯道拉恩索也面临不小挑战。SEGX 的业务经营区域是一个开放的环境。在开放的环境中，会对环境造成影响的因素不止一个。斯道拉恩索担心在开放的环境中，如果只有斯道拉恩索执行环境保护要求，而其他单位和个人拒绝执行，那么当出现环境问题时，斯道拉恩索依然会被认为是制造环境问题的罪魁祸首。

例如，SEGX 的环境政策要求，在靠近水源的地方进行林业作业时，要保留 20 m 的水源缓冲带。在作业中，SEGX 公司都严格按照要求执行，然而，当附近的村民看到缓冲带的灌木被保留的时候，就会将缓冲带的灌木烧毁或砍伐并种上他们自己的桉树。不明真相的人看到斯道拉恩索林区内原本应被保留的缓冲带也被种上了桉树，便会首先认为是斯道拉恩索没有执行环境政策，说一套做一套，言行不一。事实上，这样的案例还不在少数。

从公司自身来看，可以通过管理严格执行环境影响减缓措施，但由于公司的人工林周边环境也存在农村和社区，如果仅有公司遵守环境管理规定，而周围的村庄社区农户却实施了对环境造成负面影响的活动，那就会使公司所付出的环境管理成本的价值和效用降低。对此，SEGX 采取了积极的措施，向周边的利益相关者宣传其环境保护理念和政策，通过社区参与将好的可持续发展理念传播给其经营区域范围内的社区。

## 8.3 本章小结

本章重点介绍了一些国内外在生态文化实践中的成功案例，重点对生态旅游区文化建设和企业生态文化的几个案例进行了解析。实际上，除了这些生态文化建设的案例，还应有生态工业园区以及生态社区生态文化建设的案例，因篇幅限制以及典型案例资料收集不够完整和丰满，没有在这一章进行阐述。但仅在这一章所提供案例的生态文化建设经验，已经给我们带来了很多启示；同时，也告知我们要在当代真正将工业文化转变为生态文化，是一件极其复杂的系统工程，不仅要在思想上，还要在物质技术上以及生活行为上都必须做到生态化，而且是一个长期的教化过程，需要制度来约束，需要做到知行合一，需要点点滴滴常年坚守，做到每一个细节，才能内化成我们无时无刻不主动保护生态环境的自觉行为。

# 参考文献

[1] 埃德加・莫林，安娜・布里吉特・凯恩．地球・祖国[M]．上海：生活・读书・新知三联书店，1997.

[2] 白兴发．少数民族传统文化中的生态意识[J]．青海民族学院学报，2003，29（3）：48-52.

[3] 白玉宝．论哈尼族梯田稻作的生态机制[J]．思想路线，1994（4）：43-48.

[4] 柏贵喜．南方山地民族传统文化与生态环境保护[J]．中南民族学院学报（哲学社会科学版），1997（2）：50-54.

[5] 蔡拓，等．全球问题与当代国际关系[M]．天津：天津人民出版社，2002.

[6] 陈超美．CiteSpaceⅡ：科学文献中新趋势与新动态的识别与可视化[J]．情报学报，2009，28（3）：401-421

[7] 陈文科．发展经济学的突破与大国发展的困惑[J]．汉江论坛，1994（10）：2-8.

[8] 丹尼尔・贝尔．社群主义及其批评者[M]．上海：生活・读书・新知三联书店，2002.

[9] 丁传礼．少数民族植树栽花习俗拾趣[J]．森林与人类，1995（5）：35-35.

[10] 丁菊英，蚌小云．德昂族茶俗文化中的传统生态意识[J]．楚雄师范学院学报，2012，27（1）：51-55.

[11] 侗学研究会．侗学研究[M]．贵阳：贵州民族出版社，1991.

[12] 范宏贵．少数民族习惯法[M]．长春：吉林教育出版社，1990.

[13] 方小玲．企业生态文化的后现代主义思考[J]．社会科学战线，2009（7）：258-260.

[14] 高立士．西双版纳傣族传统灌溉与环保研究[M]．昆明：云南民族出版社，1999.

[15] 高立士．西双版纳山区民族历史上的传统生态保护[J]．云南民族学院学报，1999（1）：53-57.

[16] 管彦波，中国民族地理分布及其特点[J]．民族论坛，1996（3）：19-23.

[17] 郭家骥．西双版纳傣族的稻作文化研究[M]．昆明：云南大学出版社，1998.

[18] 国家环保总局自然保护司．面向新世纪的生态挑战：自然保护文件汇编[M]．北京：中国环境科学出版社，1998.

[19] 何积全．水族民俗探幽[M]．成都：四川民族出版社，1992.

[20] 何前斌，袁翔珠，阳燕平，等．南方少数民族保护森林资源习惯法初探[J]．法制与经济，

2009（16）：26-27.

[21] 何星亮. 中国少数民族传统文化与生态保护[J]. 云南民族大学学报（哲学社会科学版），2004，21（1）：48-56.

[22] 何耀华. 山区民族经济开发与社会进步[M]. 上海：学林出版社，1994.

[23] 亨利·莱维·布律尔. 法律社会学[M]. 上海：上海人民出版社，1987.

[24] 胡冀珍，傅懋毅. 论云南森林可持续经营与生态文明建设[A]//中国科协年会论文集[C]. 2008.

[25] 黄映玲. 生态文化[M]. 昆明：云南教育出版社，2004.

[26] 霍尔姆斯·罗尔斯顿. 环境伦理学[M]. 北京：中国社会科学出版社，2000：7-9.

[27] 拉木·嘎吐萨. 走进女儿国——摩梭母系文化实录[M]. 昆明：云南美术出版社，1998.

[28] 蓝基椿. 可爱的龙胜[M]. 南宁：广西人民出版社，1994.

[29] 雷祖娇. 浅论原始信仰中的生态保护意识及实践——以岭南少数民族的神话传说为例[J]. 广东技术师范学院学报，2012（5）：17-19.

[30] 李军. 云南少数民族宗教文化中的生态保护理念[J]. 湖南工业职业技术学院学报，2010，10（3）：68-70.

[31] 李培超. 自然的伦理尊严[M]. 南昌：江西人民出版社，2001.

[32] 李群育. 浅谈纳西族传统的生态文化[A]//云南文化资源研究与开发[C]. 1994.

[33] 李学术. 云南省少数民族生态文化的传承与创新[J]. 经济问题探索，2007（8）：163-168.

[34] 李钰. 藏族野生动物保护习惯法探析[J]. 黑龙江省政法管理干部学院学报，2011（4）：39.

[35] 李忠斌，李杰，文晓国. 试论我国少数民族文化中的可持续发展思想[J]. 黑龙江民族丛刊，2010（4）：88-94.

[36] 李子贤. 红河流域哈尼族神话与梯田稻作文化[J]. 思想战线，1996（3）：45-50.

[37] 梁永霞. 引文分析学知识图谱[M]. 大连：大连理工大学出版社，2012.

[38] 廖国强，何明，袁国友. 中国少数民族生态文化研究[M]. 昆明：云南人民出版社，2006.

[39] 廖国强. 云南少数民族刀耕火种农业中的生态文化[J]. 广西民族研究，2001（2）：76-80.

[40] 林庆. 云南少数民族的生态观[J]. 生态经济，2003（10）：16-18.

[41] 刘湘溶. 生态伦理学[M]. 长沙：湖南师范大学出版社，1992.

[42] 刘亚萍，金建湘. 生态文化与旅游业可持续发展[M]. 北京：中国环境出版社，2014.

[43] 刘玉鲜，唐文. 图腾崇拜对生态保护的意义[J]. 艺术探索，2009，23（4）：132-133.

[44] 吕杰. 中国环境外交与国内环境保护[J]. 中国人口·资源与环境，2003，13（5）：2.

[45] 麻国庆. “公”的水与“私”的水——游牧和传统名更蒙古族“水”的利用与地域社会[J]. 开放时代，2005（1）：83-94.

[46] 麻国庆. 草原生态与蒙古族的民间环境知识初探[J]. 内蒙古社会科学，2001，22（1）：52-57.

[47] 马军. 论彝族文化习俗中的生态经济观[J]. 生态经济，2001（8）：79-81.

[48] 马克斯·韦伯. 经济行动与社会团体[M]. 南宁：广西师范大学出版社，2004.

[49] 马希斯·威克那格，威廉·雷斯. 生态足迹：减低人类对地球的冲击[M]. 北京：创兴出版社有限公司，2000.

[50] 马旭. 少数民族传统文化中现代价值的认识和继承——以神话传说中的生态思想为例[J]. 中南民族大学学报（人文社会科学版），2007，27（3）：65-68.

[51] 么加利，张诗亚. 论西南民族地区新课程改革深化中民族生存智慧的融入[J]. 西北师大学报（社会科学版），2007，44（1）：68-72.

[52] 彭官章. 土家族文化[M]. 长春：吉林人民出版社，1991.

[53] 齐扎拉，勒安旺堆. 云南迪庆——香格里拉揭秘[M]. 昆明：云南人民出版社，1999.

[54] 钱箭星. 原始部落的生态平衡——一个生态人类学的视角[J]. 思想战线，2000，26（2）：50-55.

[55] 佘正荣. 中国生态伦理传统的诠释与重建[M]. 北京：人民出版社，2002：5-78

[56] 石长起. 青海藏区生态伦理建设的难点与优势分析[J]. 社科纵横，2012（10）：83-84.

[57] 宋小芬，阮和兴. 生态文化与城市竞争力——论 21 世纪城市竞争的时代内涵[J]. 生态经济，2004（12）：83-86.

[58] 苏钦. 浅谈我国少数民族历史上保护生态环境的特点及经验[J]. 中央社会主义学院学报，2005（4）：71-74.

[59] 谭正琦，张丽. 论多元民族文化中的环境教育[J]. 云南科技管理，2011，24（3）：80-82.

[60] 唐纳德·沃斯特. 自然的经济体系：生态思想史[M]. 北京：商务印书馆，1999.

[61] 王晖雅. 建设文明生态村，推进农村小康环保行动[J]. 环境保护，2007（5）：74-75.

[62] 王建芳，冷伏海. 共引分析理论与实践进展[J]. 中国图书馆学报，2006，32（1）：85-88（1）.

[63] 王清华. 哀牢山自然生态与哈尼族生存空间格局[J]. 云南社会科学，1998（2）：74-77.

[64] 王清华. 哈尼梯田的农业水资源利用[N]. 红河日报，2010-07-21（7）.

[65] 王清华. 哈尼族梯田农业的水资源利用与管理[A]//民族学人类学的中国经验——人类学高级论坛[C]，2003.

[66] 王晓翌. 商洛童谣的原生态文化特质与传承[J]. 重庆大学学报，2014，20（4）：166-170.

[67] 吴道南. 椰乡风俗[J]. 森林与人类，1994（5）：16.
[68] 吴人坚. 重视河套产业文化向生态文化的提升——兼评王天顺著“河套史”的生态思想[J]. 河套大学学报，2008（1）：5-7.
[69] 谢勇. 新疆民族传统环境文化探源[J]. 青海环境，2011，21（2）：62-65.
[70] 徐中起，张锡盛，张晓辉. 少数民族习惯法研究[M]. 昆明：云南大学出版社，1998.
[71] 许建初，李延辉，王慷林，等. 西双版纳轮歇演替中生物多样性的定量研究[A]//西双版纳刀耕火种生态系统生物多样性研究论文报告集[C]. 1997.
[72] 许进品. 发展绿色生活方式，构筑西南少数民族和谐社会[J]. 广西右江民族师专学报，2005，18（5）：35-39.
[73] 许振亮。技术创新前沿图谱[M]. 大连：大连理工大学出版社，2012.
[74] 颜丽丽，朱海森. 促进我国城市旅游可持续发展的新思考[J]. 社会科学家，2004（2）：90-92.
[75] 杨明艳. 德昂族宗教信仰中的生态文化探析——以镇康德昂族为例[J]. 怀化学院学报，2011，30（10）：14-16.
[76] 杨知勇，李子贤，秦家华. 云南少数民族生活志[M]. 昆明：云南民族出版社，1992.
[77] 叶平. “人类中心主义”的生态伦理[J]. 哲学研究，1995（1）：68-73.
[78] 尹绍亭. 文化生态与物质文化[M]. 昆明：云南大学出版社，2007.
[79] 余谋昌，王耀先. 环境伦理学[M]. 北京：高等教育出版社，2004.
[80] 余谋昌. 从文化视角思考生态文化问题[J]. 中国人口・资源与环境，1996，（4）：10-15.
[81] 余谋昌. 古典道家的生态文化思想[J]. 烟台大学学报（哲学社会科学版），2006，19（4）：361-370.
[82] 余谋昌. 生态文明论[M]. 北京：中央编译出版社，2010.
[83] 余谋昌. 文化新世纪：生态文化的理论阐释[M]. 黑龙江：东北林业大学出版社，1996.
[84] 余湛. 多彩山国民族风[J]. 森林与人类，2008（12）：82-89.
[85] 袁国友. 少数民族宗教信仰文化的生态环保意义：若干实例与分析[J]. 学术探索，2005（2）：105-111.
[86] 袁国友. 中国少数民族生态文化的创新、转换与发展[J]. 云南社会科学，2001（1）：65-71.
[87] 张保伟. 生态文化及大学的文化使命[J]. 河南师范大学学报，2014，41（5）：64-67.
[88] 张海滨. 全球环境与发展问题对当代国际关系的挑战[J]. 世界经济与政治，1993（3）：35-39.
[89] 张海滨. 中国环境外交的演变[J]. 世界经济与政治，1998，11：12.
[90] 张江明. 论先进文化与民族文化[J]. 学术研究，2001（1）：11-15.

[91] 张涛，王国新. 浅论藏民族传统生态文化及其现代转换[J]. 贵州民族研究，2013（3）：102-105.

[92] 张威. 中国传统文化的价值生态及现代性道德资源意义[J]. 新疆社会科学，2011（1）：5-8.

[93] 赵立永. 论生态文明与科学发展观[J]. 福建省社会主义学院学报，2013（1）：13-17.

[94] 郑慧子. 生态危机、人类中心主义和人的天性[J]. 上海师范大学学报（哲学社会科学版），2006（4）：24-29.

[95] 周星，王铭铭. 社会文化人类学演讲集[M]. 天津：天津人民出版社，1997.

[96] 朱仁友. 论生态环境安全与经济安全相统一的发展战略[J]. 科学管理研究，1999(5)：10-12.

[97] AMANN R I. Phylogenetic Identification and in Situ Detection of Individual Microbial Cells without Cultivation[J]. Microbiology Review，1995，59（59）：143-69.

[98] BARTHEL S，FOLKE C，COLDING J. Social-ecological Memory in Urban Gardens：Retaining the Capacity for Management of Ecosystem Services[J]. Global Environmental Change，2010，20（2），255-265.

[99] BERKES F，COLDING J，FOLKE C. Rediscovery of Traditional Ecological Knowledge as Adaptive Management[J]. Ecological Applications，2000，5（5）：1251-1252.

[100] BERKES F. Sacred Ecology[J]. Journal for the Study of Religion Nature & Culture，2009.

[101] BOWERS C. Transforming Environmental Education：Making Renewal of the Cultural and Environmental Commons the Focus of Educational Reform[M]. Eugene：Ecojustice Press，2006.

[102] BRAMWELL A. Ecology in the 20th Century，A History，New Haven[M]. London：Yale University Press，1989.

[103] BRAMWELL A. The Fading of the Greens：The Decline of Environmental Politics in the West，New Haven[M]. London：Yale University Press，1994.

[104] CARSON R. Silent Spring[M]. Harmondsworth：Penguin，1962.

[105] CLOVER D E. Environmental Adult Education：Critique and Creativity in a Globalizing World[J]. New Directions in Adult and Continuing Education，2003，99：5-15.

[106] COLDING J. 'Ecological Land-Use Complementation' for Building Resilience in Urban Ecosystems[J]. Landscape and Urban Planning，2007，81（1-2）：46-55.

[107] CROW T，BROWN T，DE YOUNG R. The Riverside and Berwyn Experience：Contrasts in Landscape Structure，Perceptions of the Urban Landscape，and Their Effects on People[J]. Landscape and Urban Planning，2006，75（3-4）：282-299.

[108] CURRY P. Defending Middle-Earth. Tolkien：Myth and Modernity[M]. Edinburgh：Floris Books，1997.

[109] DEWITT C B. Ecology and Ethics：Relation of Religious Belief to Ecological Practice in the Biblical Tradition[J] . Biodiversity and Conservation，1995，4：838-848.

[110] DOUMA W T. The Precautionary Principle：Its Application in International，European and Dutch Law，Ph. D. thesis[D] . University of Groningen，the Netherlands，2003，12-56.

[111] ERNST LUTZ，HERMAN DALY. Incentives，Regulations，and Sustainable Land Use in Costa Rica[J]. Environmental and Resource Economics，1991，1：179-294.

[112] ERNSTSON H，BARTHEL S，ANDERSSON E，et al. Scale-crossing Brokers and Network Governance of Urban Ecosystem Services：The Case of Stockholm[J]. Ecology and Society，2010，15（4）：28.

[113] FOLKE C. Resilience：the Emergence of a Perspective for Social-ecological System[J]. Global Environmental Change，2006，16（3）：253-267.

[114] FORSYTH T. Environmental Social Movements in Thailand：How Important is Class？ [J]. Asian Journal of Social Sciences，2001，29（1），35-51.

[115] GARDES M. ITS Primers with Enhanced Specificity for Basidiomycetes—application to the Identification of Mycorrhizae and Rusts[J]. Molecular Ecology，1993，2（2）：113-118.

[116] GARRETT HARDIN. The Tragedy of the Commons[J]. Science，1968（162）：1243-1248.

[117] GEERT HOFSTEDE. Culture's Consequences：Comparing Values，Behaviors，Institutions and Organizations Across Nations[M]. Edn，Sage Publications，Inc，Thousand Oaks，2001.

[118] GENEVIÈVE ZUBRZYCKI. History and the National Sensorium：Making Sense of Polish Mythology[J] . Qual Sociol，2011，34：21-57.

[119] GIDDENS A. Consequences of Modernity[M] . Stanford：Stanford University Press，1990.

[120] GITTLESON KIM. "BBC News - Can a company live forever？"[N]. UK，BBC News，2012. http://www. bbc. co. uk/news/business-16611040.

[121] GIULIANO REIS，NICHOLAS NG-A-FOOK. TEK Talk：So What？ Language and the Decolonization of Narrative Gatekeepers of Science Education Curriculum[J] . Cult Stud of Sci Educ，2010，5：1009-1026.

[122] GRIMM N B，FAETH S H，GOLUBIEWSKI N E，et al. Global Change and the Ecology of Cities[J]. Science，2008，319：756-760.

[123] GRUENEWALD D. The Best of Both Worlds：a Critical Pedagogy of Place[J]. Educ Res，2003，32（4）：3-12.

[124] HALL B. Towards Transformative Environmental Adult Education：Lessons from Global Social Movement Contexts [M]. New York：Peter Lang，2004.

[125] HALL S J，HUBER D，GRIMM N B. Soil $N_2O$ and NO Emissions from an Arid，Urban Ecosystem[J]. Journal of Geophysical Research-Biogeosciences，2008，113：11.

[126] HANEKAMP J C，VRA-NAVAS G，VERSTEGEN S W. The historical roots of precautionary thinking：the cultural ecological critique and 'The Limits to Growth'[J]. Journal of Risk Research，2005，8（4）：295-310.

[127] HARLAN S L，BRAZEL A J，PRASHAD L，et al. Neighborhood Microclimates and Vulnerability to Heat Stress[J]. Social Science & Medicine，2006，63（11）：2847-2863.

[128] HARVEY D. Justice，nature and the geography of difference[M]. Oxford：Blackwell Publishers，1996.

[129] HELMUT HABERL FRIDOLIN KRAUSMANN. Changes in Population，Affluence，and Environmental Pressures During Industrialization：The Case of Austria 1830-1995[J]. Population and Environment，2001，23（1）：49-61.

[130] HIRSCH R，BAXTER J. The Look of the Lawn：Pesticide Policy Preference and Health-risk Perception in Context[J]. Environment and Planning C，2009，27（3）：468-490.

[131] JONES A R. Population goals and ecological strategies for spaceship earth[J]. Journal of Population Research，2003，20（2）：223-234.

[132] KRASNY M E，TIDBALL K. Community Gardens as Contexts for Science，Stewardship，and Civic Action Learning[J]. Cities and the Environment，2009，2（1）：8.

[133] LOUV R. Last Child in the Woods：Saving Our Children from Nature-deficit Disorder[M]. Chapel Hill：Algonquin Books，2005.

[134] LYNN WHITE. The Historical Roots of Our Ecological Crisis[J]. Science，1967（155）：1203-1207.

[135] MARTUSEWICZ R，EDMUNDSON J. Social Foundations as Pedagogies of Responsibility and Eco-ethical Commitment [M]. Mahwah：Lawrence Elrbaum Publishers，2005，71-91.

[136] MCALCOLM MCINTOSH，RUTH THOMAS，DEBORAH LEIZIGER，et al. Living Corporate Citizenship Strategic Routes to Socially Responsible Business [M]. Great Britain：Orentice Hall

Financial Times. 2003.

[137] MEADOWS D H，MEADOWS D L，JORGEN RANDERS J，et al. The Limits to Growth：A Report for the Club of Rome's Project on the Predicament of Mankind[M]. New York：MacMillan，1972.

[138] MUELLER M. Ecojustice as Ecological Literacy is Much More than Being "Green!" A Philosophical Review of Chet Bowers' Transforming Environmental Education：Making the Cultural and Environmental Commons the Focus of Educational Reform—Implications for Commons Education[J]. Educ Stud，2008，44（2）：155-166.

[139] MUMFORD L. Technics and Civilization[M]. New York，San Diego：Harvest Books，1990.

[140] MURAGURI-MWOLOLO R. Re-invigorating Pastoralist Environmental Practices through Collective Learning：A Case of Nomadic Ethnic Groups of Northern Kenya[M]. New York：Peter Lang，2004.

[141] OREG S，KATZ-GERRO T. Predicting Proenvironmental Behavior Cross-nationally—Values，the Theory of Planned Behavior，and Value-belief-norm Theory[J]. Environment and Behavior，2006，38（4）：462-483.

[142] PACEY. The Maze of Ingenuity：Ideas and Idealism in the Development of Technology[M]. Holmes & Meier Publishers Inc，1975.

[143] PAUL ORMEROD. The death of economics [M]. London：Faber & Faber，1994.

[144] PHIL MACNAGHTEN，JOHN URRY. Contested Natures[M]. SAGE Publications Ltd，1998.

[145] RACITI S M，GROFFMAN P M，FAHEY T J. Nitrogen Retention in Urban Lawns and Forests[J] . Ecological Applications，2008，18（7）：1615-1626.

[146] ROBBINS P. Lawn People：How Grasses，Weeds，and Chemicals Make Us Who We Are[M]. Philadelphia：Temple University Press，2007.

[147] ROBERT BOYD，RICHERSON. Culture and the Evolutionary Process[M]. University of Chicago Press，1988.

[148] SCHUMACHER E F. Small is Beautiful：Economics as if People Mattered[M]. London：Harper Collins，1975.

[149] STERN P C，DIETZ T. The Value Basis of Environmental Concern[J]. Journal of Social Issues，1994，50（3）：65-84.

[150] STERNER R W. Ecological Stoichiometry：The Biology of Elements from Molecules to the

Biosphere[M]. Southeastern Naturalist，2008.

[151] STRATHY K，TAUNAKAWAI K. Transforming Women's Lives to 'Save the Plants that Save Lives' through Environmental Education[M]. New York：Peter Lang，2004.

[152] THAYER-BACON B. Beyond Liberal Democracy in Schools：the Power of Pluralism[M]. New York：Teachers College Press，2008.

[153] THOMAS J WHITE. PCR Protocols：A Guide to Methods and Applications[M]. Academic Press，1990.

[154] THOMPSON. PAUL B. Agrarian Philosophy and Ecological Ethics[J]. Science and Engineering Ethics，2008（14）：527-544.

[155] TILMAN D. Resource Competition and Community Structure[M]. Princeton University Press，1982.

[156] TREVORS J T，SAIER JR M H. How Long can a Technological Civilization Survive? [J]. Water Air Soil Pollut，2008，195：1-2.

[157] UNITED NATION GLOBAL COMPACT. Human Rights，Labour，Environment，Anti-Corruption，Partnerships for Development[R]. Denmark，2007.

[158] URIE BRONFENBRENNER. The Ecology of Human Development[M]. Harvard University Press，1979.

[159] VELDMAN M. Fantasy，the Bomb and the Greening of Britain：Romantic Protest，1945-1980[M]. Cambridge：Cambridge University Press，1994.

[160] WHITEN A，GOODALL J，MCGREW W C，et al. Cultures in Chimpanzees[J]. Nature，1999，399（6737）：682-5.

[161] WILLIAM R JORDAN. The Sunflower Forest：Ecological Restoration and the New Communion with Nature[M]. Future Survey，2003.

[162] YABIKU S，CASAGRANDE D G，FARLEY-METZGER E. Preferences for Landscape Choice in a Southwestern Desert City[J]. Environment and Behavior，2008，40（3）：382-400.

# 后　记

本书稿历时四年余，今天终于完稿。本书稿写作可谓是艰难异常、困惑至极，主要因为该书主题“生态文化”至今也是一个难以获得共识的议题；再则所涵盖的范围极其广泛，难以聚焦。我们在研究的过程中，越是深入研究越是发现所涉猎的范围可以无限延伸。因此，我们在反复思考、反复讨论、反复论证之后，最终确定了该书内容撰写的主要逻辑思路。我们采用最新、最前沿的文献计量学方法，对国内外生态文化研究的变化轨迹进行了梳理和分析。在此基础上，对我国少数民族生态文化的特征与传承、对生态文化的当代价值以及生态文化实践案例等，进行了阐释和解析，形成了一个较为完整的生态文化新论书稿。但是，回过头来阅读，发现还是有很多不完善的地方，如生态文化实践案例，缺少了生态工业园区、生态和谐社区等文化建设案例。由此可见，今后还需不断地深入、透彻、全面地研究，不断地丰富和补充理论依据和实践案例，只有这样才能把当代生态文化的理论应用到实践当中，让世界走向美好的生态文明社会。

本书稿最终能得以付梓，得到了刘思华教授的多次督促、悉心指导和耐心修改，在此表示真诚的感谢！也非常感谢李欣广教授仔细阅读书稿并提出修改意见！还要感谢高红贵老师对我们多次传递信息以及多方面的帮助。另外，还要特别感谢给我们提供了企业生态文化建设案例主要内容的李曦女士，同时也感谢给她提供资料和支持的企业、企业负责人和工作人员；还要感谢我们的研究团队成员李丽、贺涵、王富强、聂祝兰、马莉、张天璐、史可寒的参与，帮助收集资料和参与调研！当然，还要感谢帮助出版本书稿的所有编辑！最后，还要感谢我们的家人对我们的支持和帮助！没有这许许多多人的帮助和支持，我们是难以完成本书稿撰写任务的！再次真诚地感谢大家！

作　者

2016 年 10 月 22 日